漢字 한자 변환법으로 배우는

중국어

한-중 중심의 한자권 4개국 언어학습

한자 변환법으로 배우는

중국어

한-중 중심의 한자권 4개국 언어학습

초판 1쇄 발행 2023년 10월 01일

감　　수	리둥밍(전 랴오닝대)	
공　　저	장훼이메이(황강사범 대), 박민용(전 연세대)	
발 행 인	권선복	
편　　집	박근우	
내지디자인	박근우	
표지디자인	박현민	
전 자 책	서보미	
발 행 처	도서출판 행복에너지	
출판등록	제315-2013-000001호	
주　　소	(07679) 서울특별시 강서구 화곡로 232	
전　　화	0505-613-6133	
팩　　스	0303-0799-1560	
홈페이지	www.happybook.or.kr	
이 메 일	ksbdata@daum.net	

값 22,000원
ISBN 979-11-92486-97-0   13720

Copyright ⓒ 장훼이메이(황강사범 대), 박민용(전 연세대), 2023

도서출판 행복에너지는 독자 여러분의 아이디어와 원고 투고를 기다립니다. 책으로 만들기를 원하는 콘텐츠가 있으신 분은 이메일이나 홈페이지를 통해 간단한 기획서와 기획의도, 연락처 등을 보내주십시오. 행복에너지의 문은 언제나 활짝 열려 있습니다.

漢字 한자 변환법으로 배우는
중국어

한-중 중심의 한자권 4개국 언어학습

Contents

目次

序文

머릿말

필자 장후이메이(張会梅)는 2010년 중국에서 한국으로 유학 와서 경희대학교 한국어학 석-박사과정을 마치고 현재 중국 황강사범대학교(黃冈师范學院) 전임 한국어 교수로 임용되었다. 10여 년간 한국어를 공부하고 그 사이에 중국어도 가르치면서 한자어의 존재 자체가 중국인 한국어 학습자와 한국인 중국어 학습자들에게 유리한 점이라고 할 수 있다. "표준국어대사전"의 전체 44만여 개의 주표제어 가운데 한자어는 약 57% 정도를 차지하고 있기 때문이다. 그뿐만 아니라 한-중 한자어 단어들을 비교해 보면 유사한 발음변환 법칙이 있음을 깨달았다.

따라서 이 책의 발간 취지와 같이 한자가 그 나라 말에 수용되면서 발음이 변환된 규칙을 안다면 한국어, 중국어, 일본어, 베트남어를 처음 공부하는 학습자들이 보다 쉽게 각 언어들을 익히는 데 도움이 되었으면 하는 바람이고 나아가 전반적인 문화교류에도 공헌을 할 수 있으리라 기대한다. 그러한 점에서 한국 유학하면서 한국인 학생들에게 중국어를 가르쳤던 필자의 경험은 이 책을 발간하는 데 큰 힘이 되었다.

필자 박민용은 1977년에 일본어를 잘 모르는 채 일본 유학을 가게 되었다. 그리고 한일사전으로 일본어를 공부하는 중에 양국 공용한자들 사이에 규칙적인 발음변환 법칙이 있음을 곧 알게 되었고, 이후 40여 년간 한일 간의 한자발음 차이에는 규칙이 존재한다는 것을 주변에 수 백 차례 전하여 왔다. 그리고 1990년부터 중국을 여러 번 방문하면서 한-중 단어들 사이에도 막연하지만 유사한 발음변환 법칙이 있음을 알았고 관련 책들을 만들고 싶었다.

한편 2018년 초 베트남 출장을 가게 되었는데 그때 베트남어가 한자로부터 유래하였음을 알게 되었고 솔직히 심히 놀랐다. 지금 베트남어는 역사적인 이유로 서양 알파벳으로 표기하고는 있지만 수많은 단어의 어원이 한자이고, 그 지역 나름대로의 한자발음 변환규칙이 있음을 알게 되었다. 이런 연유로

2021년 4월에는 중국을 포함한 한자권 4개국 언어학습용 "한자로 이해하는 베트남어" 책을 발간하였다.

이를 계기로 하여 오래전부터 숙원이었던 한자변환 방법을 이용한 중국어 학습 책을 이번에 발간하게 되었다. 이 책은 한국-중국 사이의 단어관계를 이해하고 학습을 하는 데는 물론, 매우 유사한 뜻을 가지는 일본어 및 베트남 언어학습에도 큰 도움이 되리라 믿는다.

지난 2년여 동안 여태껏 없었던 형태의 언어 학습서를 만들다 보니 많은 시행 착오를 겪기도 하였고 때로는 서로 다른 나라의 단어를 무리하게 연결하는 구조를 만들기도 하였다. 그러나 결국에는 한자 하나하나가 가지는 고유한 발음 및 성조를 습득하는 것이 매우 중요한데, 그런 면에서 이 책은 초보 학습자들이 생활에서 쓰는 자기 나라의 한자발음과 배우고자 하는 외국어 발음을 연결하는 데에 쉽고 빠른 길잡이가 되리라 믿는다. 단지 이 책의 특성상 중국어 발음습득에 매우 중요한 성조의 학습은 이곳에서 다루지는 않는다.

이 책을 만드는 데 있어서 전반적인 내용을 자세히 감수해 주신 중국 랴오닝 대학의 이동명 교수님, 일본어를 도와주신 하마사카 미에님, 베트남어를 도와 주신 호티 롱안 교수님에게도 이 자리를 빌어 심심한 감사를 전합니다.

이 책은 단순한 한-중 간의 단어 변환만을 나열한 사전이 아니다. 양국 간의 단어변환 법칙을 학습하고 몸에 익힘으로써 모국어를 중심으로 상대국 단어의 의미와 발음을 쉽게 이해하는 데 목적이 있다. 이를 잘 이해하게 된다면 나아가 유사한 구조의 일본어와 베트남어 단어 및 발음도 이 책을 통하여 쉽게 이해하게 되리라 믿는다.

이 책은 한국어를 기본으로 한자를 통한 중국어와의 상호관계를 이해하는 것이 중심이 되어 있지만 추후에 한국 이외의 국가들을 중심으로 하는 유사한 변환 방법의 책을 연구 발간한다면 또 다른 밀접한 언어관계들을 발견할 수 있으리라 본다.

아무쪼록 이 책이 한국과 중국 언어의 교류는 물론 양국 및 4개국의 언어 및 문화를 비롯한 다양한 교류에 조금이라도 도움이 되기를 바란다.

漢字 한자 변환법으로 배우는

중국어

한-중 중심의 한자권 4개국 언어학습

1

개요

① 개요

1-1 이 책의 목적

이 책은 (1)중국어를 모국어로 하는 사람 중에 한국어, 일본어, 베트남어에 관심이 있는 사람이나 (2)한국어(일본어, 베트남어)를 이해하는 사람 중에 중국어 한자를 이용하여 좀 더 효율적으로 배우려 하는 사람들을 위한 책이다.(같은 한자권인 대만, 싱가포르 등에 관하여서는 이 책에서 다루지 않겠다.) 즉 위에 언급한 4개국은 한자를 기본으로 한 언어구조를 갖추고 있기 때문에 본인의 모국어를 중심으로 한자의 발음 차이를 잘 이해한다면 글로벌 시대에 위 한자권 국가들 언어의 발음을 쉽게 이해할 수 있음을 보여 주고자 한다.

그 중에서도 특히 중국어를 모국어로 하는 사람으로서 한국어를 많이 알거나 알려고 하는 사람과, 한국인으로 중국어를 배우려는 사람을 위하여, 한자를 이용하여 양국의 언어를 좀 더 긴밀하게 이해시키는 데 그 목적을 두고 있다. 그러나 위 4개국 중에 유독 베트남만이 역사적인 여러 이유로 현재 한자를 전혀 사용하지 않고 있어서 유사한 단어인 모국어의 발음과 기타 3국 한자 발음을 연결하는 데 어려움을 겪고 있기에 우선 관련 한자의 학습을 권유한다.

서구의 알파벳 글자는 약 5천 년 전에 페니키아인들로부터 시작되었다고 하고, 지금은 서구 여러 나라 및 베트남 글자의 근간이 되고 있지만 지금에 와서는 그 알파벳이 그 어느 나라의 글자라고 말하지는 않는다. 이제 한자도 중국대륙을 넘어서 위 4개국이 직접 또는 간접적으로 사용하거나 이해해야만 하는 중요한 글자가 되어 있다. 서구 알파벳의 어근을 보면 대부분 그 의미를 찾아 낼 수 있듯이 한자를 이해하는 여러 나라 사람들은 그 의미를 더욱 확실히 이해하게 되리라 본다.

1-2 이 책의 구성 및 기대효과

이 책은 어느 정도 한국어를 이해하고 있는 독자를 중심으로, 한자발음을 매개로 하여 중국어 단어를 배울 수 있도록 한 단어 습득서이다. 그리고 동시에 이와 유사한 관계성을 가지는 일본 및 베트남 단어를 동시에 배울 수 있도록 구성하였다.

이를 위하여 제2장에서는 4개국 간의 한자발음 관계를 소개하였다. 물론 한자를 이해하고 있거나 일본어나 베트남어의 필요성을 못 느끼는 독자들은 4개국 발음관계 부분 (2-1과 2-2)을 생략할 수도 있지만, 한국어와 중국어 단어 관계를 좀 더 쉽게 이해하기 위해서 일본어 및 베트남어 단어의 발음 이해는 매우 중요하므로 가능하면 대략적으로라도 이 부분을 확인하기를 권한다.

제3장에서는 동일 단어들 간의 발음 차이를 좀 더 쉽게 이해할 수 있도록 한-중 간의 유사한 단어들의 전개와 변환 법칙에 관하여 자세하게 소개하였다.

제4장에서는 이 책의 주요 내용인 한자를 매개로 한중 양국 간의 단어 발음 관계와 함께 이를 활용한 단어 그룹을 예문으로 첨가하였다. 아울러 일본어 및 베트남어 변환들을 추가적으로 제시하여 4개국 언어간의 관계를 쉽게 이해하도록 구성하였다.

이 책을 통하여 얻을 수 있는 많은 효과는 앞에서도 여러 번 언급했으므로 구체적인 내용들을 나열하지는 않겠다. 이를 한마디로 다시 요약해 본다면 중국은 물론 한국은 글로벌 시대에 한자권 국가 언어들을 습득하고자 할 때 그 나라마다의 한자 발음을 잘 찾아서 연결시킬 수 있다면 짧은 시간에 여러 한자권 언어들을 효율적으로 공부할 수 있는 큰 소득을 얻을 수 있으리라 기대된다.

1-3 한자의 이해

한자는 한국인, 중국인, 일본인들이 잘 이해하고 있는 현존하는 세계 언어 중 가장 중요한 표의 문자의 하나로서 중국대륙을 중심으로 오래 전부터 형성되어 왔다. 한자는 자연의 수많은 사물들의 모습을 담아낸 것은 물론, 언어소통 및 문화의 축적에 따라 그 형태, 뜻, 소리(발음) 등을 갖추게 되었다.

예를 들면 각종 사물의 모양 및 특징 등을 본 따서 人(사람,인-rén), 女(여자,여-nǚ), 子(아들,자-zǐ), 口(입,구-kǒu), 水(물,수-shuǐ), 天(하늘,천-tiān), 日(해,일-rì), 月(달,월-yuè), 米(쌀,미-mǐ), 大(큰,대-dà)와 같은 수 백 개의 단순 표의 문자가 아주 오래 전 초기에 형성되었다.

그리고 그와 동시에 이들이 조합되면서 새로운 뜻을 지닌 새로운 한자들이 점점 더 늘어나 지금의 수만 자의 한자들을 이루게 되었다. 이러한 한자들의 간단한 예를 몇 가지 들어 보면 다음과 같다.

해와 달의 모습을 한 한자인 日과 月을 조합함으로써 "明(명-míng)"이라는 새로운 한자를 만들어 "밝다-lǎng"라는 뜻을 부여하였다. 또한 커다란(大,대-dà) 양(羊-yáng)은 아름답기에 아름다울 미(美-měi)가 만들어졌고, 밭(田,전-tián)에서 힘(力,력-lì)을 쓰는 사람에서 남(男-nán)이라는 글자가 만들어지기도 하였다. 그리고 이 두 글자가 합쳐져서 아름다운 남자인 미남(美男-měinán)이라는 단어가 형성되었다. 또한 비(雨)가 오는 날 연(電)을 날려서 얻어지는 에너지(电,전-diàn)와 가마솥에 쌀(米,미-mǐ)을 넣고 찜으로써 얻어지는 기운(气, 기-qì)을 합쳐서 전기(电气-diànqì)라는 단어가 비교적 최근에 만들어지기도 하였다.

이러한 한자는 수천 년을 거치면서 결국 넓은 중국대륙 및 주변지역으로 퍼져 나가게 되었고, 각 지역이 기존에 가지고 있는 발음들과 섞이면서 같은 글자라도 조금씩 다른 발음을 가지게 되어 서로 알아듣기 어려운 상황에까지 이르게 되었다. 그리고 국가들의 형성과 함께 경우에 따라서는 한자의 모양에도 조금씩 차이가 생겼으며, 근세기 중국에서 인위적으로 만든 간체자(簡體字)는 때로는 원래 한자와의 연결이 어려울 정도의 글자들을 만들기도 하여 현재는 중국 대륙, 홍콩, 싱가포르 등에서 사용하고 있다.

그러나 주로 오래전에 만들어진 한자는 중국(대만 포함), 한국, 일본어의 기본이 되고 있으며, 심지어 지금은 한자 대신 알파벳을 사용하고 있는 베트남어라 하더라도 그 본래 한자의 의미와 유사발음을 가지는 영문형식의 알파벳 글자들이 쓰이고 있으므로 한자를 통해 위 4개국의 발음관계에 연결고리를 만들 수 있게 된다.

중국대륙에서는 중국을 중심으로 통일이 되면서 한자의 사용도 주변국가의 언어에 지대한 영향을 미치게 되었다. 이러한 한자의 영향으로 거란문자, 여진문자, 서하문자 (위구르), 쯔놈문자(베트남), 가나문자(일본) 등이 만들어졌으나 그나마 일본 외에는 역사에서 거의 사라지게 되었다. 한편 이러한 지리적인 차이와 시대의 변천에 따라 한자발음이 서로 알아듣지 못할 정도로 바뀌어 왔으며 현대에 와서는 국가마다의 표준발음 정책 등으로 이제는 국가마다 거의 통일된 한자발음이 쓰이게 되었다. 그 결과 중국과 일본은 한자 사용 중심의 국가들이 되었고, 한국만은 한자와는 전혀 다른 자모문자(한글)의 발명으로 15세기부터 점차 한자 없이도 불편하지 않은 새로운 문자 사용 국가로 변화되었다.

그러므로 이러한 한자 사용 국가들 간에는 시대와 지리적인 위치에 따라 한자사용과 그 발음의 정착에 자연스러운 차이가 발생하게 되었고 그 발음들은 현존하는 한자들의 의미에 따른 각자의 고유한 발음들을 잘 유지하고 있다. 그리고 그 발음들 차이에는 어느 정도의 변환 법칙들이 있어서 이것을 잘 이해한다면 각자의 모국어를 중심으로 하여 다른 나라들의 한자 발음들을 많이 이해할 수가 있어서 다른 한자권 나라들의 한자 발음을 이해하는 데에 커다란 도움이 된다. 단지 모국어의 발음 종류에 따라 다른 나라 발음 변환을 이해하는 데에 큰 차이를 보일 수는 있다. 결국 모국어 자모의 발음이 다양할수록 다른 나라 한자발음을 습득하는 데에 매우 유리할 것이다.

漢字 한자 변환법으로 배우는
중국어
한-중 중심의 한자권 4개국 언어학습

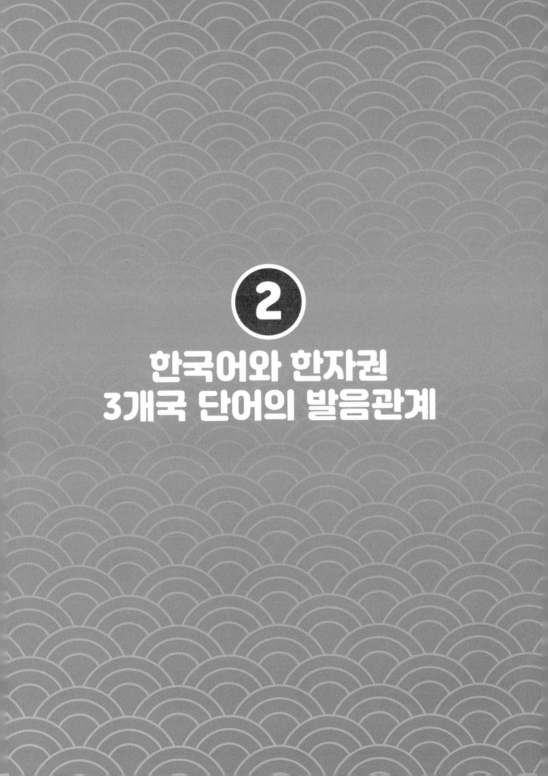

2

한국어와 한자권
3개국 단어의 발음관계

2 한국어와 한자권 3개국 단어의 발음관계

4개국 한자 단어들의 발음 표현 사이에는 밀접한 관계를 가지고 있으며 어느 정도의 변환 법칙들을 가지고 있다. 각 국가간의 관계를 고려하면 12종류의 변환방법이 필요하겠지만 이 책에서는 한국어를 기본으로 한–중 단어변환을 중점으로 작성하였다. 그리고 이를 좀 더 쉽게 이해하기 위하여 이 곳에서는 일본어 및 베트남어 발음변환 방법을 병행하여 설명하고자 한다.

2-1 한국어 한자와 일본어 발음관계

이 책의 목적은 한국어–중국어의 발음 변환 규칙을 이해하는 것이지만, 이를 위해서는 먼저 한국어 발음과 가장 관계가 깊고 그 변환을 이해하기 쉬운 일본어 발음과의 관계를 먼저 소개한다.

일본어는 한국어와 마찬가지로 우랄·알타이어에 속하지만 그 글자는 이미 5~6세기 부터 성립되기 시작하였다. 처음에는 "이 로 하"로 시작되는 글자체계도 있었으나 결국은 "아 이 우 에 오"로 시작되는 글자체계를 갖추게 되었다. 과거에는 5개 이상의 모음체계를 유지하기도 하였으나 현재는 결국 5개 모음체계로 축소되어 정립이 되었다.

그리고 글자의 구조는 한자의 일부만을 이용하여 표현하였기에 모양이 단순해 보이는 장점이 있는 반면에 그 발음의 표현 영역이 매우 제한되었고, 결국은 기존 발음표현을 확장하기 위하여 탁음(濁音, だくおん)을 적절하게 이용하기에 이르렀다.

한국어와 일본어 한자단어 발음 변환규칙은 〈표1〉과 같으며 때로는 매우 상호 체계적이고 알기도 쉽다.

첫 자음 (초성)

ㄱ, ㅋ	か、が g, k	国家 こっか	器具 きぐ	気管 きかん	快樂 かいらく	
ㄴ	な、だ n, (d)	念頭 ねんとう	農民 のうみん	努力 どりょく	男女 だんじょ	
ㄷ(ㅌ)	だ d, (t)	道理 どうり	独断 どくだん	担任 たんにん	打力 だりょく	卓球 たっきゅう
ㅁ	ば(ま) b, ((m))	万里 ばんり	忘年 ぼうねん	文学 ぶんがく	盲人 もうじん	民心 みんしん
ㅂ	は(ば) h, ((b))	反乱 はんらん	犯人 はんにん	秘書 ひしょ	飛行 ひこう	備考 びこう
ㅅ, ㅈ	さ、ざ (어려움) s, j	各한자를 参照요망				
ㅊ	さ s	差異 さい	賛美 さんび	祝福 しゅくふく	側面 そくめん	天気 てんき
ㅍ	は h	表記 ひょうき	疲労 ひろう	皮膚 ひふ	品評 ひんぴょう	破片 はへん
ㅎ	かが k, g	韓国 かんこく	学友 がくゆう	夏期 かき	現存 げんそん	cf.和 わ(예외)

모음 (중성)

애, 외	あい ai	解明 かいめい	対外 たいがい	再開 さいかい	財界 ざいかい	回想 かいそう
어, 요	いょ (う) iyo 등	巨大 きょだい	妙策 みょうさく	序文 じょぶん	漁雷 ぎょらい	cf.低能 ていのう

받침 (종성)

ㄴ, ㅁ	ん[ŋ]	温度 おんど	肝胆 かんたん	潜在 せんざい	含有 がんゆう	戦術 せんじゅつ
ㄹ	つ th	発音 はつおん	脱退 だったい	殺害 さつがい	抹殺 まっさつ	卒倒 そっとう
ㅇ	う－(長音)	望郷 ぼうきょう	想像 そうぞう	放送 ほうそう	将官 しょうかん	cf.工夫 くふう
ㅂ	う－(長音)	集会 しゅうかい	踏襲 とうしゅう	法規 ほうき		

합성어						
앙, 양, 왕	おう, (いよう) o, iyo	広範 こうはん	恒常 こうじょう	皇后 こうごう	往復 おうふく	創業 そうぎょう
영	えい, (いよう) ei, (iyo)	栄養 えいよう	明白 めいはく	競争 きょうそう	平行 へいこう	兵営 へいえい
사 [자]	じ[し], しゃ[じゃ] si, ji, sya, jya	獅子 しし	使者 ししゃ	事実 じじつ	死物 しぶつ	写眞 しゃしん

〈표1〉 한 – 일 단어 발음 변환

이 표를 잘 관찰해 보면 기본적으로 10개 정도의 기본변환 법칙들만 잘 습득한다면 한국어를 모국어로 하는 사람은 일본어 한자단어 발음의 70% 이상을 쉽게 발음할 수 있게 된다. 즉 첫 자음에서 "ㅁ"은 대부분 "b" 발음으로 바뀌며 "ㅊ, ㅂ, ㅍ, ㅎ"은 거의 모두 각각 "s, h, g, k"로 변환된다. 그리고 이중모음들은 모두 풀어서 단모음들로 발음을 하게 되며 이는 다른 두 나라에서도 마찬가지이다. 그리고 받침에 있어서 "ㄴ, ㅁ"은 유사하게 "ん(n 또는 ng)"으로 발음이 되나, "ㄹ"은 모두 "つ(th)"로, "ㅇ", "ㅂ"은 모두 長音(－)으로 없어지는 커다란 특징이 있다. 단지 "ㅅ", "ㅈ"의 구분이 양국 간에 혼재되어 있어서 이를 위해서는 때로는 한자마다의 발음 변환을 학습할 수밖에 없다.

전반적으로 볼 때 일본어 발음종류는 한국어에 비하여 대단히 적으므로(흔히 한국어 발음은 약 11,000개, 일본어 약 300개라고 말하기도 함) 한국어를 모국어로 하는 사람에게는 일본어를 습득하는 일이 매우 쉽다. 즉 한국어의 다양한 한자발음들이 〈표1〉과 같이 일본어로는 간단히 축소되어 변환되기 때문이다. 이러한 일본어는 같은 우랄·알타이어 구조인 한국어를 모국어로 하는 사람들에게는 매우 습득하기 쉬우며 언어구조상 중국어 습득보다는 훨씬 더 유리한 셈이다.

단지, 한글 발음 "가, 카, 까" 사이에 존재하는 것으로 느껴지는 발음인 일본어의 "ga(으가), ka(으카)" 같은 발음은 조금씩 의식적으로 발음할 필요가 있다. 그리고 탁음이 붙은 발음들을 위해서는 "으"나 "아"를 미리 발음하고 발성한다면 혀가 아래로 내려가 원음에 매우 가까운 발음을 할 수 있게 된다. 그리고 이러한 일본어의 음독

(音讀; 발음으로 읽는 단어)의 한자를 이해하기는 쉬우나 훈독(訓讀; 뜻으로 읽는 단어)의 한자를 이해하는 데는 별도의 학습이 필요하다.

2-2 한국어 한자와 베트남어 발음관계

현재 베트남어가 표기되는 알파벳에만 익숙한 베트남 사람들에게는 한자가 매우 생소하게 느껴지겠지만, 베트남어의 근간이 한자인 만큼, 상형문자로 되어 있는 기본 한자들을 조금만 익힌다면 이 책을 통하여 현 베트남어 알파벳으로부터 쉽게 한자를 유추할 수 있으리라 본다.

베트남은 지정학적으로 중국 남방과 깊은 교류를 가질 수밖에 없었고 결국 베트남어도 초기에는 중국 한자의 영향을 받게 되었다. 이 때문에 19세기 로마자로 된 베트남어가 완전히 만들어지기 전까지는 베트남의 대부분의 기록을 한자에 의존한 셈이다. 그러기에 베트남의 인명과 지명은 물론 수많은 언어 중에는 비록 알파벳으로 표기되어 있기는 하지만 한국, 일본 및 중국에서 흔히 사용하는 동일한 단어가 무수히 존재한다.

베트남은 오래전에 문자의 독립을 이루기 위하여 한자의 뜻과 발음을 조합하여 만드는 방법을 이용하여 자신들의 문자인 쯔놈을 만들기도 하였다. 1500년대에는 포르투갈과 프랑스가 베트남 선교활동 등을 효율적으로 하기 위해 베트남 말의 서구문자화에 전념하여 결국 17세기에 라틴어로 된 베트남어가 만들어졌다. 그러나 이 베트남어는 베트남인들의 한문 숭배 사상에 밀려 오랫동안 경시되어 왔다. 19세기 프랑스의 베트남 식민 완성 이후 프랑스 식민당국은 지배의 효율화를 위하여 그때까지 사용되고 있던 한자를 자신들의 선교사들이 예전에 만들었던 베트남어로 대체하였으며, 과거제도를 폐지하고 근대적 교육제도를 도입하는 등의 형태로 베트남 교육을 개혁하면서 국민 속에 널리 뿌리를 내리게 되었다. 결국 이러한 베트남어의 특징은 기존 알파벳에서 "F·J·W·Z"가 없고 "Đ"가 추가되는 점이며 다양한 표현으로 소통하기 위해서는 6성조(聲調)가 자연스럽게 도입되었다.

한국어 한자단어와 베트남어 발음의 기본 변환 관계는 〈표2〉와 같다.

우선 양국 간 한자단어 관계를 쉽게 이해하기 위해서 여기에는 한자표기를 하지 않았다. 동일 발음의 한자들이 여럿 있을 수 있기에 베트남어로는 다른 발음도 나올 수도 있지만 여기서는 그 흐름만 파악하고자 생략하였다.

앞에서 일본어 발음과 한글 한자 발음의 관계를 통하여 이해를 하였듯이 베트남어의 수많은 단어들이 한자를 통하여 한국어 단어들과 연결되어 있다. 즉 〈표2〉를 통하여 이해할 수 있듯이 몇몇 기본적인 단어들의 발음변환 법칙들만 이해한다면 양국의 언어습득이 매우 용이하게 된다. 예를 들면 "자음+외"와 같은 경우 한자가 많지 않기 때문에 주로 oi 나 oai 로 바뀌는 그 발음들을 일일이 기억해 둔다면 양국단어들 발음 변환에 큰 도움이 되리라 본다. 단지 앞 2-2 중국어와의 발음 변환에서도 느꼈듯이 양국의 첫 자음(초성) 발음이 다양하게 이루어져 있는 것이 조금 어려운 점이다. 자세히 들여다보면 "ㄷ, ㄹ"은 거의 그 발음을 유지하는 셈이며, "ㄴ, ㅁ, ㅂ, ㅅ"은 두세 가지 발음을 중심으로 변환되고 있다. 그러나 대체적으로 "ㄱ, ㅇ, ㅈ, ㅊ"은 다양한 발음을 가지고 있어서 이 표를 잘 관찰하면 한국어의 "ㅅ, ㅊ"이 베트남어로는 "th, t, s" 발음 으로 혼재되어 있으며, "ㅂ, ㅍ"이 "ph, b"로 혼재되어 있음을 알 수 있다. 대신에 받침(종성)은 거의 비슷하게 변환되는 셈이지만 단지 한국어의 "ㄹ" 받침이 베트남어 경우는 대부분 "t" 발음으로 변환되는 점이 커다란 특징이다.

앞에서도 언급하였지만 "ㄱ"이 "ㄲ"로 발음되는 경우가 많으며, 전반적으로 한국 발음의 많은 모음이 단순 모음인 "a, i, u" 나 단순 모음인 "inh", "anh", 중모음인 "ia, uo, ua" 등으로 간략화 됨을 쉽게 발견할 수 있다.

한편 베트남어와 중국어의 사이에는 다양한 첫 자음(초성)이 존재하기에 이에 관한 변환에도 중요한 법칙이 있으리라 보며 이는 추후 연구되어야 할 과제라 본다.

첫 자음 (초성)

ㄱ, ㅋ	c, g, k, q 등	국가 quốc ca	기관 kỳ quan	가교 gia giáo	쾌락 khoái lạc	가무 ca vũ
ㄴ	n, l 등	농림 nông lâm	논문 luận văn	노화 lão hóa	남극 Nam Cực	노력 nỗ lực
ㄷ	d	독단 độc đoán	대리 đại lý	단독 đơn độc	담판 đàm phán	동감 đồng cảm
ㄹ	l	가례 gia lễ	격리 cách ly	내란 nội loạn	보류 bảo lưu	연락 liên lạc
ㅁ	m, v, (d)	만리 vạn lý	명령 mệnh lệnh	모방 mô phỏng	몽롱 mông lung	무례 vô lễ
ㅂ	ph, b	반감 phản cảm	변론 biện luận	보관 bảo quản	봉건 phong kiến	부모 phụ mẫu
ㅅ	th, t, s 중심	세기 thế kỷ · 사례 tạ lễ		사막 sa mạc	사례 tạ lễ	상고 thượng cổ
ㅇ	d, l, v, ng, y	야만 dã man	여관 lữ quán	운동 vận động	위급 nguy cấp	엄호 yểm hộ
ㅈ	t, ch, đ, th	자만 tự mãn	잡음 tạp âm	정론 định luận	참고 tham khảo	주동 chủ động
ㅊ	th, s, t 등	참화 thảm họa	축복 chúc phúc	출고 xuất kho	천생 thiên sinh	치안 trị an
ㅌ	th, (đ)	탐험 thám hiểm	타향 tha hương	통계 thống kê	통신 thông tin	투항 đầu hàng
ㅍ	b, ph	평탄 bình thản	포병 pháo binh	풍부 phong phú	품행 phẩm hạnh	풍토 phong thổ
ㅎ	h	하마 hà mã	한도 hạn độ	한국 Hàn Quốc	항공 hàng không	현금 hiện kim

모음 (중성)

애	ai, oi 등	대개 đại khái	대내 đối nội	재발 tái phát	매복 mai phục	배합 phối hợp
외	oi, oai, ngoai	최고 tối cao	외래 ngoại lai	회관 hội quán	퇴위 thoái vị	죄인 tội nhân

받침 (종성)						
ㄴ, ㅁ	각각 n, m	온화 ôn hòa	담판 đàm phán	반감 phản cảm	산하 sơn hà	준비 chuẩn bị
ㄹ	t	결국 kết cục	발달 phát đạt	살해 sát hại	열반 niết bàn	출혈 xuất huyết
ㅇ	거의 일치	공공 công cộng	농학 nông học	동궁 đông cung	몽롱 mông lung	항공 hàng không
ㅂ	거의 일치	답례 đáp lễ	법제 pháp chế	압박 áp bức	잡념 tạp niệm	합법 hợp pháp

〈표2〉 한-베트남 단어 발음 변환

단지 베트남어를 모국어로 하는 사람들에게는 한자의 이해가 너무나 생소하기 때문에 그 연결을 찾기 어렵겠지만, 순수한 한국어를 이해하는 베트남인이나 한국인에게는 이러한 한자 단어들을 잘 이해한다면 양국의 단어연결 및 언어습득에 매우 큰 도움이 되리라 본다.

이러한 한국어와 베트남어 단어 관계를 구체적으로 이해하려면 이미 발간된 "한자로 이해하는 베트남어" 책을 참고하면 많은 참고가 되리라 본다.

2-3 한국어 한자와 중국어 발음관계

한국은 중국과 달리 우랄·알타이어를 근간으로 하기에 그 언어체계가 중국어 구조와는 전혀 다르지만 지정학적인 관계로 인하여 중국어의 문화적인 영향을 받을 수밖에 없었다. 같은 대륙에 존재했던 오(吳)나라와 한(漢)나라의 문화적인 단어들은 서로 발음의 차이가 컸는데, 이 두 나라의 발음이 주변 여러 나라 한자 발음의 근간이 되었다. 그리고 이러한 발음들은 여러 한자권 나라들이 가지고 있는 고유한 언어와 함께 그 나라에 동화되어 쓰이고 있다.

중국어의 구조는 23개의 자음과 24개의 모음으로 되어 있어서 한국어와의 명확한 변환법칙이 적용되지 않는 경우가 많은 편이지만 가장 큰 차이는 한국어의 종성(받침)에 해당하는 부분이 음절 구조상 매우 빈약하다는 점이다. 그리고 중국어는 그 음절구조가 매우 뚜렷하여 한국어의 중요한 특징의 하나인 연음 현상이 존재하지 않는다는 점이다.

이렇게 서로 다른 언어체계의 한국과 중국이 문화 역사적 변천을 겪어 오면서 공통으로 사용하고 있는 단어들 사이에는 〈표3〉과 같은 변환이 대체적으로 형성되었다.

첫 자음 (초성)					
ㄱ, ㅋ	j, g, q, k 등	가교 jiājiào	국가 guógē	기관 qíguān	개방 kāi fàng	쾌락 kuàilè
ㄴ	n, l	농림 nónglín	남극 nánjí	노화 lǎohuà	논문 lùnwén	
ㄷ	d, (t)	독단 dúduàn	대리 dàilǐ	단독 dāndú	담판 tánpàn	동감 tónggǎn
ㅁ	w, (m)	만리 wànlǐ	무례 wúlǐ	모방 mófǎng	몽롱 ménglóng	무리 wúlǐ
ㅂ	f, b, p, ((m))	활발 huópō	변론 biànlùn	보관 bǎoguǎn	봉건 fēngjiàn	부모 fùmǔ
ㅅ	sh, ch, x, s 등	상쾌 shuǎngkuai	성심 chéngxīn	신혼 xīnhūn	선조 xiānzǔ	소송 sùsòng
ㅇ	y, l, n, w, r, d	야만 yěmán	양로 yǎnglǎo	유의 liúyì	여공 nǚgōng	위치 wèizhì
ㅈ	z, zh, j, d, x, c	공자 Kǒngzǐ	지식 zhīshi	지도 dìtú	조조 Cáo Cāo	
ㅊ	ch, t, zh, q, c	처리 chǔlǐ	축복 zhùfú	출고 chūkù	천생 tiānshēng	청명 qīngmíng
ㅌ	t, ((d))	탐험 tànxiǎn	타향 tāxiāng	통치 tǒngzhì	토론 tǎolùn	투쟁 dòuzhēng
ㅍ	p, f, b	평탄 píngtǎn	품행 pǐnxíng	판결 pànjué	풍부 fēngfù	표준 biāozhǔn
ㅎ	x, h	하마 hémǎ	한도 xiàndù	한국 HánGuó	항공 hángkōng	현금 xiànjīn

모음 (중성)						
애	ai, a, (ei, ui) 등	매복 máifu	대개 dàgài	애정 àiqíng	대내 duìnèi	태양 tàiyáng
외	ui, ai	회담 huìtán	외화 wàihuò	회춘 huíchūn	최신 zuìxīn	퇴위 tuìwèi

받침 (종성)						
ㄴ, ㅁ	n	간염 gānyán	겸손 qiānxùn	담론 tánlùn	면죄 miǎnzuì	점진 jiānjìn
ㅇ	ng	강병 qiángbīng	공용 gōngyòng	방향 fāngxiàng	영원 yǒngyuǎn	황망 huāngmáng
ㄱ	없어짐	국적 guójí	극복 kèfú	박복 bófú	복직 fùzhí	학식 xuéshí
ㄹ	없어짐	발열 fārè	활발 huópō	결합 jiéhé	돌입 tūrù	의술 yīshù
ㅂ	없어짐	집합 jíhé	합법 héfǎ	합심 héxīn	입학 rùxué	잡록 zálù

합성어						
사	shi, si, (ci, xi)	사관 shìguān	사명 shǐmìng	사지 sìzhī	사전 cídiǎn	사례 xièlǐ
자	zi, (xu, ci)	자동 zìdòng	자만 zìmǎn	자부 zìfù	자문 zīwèn	자선 císhàn

〈표3〉 한–중 단어 발음 변환

한국어 입장에서 보면 첫 자음(초성)의 중국어 발음은 다양하기에 일률적인 법칙을 적용하기에는 매우 어려운 점이 있으나 한–중 단어발음의 가장 큰 특징 중 하나는 받침에 있다. 받침(종성)의 발음표현 중 한국어는 대부분의 발음이 다 살아있으나, 중국어 받침 발음에는 한국어에서 표현되는 중요한 받침발음인 "ㄱ, ㄹ, ㅂ"이 모두 없어진다는 큰 차이가 있다. 이는 한국어가 가능한 사람이 중국어를 배울 때에 큰 도움이 되는 부분이기도 하다.

전반적으로 볼 때에 중국어 발음종류는 위에서 언급한 받침 구조들이 한국어에 비하여 대단히 적으므로 (흔히 한국어 기본발음은 약11,000개, 중국어는 약 400개라고 한다.) 한국어를 모국어로 하는 사람에게는 중국어를 습득하는 일이 때로는 매우 쉽다. 즉 한국어의 다양한 한자발음들이 〈표3〉을 보면 쉽게 이해할 수 있듯이 중국어로는 간단히 축소되어 변환되기 때문이다.

단지 중국어는 마치 많지 않은 발음들로 서로 소통을 원활하게 하기 위한 듯 4성조 (聲調)를 이용하여 발성하기에, 성조가 특별히 없는 한국어를 모국어로 하는 사람에게는 하나의 장벽이 되기도 한다. 그리고 중국어나 서구어에서 흔히 쓰이는 "v, f, z, th" 등의 음소가 현대 한국어에는 없다는 점도 중요한 차이점이다. 중국어와 한국어의 발음관계를 구체적으로 이해하기 위해서는 보다 전문적인 서적이 필요하며, 여기서는 변환의 결과에 해당하는 것을 중심으로 본책 〈한자로 배우는 베트남어〉의 한국어 발음순서에 맞추어서 그 발음 변환을 표기하고자 한다.

2-4 한자권 4개국 단어의 발음 비교

동아시아를 중심으로 한 한자권 나라들을 4개국 이상으로 확대할 수 있겠지만 이 책에서는 한국, 중국, 베트남, 일본 4개국만을 중심으로 하여 그 한자단어들의 발음 관계를 살펴보면 〈표4〉와 같다.

첫 자음 (초성)			
	일본어	베트남어	중국어
ㄱ, ㅋ	か、が G, K	g(ㅈ), c(ㅋ) 등	j, g, q, k 등
ㄴ	な、だ N, D	n(s), l(ㄹ)	n, l
ㄷ[ㅌ]	だ D, T	d(ㄷ) [t(ㅌ)]	d, (t)
ㅁ	ば(ま) B((M))	m, v, (d)	w, (m)

ㅂ	は(ば) H((B))	ph, b	b, f, ((m))
ㅅ, ㅈ	さ, ざ(어려움) S, J	th, s, ch, d, sh, ch, x, s 등	
ㅊ	さ(た) S	th, s, t	ch, t, zh, q, c
ㅍ	は H	b, ph	p, f, b 등
ㅎ	かが K, G	h	x, h

모음 (중성)			
	일본어	베트남어	중국어
애	あい ai	ai, oi 등	ai, a, (ei, ui) 등
외	あい ai	oi, oai	ui, ai

받침 (종성)			
	일본어	베트남어	중국어
ㄱ	k	c, g, j, k, q	없어짐
ㄴ, ㅁ	ん[ŋ]	각각 n, m	n
ㄹ	つ th	t	없어짐
ㅇ	う – (長音)	거의 일치	ng
ㅂ	う – (長音)	거의 일치	없어짐

〈표4〉 4개국 단어 발음 변환관계

앞에서도 말했듯이 한국어 한자단어에서 일본어 단어발음을 변환하여 찾는 일은
첫 자음(초성)의 "ㅅ, ㅈ" 구분 외에는 매우 쉬운 편이다. 〈표 4〉를 잘 관찰하여 보면
한국어 첫 자음과 베트남어 또는 중국어 간의 발음 변환 규칙을 찾는 일은 그리 쉬운
일이 아니다. 그러면서도 "ㅁ"이 일본어, 베트남, 중국어에서는 각각 주로 "b, v, w"
발음으로 변환되는 특징을 보인다. 또한 "ㅎ"은 각각 "g, k, h, x, h" 등으로 변환된다.
모음(중성)의 경우 한국어의 이중모음을 3개국은 모두 풀어 써서 "애" 또는 "외"를 ai

또는 oi 등으로 발음이 변환되며, 때로는 "에"가 각각 "ei, e, i, ui" 등으로 변환된다.

4개국어 발음 특징의 하나는 받침(종성)에 있다고 볼 수 있다. 언어학자들 표현에 의하면 모든 언어는 그 에너지 소모를 줄이는 방향으로 바뀌고 있다고 하지만, "ㄹ"을 중심을 보면 중국어는 완전히 없어지고 베트남어와 일본어는 매우 흡사한 발음인 "t" 또는 "th"로 변환된다.

특히 일반 합성어인 "사" 및 "자"는 국가에 따라 그 발음의 차이들이 있지만 거의 대부분 "sa"나 "ja"로 직접 발음되지 않으며 두 단어가 혼재되어 쓰이고 있다. 베트남어로는 한국어 "사"가 대부분 "tu" 또는 "su"로 골고루 변환되고 "자"는 모두 "tu"로 변환된다. 일본어는 "si, sya, ji, jya" 중 하나로 발음되며, 중국어는 "사"는 "si" 중심, "자"는 "ji" 중심으로 다양하게 전개된다.

한편 베트남어와 중국어는 역사적으로 그 음운과 어휘 등에 많은 연관이 있으면서 같은 고립어이기에 잘 관찰해 본다면 첫 자음을 비롯한 양국 간의 발음변환을 잘 찾아낼 수 있으리라 본다.

거듭 말하지만 베트남어만을 이해하는 사람에게는 한자가 매우 생소하겠지만 그 이외의 3개국 언어 중 하나를 중급정도라도 이해하고 있다면 상형문자인 한자를 이용하여 상대국 언어의 발음이해는 물론 여기서 언급하는 4개국 한자단어들 발음관계를 쉽게 이해할 수 있으리라 본다.

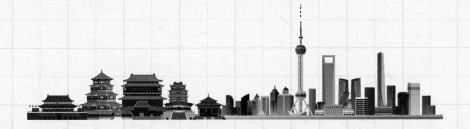

漢字 한자 변환법으로 배우는

중국어

한-중 중심의 한자권 4개국 언어학습

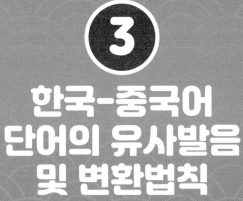

3

한국-중국어
단어의 유사발음
및 변환법칙

③ 한국-중국어 단어의 유사발음 및 변환법칙

앞에서도 살펴본 대로 양국 간의 발음의 흐름을 보면 몇몇 중요한 변화특징이 있음을 알 수 있다. 이 곳에서는 양국 단어들의 관련성을 좀 더 이해하기 위하여 유사한 변화를 갖는 단어들을 알아보고 이어서 구체적인 변환규칙들을 제시하였다. 첫 자음(초성)들의 경우 때로는 다양한 변화로 그 변환규칙성을 찾기 어려울 수도 있지만 그런 가운데에서도 2-3에서 본 내용들을 잘 숙지하면 많은 관련성을 찾을 수 있다.

모음(중성)의 경우 단모음은 물론 중모음들의 변화 중에서도 일련의 중요한 법칙들을 찾게 된다. 그리고 받침(종성)의 경우 전술한 바와 같이 중국어 단순한 받침구조로 인하여 한국어를 이해하는 사람이 조금만 노력을 한다면 중국어의 전반적인 발음의 변환구조를 쉽게 이해할 수 있다. 단지 중국어 자음 발음 등의 다양성으로 때로는 한자 하나 하나 마다의 정확한 발음을 습득해야 하며, 특히 이 책에서 다루지 않는 성조문제는 별도로 학습할 필요가 있다.

3-1 발음이 유사한 단어들

A. 발음이 거의 같은 단어들

공공	公共	gōnggòng	공공
공민	公民	gōngmín	공민
공황	恐慌	kǒnghuāng	콩황
관리	管理	guǎnlǐ	관리
관심	关心	guānxīn	꽌신
난민	难民	nànmín	난민
낭만	浪漫	làngmàn	랑만

농민	农民	nóngmín	농민
동지	冬至	dōngzhì	동즈
민주	民主	mínzhǔ	민주
반동	反动	fǎndòng	판동
산만	散漫	sǎnmàn	산만
시민	市民	shìmín	스민
신용	信用	xìnyòng	신용
완공	完工	wángōng	완공

정당	正当	zhèngdàng	정당	광장	广场	guǎngchǎng	광창
정리	整理	zhěnglǐ	정리	농림	农林	nónglín	농린
정통	正统	zhèngtǒng	정통	농장	农场	nóngchǎng	농창
주관	主观	zhǔguān	주관	농촌	农村	nóngcūn	농춘
주동	主动	zhǔdòng	주동	단명	短命	duǎnmìng	뚜안밍
지시	指示	zhǐshì	즈스	담당	担当	dāndāng	딴땅
진취	进取	jìnqǔ	진취	담론	谈论	tánlùn	탄룬
진화	进化	jìnhuà	진화	담판	谈判	tánpàn	탄판
차	茶	chá	차	당원	党员	dǎngyuán	땅위안
통상	通商	tōngshāng	통상	동감	同感	tónggǎn	퉁깐
통신	通信	tōngxìn	통신	동맹	同盟	tóngméng	퉁멍
통용	通用	tōngyòng	통용	명령	命令	mìnglìng	밍링
황망	慌忙	huāngmáng	황망	명성	名声	míngshēng	밍성

--•

B. 발음이 비교적 비슷한 단어

				명의	名义	míngyì	밍이
고의	故意	gùyì	꾸이	명인	名人	míngrén	밍런
고인	故人	gùrén	꾸런	몽롱	朦胧	ménglóng	멍룽
곤충	昆虫	kūnchóng	쿤충	몽상	梦想	mèngxiǎng	멍샹
공동	共同	gòngtóng	꿍퉁	반신	半身	bànshēn	반선
공상	工商	gōngshāng	꿍상	번화	繁华	fánhuá	판화
공생	共生	gòngshēng	꿍성	변동	变动	biàndòng	볜둥
공원	公园	gōngyuán	꿍위안	변론	辩论	biànlùn	볜룬
공장	工场	gōngchǎng	꿍창	변화	变化	biànhuà	볜화
공주	公主	gōngzhǔ	꿍주	보병	步兵	bùbīng	부빙
공평	公平	gōngpíng	꿍핑	보통	普通	pǔtōng	푸퉁
공화	共和	gònghé	꿍허	본능	本能	běnnéng	번넝
과감	果敢	guǒgǎn	꿔깐	본성	本性	běnxìng	번씽
과정	过程	guòchéng	꿔청	봉양	奉养	fèngyǎng	펑양
관중	观众	guānzhòng	관중	산신	山神	shānshén	산선
				산하	山河	shānhé	산허

상고	上古	shànggǔ	상꾸	안심	安心	ānxīn	안신
상관	相关	xiāngguān	샹관	양민	良民	liángmín	량민
상상	想象	xiǎngxiàng	샹샹	양성	阳性	yángxing	양씽
상인	商人	shāngrén	샹런	양심	良心	liángxīn	량신
상호	相互	xiānghù	샹후	연방	联邦	liánbāng	롄빵
생리	生理	shēnglǐ	성리	염치	廉耻	liánchǐ	롄츠
생명	生命	shēngmìng	성밍	영토	领土	lǐngtǔ	링투
선의	善意	shànyì	산이	완성	完成	wánchéng	완청
선진	先进	xiānjin	셴진	용감	勇敢	yǒnggǎn	용간
성공	成功	chénggōng	청공	용왕	龙王	lóngwáng	룽왕
성모	圣母	shèngmǔ	성무	운동	运动	yùndòng	윈동
성심	诚心	chéngxīn	청신	운용	运用	yùnyòng	윈용
성의	诚意	chéngyì	청이	원리	原理	yuánlǐ	위안리
성인	圣人	shèngrén	성런	원시	原始	yuánshǐ	위안스
성혼	成婚	chénghūn	청훈	원양	远洋	yuǎnyáng	위안양
소송	诉讼	sùsòng	쑤쑹	원인	原因	yuányīn	위안인
소유	所有	suǒyǒu	쒀여우	원정	远征	yuǎnzhēng	위안정
소화	消化	xiāohuà	샤오화	유람	游览	yóulǎn	여우란
수량	数量	shùliàng	수량	유의	留意	liúyì	리어우이
수양	修养	xiūyǎng	시어우양	유통	流通	liútōng	리어우퉁
수지	收支	shōuzhī	서우즈	음모	阴谋	yīnmóu	인머우
순환	循环	xúnhuán	쉰환	음양	阴阳	yīnyáng	인양
승리	胜利	shènglì	성리	응시	应试	yìngshì	잉스
시장	市长	shìzhǎng	스장	응용	应用	yìngyòng	잉용
시장	市场	shìchǎng	스창	의논	议论	yìlùn	이룬
신념	信念	xìnniàn	신녠	의도	意图	yìtú	이투
신병	新兵	xīnbīng	신빙	의지	意志	yìzhì	이즈
신혼	新婚	xīnhūn	신훈	이론	理论	lǐlùn	리룬
심리	心理	xīnlǐ	신리	이산	离散	lísàn	리산

이상	理想	lǐxiǎng	리샹
이혼	离婚	líhūn	리훈
인과	因果	yīnguǒ	인궈
인상	印象	yìnxiàng	인샹
임시	临时	línshí	린스
장성	长城	chángchéng	창청
정면	正面	zhèngmiàn	정몐
정변	政变	zhèngbiàn	정볜

- •

감정	感情	gǎnqíng	깐칭
민생	民生	mínshēng	민성
사치	奢侈	shēchǐ	서츠
정의	正义	zhèngyì	정이
정중	郑重	zhèngzhòng	정종
존중	尊重	zūnzhòng	쭌종
주량	酒量	jiǔliàng	지어우량
주모	主谋	zhǔmóu	주머우
주의	主义	zhǔyì	주이
중농	中农	zhōngnóng	종농
중량	重量	zhòngliàng	종량
중상	重伤	zhòngshāng	종상
중심	中心	zhōngxīn	종신
중화	中华	zhōnghuá	종화
진도	进度	jìndù	진뚜
진보	进步	jìnbù	진뿌
참관	参观	cānguān	찬관
참모	参谋	cānmóu	찬머우
청명	清明	qīngmíng	칭밍
청춘	青春	qīngchūn	칭춘

총명	聪明	cōngming	충밍
충만	充满	chōngmǎn	총만
통과	通过	tōngguò	통궈
통치	统治	tǒngzhì	통즈
판단	判断	pànduàn	판두안
편의	便利	biànlì	볜리
평안	平安	píng'ān	핑안
풍토	风土	fēngtǔ	펑투
하마	河马	hémǎ	허마
항공	航空	hángkōng	항콩
혼돈	混沌	hùndùn	훈둔
혼인	婚姻	hūnyīn	훈인
화원	花园	huāyuán	화위안
화장	化妆	huàzhuāng	화좡
화장	火葬	huǒzàng	훠장
환영	欢迎	huānyíng	환잉
환호	欢呼	huānhū	환후
황토	黄土	huángtǔ	황투
황혼	黄昏	huánghūn	황훈
황후	皇后	huánghòu	황허우

- •

C. 유사한 발음들

가능	可能	kěnéng	커넝
가수	歌手	gēshǒu	꺼서우
가요	歌谣	gēyáo	꺼야오
간부	干部	gànbù	깐부
간염	肝炎	gānyán	깐옌
감동	感动	gǎndòng	깐동
감사	感谢	gǎnxiè	깐씨에

감성	感性	gǎnxìng	깐씽	반대	反对	fǎnduì	판뒈이
감응	感应	gǎnyìng	깐잉	번영	繁荣	fánróng	판롱
감탄	感叹	gǎntàn	깐탄	범인	犯人	fànrén	판런
강령	纲领	gānglǐng	깡링	산수	山水	shānshuǐ	산쉐이
개인	个人	gèrén	꺼런	상류	上流	shàngliú	상리어우
갱신	更新	gēngxīn	껑신	상원	上院	shàngyuàn	상위안
고궁	古宫	gùgōng	꾸꽁	상주	常驻	chángzhù	창주
고난	苦难	kǔnàn	쿠난	선녀	仙女	xiānnǚ	셴뉘
고도	古都	gǔdū	꾸뚜	선서	宣誓	xuānshì	쉬안스
고전	古典	gǔdiǎn	꾸뗸	선수	选手	xuǎnshǒu	쉬안서우
관념	观念	guānniàn	관녠	선양	宣扬	xuānyáng	쉬안양
관점	观点	guāndiǎn	관뗸	선장	船长	chuánzhǎng	촨장
광명	光明	guāngmíng	꽝밍	선전	宣传	xuānchuán	쉬안촨
근본	根本	gēnběn	껀번	선포	宣布	xuānbù	쉬안뿌
남녀	男女	nánnǚ	난뉘	성과	成果	chéngguǒ	청궈
남용	滥用	lànyòng	란용	성년	成年	chéngnián	청녠
논어	论语	lúnyǔ	룬위	성원	成员	chéngyuán	청위안
다수	多数	duōshù	뚸수	소녀	少女	shàonǚ	샤오뉘
다양	多样	duōyàng	뚸양	소년	少年	shàonián	샤오녠
단순	单纯	dānchún	딴춘	소인	小人	xiǎorén	샤오런
담임	担任	dānrèn	딴런	수도	首都	shǒudū	서우두
당연	当然	dāngrán	땅란	수동	手动	shǒudòng	서우동
대란	大乱	dàluàn	따루안	수산	水产	shuǐchǎn	쉐이찬
대량	大量	dàliàng	따량	수상	首相	shǒuxiàng	서우샹
대전	大战	dàzhàn	따잔	수신	修身	xiūshēn	시어우선
동방	东方	dōngfāng	동팡	수은	水银	shuǐyín	쉐이인
동의	同意	tóngyì	통이	수정	水晶	shuǐjīng	쉐이찡
면제	免除	miǎnchú	몐추	수정	授精	shòujīng	서우찡
명언	名言	míngyán	밍옌	순서	顺序	shùnxù	순쉬

신비	神秘	shénmì	선미	용맹	勇猛	yǒngměng	용멍
신앙	信仰	xìnyǎng	신양	우주	宇宙	yǔzhòu	위저우
신중	慎重	shènzhòng	선중	웅장	雄壮	xióngzhuàng	숑좡
심사	审查	shěnchá	선차	원료	原料	yuánliào	위안랴오
심판	审判	shěnpàn	선판	원생	原生	yuánshēng	위안성
아편	鸦片	yāpiàn	야펜	원소	元素	yuánsù	위안쑤
안전	安全	ānquán	안취안	원점	原点	yuándiǎn	위안뗸
야만	野蛮	yěmán	이에만	원조	援助	yuánzhù	위안주
야심	野心	yěxīn	이에신	유산	遗产	yíchǎn	이찬
야인	野人	yěrén	이에런	유선	有线	yǒuxiàn	여우셴
야전	野战	yězhàn	이에잔	유전	遗传	yíchuán	이촨
양보	让步	ràngbù	랑뿌	은인	恩人	ēnrén	언런
어민	渔民	yúmín	위민	은하	银河	yínhé	인허
언론	言论	yánlùn	옌룬	은행	银行	yínháng	인항
엄중	严重	yánzhòng	옌중	은혜	恩惠	ēnhuì	언훼이
엄호	掩护	yǎnhù	옌후	의례	礼仪	lǐyí	리이
여공	女工	nǚgōng	뉘공	의원	议员	yìyuán	이위안
여관	旅馆	lǚguǎn	뤼꽌	이유	理由	lǐyóu	리여우
여론	舆论	yúlùn	위룬	인공	人工	réngōng	런공
연료	燃料	ránliào	란랴오	인류	人类	rénlèi	런레이
연맹	联盟	liánméng	롄멍	인민	人民	rénmín	런민
연표	年表	niánbiǎo	녠뱌오	인성	人性	rénxìng	런씽
영원	永远	yǒngyuǎn	용위안	인심	人心	rénxīn	런신
영혼	灵魂	línghún	링훈	인연	因缘	yīnyuán	인위안
예산	预算	yùsuàn	위수안	인의	仁义	rényì	런이
오염	污染	wūrǎn	우란	인종	人种	rénzhǒng	런중
온유	温柔	wēnróu	원러우	인품	人品	rénpǐn	런핀
온화	温和	wēnhé	원허	잔인	残忍	cánrěn	찬런
완전	完全	wánquán	완취안	장례	葬礼	zànglǐ	짱리

장생	长生	chángshēng	창성	정좌	静坐	jìngzuò	징쭤
장수	长寿	chángshòu	창서우	정지	停止	tíngzhǐ	팅즈
전단	传单	chuándān	촨단	조세	租税	zūshuì	쭈쉐이
전당	全党	quándǎng	취안땅	존숭	尊崇	zūnchóng	쭌총
전도	前途	qiántú	첸투	존엄	尊严	zūnyán	쭌옌
전람	展览	zhǎnlǎn	잔란	종류	种类	zhǒnglèi	종레이
전류	电流	diànliú	뗸리어우	종신	终身	zhōngshēn	종선
전면	全面	quánmiàn	취안몐	주인	主人	zhǔrén	주런
전문	专门	zhuānmén	좐먼	준수	遵守	zūnshǒu	쭌서우
전부	全部	quánbù	취안뿌	중고	中古	zhōnggǔ	종구
전산	电算	diànsuàn	뗸수안	중년	中年	zhōngnián	종녠
전선	战线	zhànxiàn	잔셴	중대	重大	zhòngdà	종따
전신	全身	quánshēn	취안선	중류	中流	zhōngliú	종리어우
전염	传染	chuánrǎn	촨란	중병	重病	zhòngbìng	종빙
전용	专用	zhuānyòng	좐용	중생	众生	zhòngshēng	종성
전쟁	战争	zhànzhēng	잔정	중앙	中央	zhōngyāng	종양
전통	传统	chuántǒng	촨통	중요	重要	zhòngyào	종야오
점령	占领	zhànlǐng	잔링	중점	重点	zhòngdiǎn	종뗸
점유	占有	zhànyǒu	잔여우	증명	证明	zhèngmíng	정밍
점화	点火	diǎnhuǒ	뗸훠	지명	地名	dìmíng	띠밍
정규	正规	zhèngguī	정궤이	지반	地盘	dìpán	띠판
정량	定量	dìngliàng	띵량	지원	支援	zhīyuán	즈위안
정론	定论	dìnglùn	띵룬	지정	指定	zhǐdìng	즈띵
정상	正常	zhèngcháng	정창	지주	地主	dìzhǔ	띠주
정신	精神	jīngshén	찡선	지진	地震	dìzhèn	띠전
정양	静养	jìngyǎng	징양	진공	真空	zhēnkōng	전콩
정전	正殿	zhèngdiàn	정뗸	진단	诊断	zhěnduàn	전뒤안
정전	停战	tíngzhàn	팅잔	진동	振动	zhèndòng	전동
정정	订正	dìngzhèng	띵정	진전	进展	jìnzhǎn	진잔

진정	镇静	zhènjìng	전찡	평면	平面	píngmiàn	핑몐
찬성	赞成	zànchéng	잔청	평지	平地	píngdì	핑띠
참상	惨状	cǎnzhuàng	찬주앙	풍도	风度	fēngdù	펑뚜
참여	参与	cānyù	찬위	풍류	风流	fēngliú	펑리어우
참전	参战	cānzhàn	찬잔	풍상	风霜	fēngshuāng	펑쑹
처리	处理	chǔlǐ	추리	풍파	风波	fēngbō	펑보
천륜	天伦	tiānlún	톈룬	호구	户口	hùkǒu	후커우
천명	天命	tiānmìng	톈밍	혼란	混乱	hùnluàn	훈루안
천생	天生	tiānshēng	톈성	혼례	婚礼	hūnlǐ	훈리
천성	天性	tiānxìng	톈씽	혼전	混战	hùnzhàn	훈잔
천연	天然	tiānrán	톈란	화려	华丽	huálì	화리
천주	天主	tiānzhǔ	톈주	황폐	荒废	huāngfèi	황페이
천지	天地	tiāndì	톈띠	후예	后裔	hòuyì	허우이
천추	千秋	qiānqiū	첸치어우				
청년	青年	qīngnián	칭녠				
청렴	清廉	qīnglián	칭롄				

3-2 몇몇 특수 변환

청빈	清贫	qīngpín	칭핀				

A. 초성 ㄱ의 J 발음변환

총량	总量	zǒngliàng	쫑량	가교	家教	jiājiào	찌아찌아오
추상	抽象	chōuxiàng	처우샹	가보	家宝	jiābǎo	찌아바오
충성	忠诚	zhōngchéng	종청	가세	家世	jiāshì	찌아스
충신	忠臣	zhōngchén	종천	가치	价值	jiàzhí	짜이즈
치안	治安	zhì'ān	즈안	간단	简单	jiǎndān	졘단
토양	土壤	tǔrǎng	투랑	간편	简便	jiǎnbiàn	졘볜
투쟁	斗争	dòuzhēng	떠우정	감금	监禁	jiānjìn	졘찐
파병	派兵	pàibīng	파이빙	감상	鉴赏	jiànshǎng	졘상
파산	破产	pòchǎn	포찬	감시	监视	jiānshì	졘스
판정	判定	pàndìng	판띵	견고	坚固	jiāngù	졘꾸
평등	平等	píngděng	핑떵	경도	经度	jīngdù	찡뚜
평론	评论	pínglùn	핑룬				

경쟁	竞争	jìngzhēng	찡정	사교	社交	shèjiāo	서쟈오
경제	经济	jīngjì	찡지	살균	杀菌	shājūn	사쥔
공간	空间	kōngjiān	콩졘	선거	选举	xuǎnjǔ	쉬안쥐
공구	工具	gōngjù	공쥐	선견	先见	xiānjiàn	셴졘
공군	空军	kōngjūn	콩쥔	선교	传教	chuánjiào	촨쟈오
공기	空气	kōngqì	콩치	성경	圣经	shèngjīng	성찡
과거	科举	kējǔ	커쥐	세계	世界	shìjiè	스지에
교구	教具	jiàojù	찌아오쥐	세기	世纪	shìjì	스찌
교당	教堂	jiàotáng	찌아오탕	순경	巡警	xúnjǐng	쉰징
교수	教授	jiàoshòu	찌아오서우	시간	时间	shíjiān	스졘
구원	救援	jiùyuán	찌어우위안	시기	时期	shíqī	스치
구호	救护	jiùhù	찌어우후	신경	神经	shénjīng	선찡
권리	权利	quánlì	취안리	신기	神奇	shénqí	선치
극도	极度	jídù	찌뚜	엄금	严禁	yánjìn	옌진
근거	根据	gēnjù	껀쥐	연구	研究	yánjiū	옌지어우
근시	近视	jìnshi	진스	영구	永久	yǒngjiǔ	용지어우
기념	纪念	jìniàn	찌녠	요구	要求	yāoqiú	야오치어우
기능	技能	jìnéng	찌넝	용구	用具	yòngjù	용쥐
기자	记者	jìzhě	찌저	위기	危机	wēijī	웨이지
단검	短剑	duǎnjiàn	뚜안졘	의견	意见	yìjiàn	이졘
도구	道具	dàojù	따오쥐	인근	邻近	línjìn	린진
등기	登记	dēngjì	떵찌	장군	将军	jiāngjūn	지앙쥔
미군	美军	měijūn	메이쥔	전경	全景	quánjǐng	취안징
반경	半径	bànjìng	반찡	점거	占据	zhànjù	잔쥐
보검	宝剑	bǎojiàn	바오졘	점근	渐近	jiānjìn	졘진
봉건	封建	fēngjiàn	펑졘	정가	定价	dìngjià	띵지아
부근	附近	fùjìn	푸진	정견	政见	zhèngjiàn	정졘
북극	北极	běijí	베이지	정계	政界	zhèngjiè	정지에
비극	悲剧	bēijù	베이쥐	조건	条件	tiáojiàn	탸오졘

중간 中间 zhōngjiān 종졘   세무 税务 shuìwù 쉐이우

증거 证据 zhèngjù 정쮜   원문 原文 yuánwén 위안원

참가 参加 cānjiā 찬지아   의무 义务 yìwù 이우

참극 惨剧 cǎnjù 찬쮜   의문 疑问 yíwèn 이원

천거 荐举 jiànjǔ 졘쮜   인문 人文 rénwén 런원

친근 亲近 qīnjìn 친진   임무 任务 rènwu 런우

통계 统计 tǒngjì 통찌   조문 祭文 jìwén 지원

평균 平均 píngjūn 핑쮠   천문 天文 tiānwén 톈원

풍경 风景 fēngjǐng 펑징   총무 总务 zǒngwù 중우

황금 黄金 huángjīn 황진   한문 汉文 hànwén 한원

회견 会见 huìjiàn 훼이졘   화문 花纹 huāwén 화원

가인 佳人 jiārén 지아런

경고 警告 jǐnggào 찡까오   ## C. 초성 ㅂ의 f, b, p 발음변환

경영 经营 jīngyíng 찡잉   농부 农夫 nóngfū 농푸

명분 名分 míngfèn 밍펀

B. 초성 ㅁ의 W 발음변환
반사 反射 fǎnshè 판서

공무 公务 gōngwù 공우   반영 反映 fǎnyìng 판잉

논문 论文 lùnwén 룬원   반응 反应 fǎnyìng 판잉

만리 万里 wànlǐ 완리   방관 旁观 pángguān 팡관

만물 万物 wànwù 완우   방광 膀胱 pángguāng 팡광

무력 武力 wǔlì 우리   방생 放生 fàngshēng 팡성

무례 无礼 wúlǐ 우리   방안 方案 fāng'àn 팡안

무리 无理 wúlǐ 우리   방언 方言 fāngyán 팡옌

무명 无名 wúmíng 우밍   방전 放电 fàngdiàn 팡뎬

무선 无线 wúxiàn 우셴   방화 放火 fànghuǒ 팡훠

무아 无我 wúwǒ 우워   정부 政府 zhèngfǔ 정푸

문명 文明 wénmíng 원밍   지방 地方 dìfang 띠팡

문예 文艺 wényì 원이   천부 天赋 tiānfù 톈푸

문제 问题 wèntí 원티   축복 祝福 zhùfú 주푸

침범	侵犯	qīnfàn	친판		모형	模型	móxíng	모싱
탄복	叹服	tànfú	탄푸		방향	方向	fāngxiàng	팡샹
풍부	丰富	fēngfù	펑푸		보험	保险	bǎoxiǎn	바오셴
합법	合法	héfǎ	허파		시행	施行	shīxíng	스씽
화법	画法	huàfǎ	화파		운행	运行	yùnxíng	윈씽
화복	祸福	huòfú	훠푸		위험	危险	wēixiǎn	웨이셴
후방	后方	hòufāng	허우팡		유한	有限	yǒuxiàn	여우셴
모범	模范	mófàn	모판		유효	有效	yǒuxiào	여우샤오
본분	本分	běnfèn	번펀		음향	音响	yīnxiǎng	인샹
부모	父母	fùmǔ	푸무		이향	离乡	líxiāng	리샹
부분	部分	bùfen	부펀		전형	典型	diǎnxíng	뎬씽
분리	分离	fēnlí	펀리		정형	整形	zhěngxíng	정씽
분포	分布	fēnbù	펀부		조형	造形	zàoxíng	자오씽
분화	分化	fēnhuà	펀화		지형	地形	dìxíng	띠씽
성분	成分	chéngfèn	청펀		진행	进行	jìnxíng	진씽
신분	身份	shēnfen	선펀		천하	天下	tiānxià	톈샤
어부	渔夫	yúfū	위푸		충효	忠孝	zhōngxiào	종샤오
예방	预防	yùfáng	위팡		타향	他乡	tāxiāng	타샹
과부	寡妇	guǎfù	꽈푸		타협	妥协	tuǒxié	퉈시에
분류	分类	fēnlèi	펀레이		탐험	探险	tànxiǎn	탄셴
활발	活泼	huópō	훠포		통행	通行	tōngxíng	통씽
보관	保管	bǎoguǎn	바오관		투항	投降	tóuxiáng	터우샹

--●

D. 초성 ㅎ의 x 발음변환

					폭행	暴行	bàoxíng	바오씽
					품행	品行	pǐnxíng	핀씽
공헌	贡献	gòngxiàn	공셴		하산	下山	xiàshān	샤산
공효	功效	gōngxiào	공샤오		하순	下旬	xiàxún	샤쉰
농학	农学	nóngxué	농쉬에		하원	下院	xiàyuàn	샤위안
대학	大学	dàxué	따쉬에		학비	学费	xuéfèi	쉬에페이
모험	冒险	màoxiǎn	모아셴		학생	学生	xuésheng	쉬에성

학자	学者	xuézhě	쉬에저	공자	孔子	Kǒngzǐ	콩쯔
한정	限定	xiàndìng	셴띵	군사	军事	jūnshì	쥔즈
항목	项目	xiàngmù	샹무	대사	大使	dàshǐ	따스
행군	行军	xíngjūn	씽쥔	민사	民事	mínshì	민스
행동	行动	xíngdòng	씽동	사고	事故	shìgù	스꾸
행성	行星	xíngxīng	씽싱	사단	师团	shītuán	스투안
행정	行政	xíngzhèng	씽정	사명	使命	shǐmìng	스밍
향료	香料	xiāngliào	샹랴오	사병	士兵	shìbīng	스빙
향미	香味	xiāngwèi	샹웨이	사부	师父	shīfu	스푸
향유	享有	xiǎngyǒu	샹여우	사상	思想	sīxiǎng	쓰샹
헌병	宪兵	xiànbīng	셴빙	사전	辞典	cídiǎn	츠뎬
헌신	献身	xiànshēn	셴션	사형	死刑	sǐxíng	쓰싱
현금	现金	xiànjīn	셴진	생사	生死	shēngsǐ	성쓰
현대	现代	xiàndài	셴다이	시사	时事	shíshì	스스
현상	现象	xiànxiàng	셴샹	약사	药师	yàoshī	야오스
현장	现场	xiànchǎng	셴창	역사	历史	lìshǐ	리스
현행	现行	xiànxíng	셴씽	영사	领事	lǐngshì	링스
혈통	血统	xuètǒng	쉬에통	왕자	王子	wángzǐ	왕쯔
협동	协同	xiétóng	시에통	원자	原子	yuánzǐ	위안쯔
협정	协定	xiédìng	시에띵	인사	人事	rénshì	런스
형성	形成	xíngchéng	씽청	인자	仁慈	réncí	런츠
형식	形式	xíngshì	씽스	자궁	子宫	zǐgōng	쯔공
호흡	呼吸	hūxī	후시	자동	自动	zìdòng	쯔똥
화학	化学	huàxué	화쉬에	자료	资料	zīliào	쯔랴오
훈련	训练	xùnliàn	쉰롄	자립	自立	zìlì	쯔리
훈장	勋章	xūnzhāng	쉰장	자만	自满	zìmǎn	쯔만
희생	牺牲	xīshēng	시성	자문	咨询	zīxún	쯔쉰

---●

E. 모음 "사, 자" 의 "i" 발음변환

자본	资本	zīběn	쯔번
자산	资产	zīchǎn	쯔찬

자선	慈善	císhàn	츠산	인도	人道	réndào	런다오
자수	自首	zìshǒu	쯔서우	장로	长老	zhǎnglǎo	장라오
자연	自然	zìrán	쯔란	주요	主要	zhǔyào	주야오
자유	自由	zìyóu	쯔여우	지도	指导	zhǐdǎo	즈다오
자주	自主	zìzhǔ	쯔주	참고	参考	cānkǎo	찬카오
자질	资质	zīzhì	쯔즈	토론	讨论	tǎolùn	타오룬
자치	自治	zìzhì	쯔즈	호화	豪华	háohuá	하오화
자태	姿态	zītài	쯔타이	조혼	早婚	zǎohūn	자오훈
전사	战士	zhànshì	잔스	정보	情报	qíngbào	칭바오
전자	电子	diànzǐ	뗸쯔	주도	主导	zhǔdǎo	주다오
정사	正史	zhèngshǐ	정스	초원	草原	cǎoyuán	차오위안
제사	祭祀	jìsì	찌쓰	초인	超人	chāorén	차오런
제자	弟子	dìzǐ	띠쯔	암호	暗号	ànhào	안하오
천사	天使	tiānshǐ	톈스	예보	预报	yùbào	위바오
천자	千字	qiānzì	쳰쯔	왕조	王朝	wángcháo	왕차오
투자	投资	tóuzī	터우쯔	조정	调整	tiáozhěng	탸오정

---------------------------------------●

F. 모음 "오" 의 "ao" 발음변환

보고	报告	bàogào	바오가오	강도	强盗	qiángdào	챵따오
보관	保管	bǎoguǎn	바오관	고원	高原	gāoyuán	까오위안
보모	保姆	bǎomǔ	바오무	광고	广告	guǎnggào	꽝까오
보수	保守	bǎoshǒu	바오서우	전보	电报	diànbào	뗸바오
보존	保存	bǎocún	바오춘	인조	人造	rénzào	런자오
보호	保护	bǎohù	바오후	조례	条例	tiáolì	탸오리
선고	宣告	xuāngào	쉬안까오	조류	潮流	cháoliú	차오리어우
소수	少数	shǎoshù	사오수	조사	调查	diàochá	땨오차
신호	信号	xìnhào	신하오	소화	消化	xiāohuà	샤오화
양로	养老	yǎnglǎo	양라오	포병	炮兵	pàobīng	파오빙
용모	容貌	róngmào	롱마오	통보	通报	tōngbào	통바오

---------------------------------------●

G. 모음 "요" 의 "iao" 발음변환

요소	要素	yàosù	야오쑤
효녀	孝女	xiàonǚ	샤오뉘
효도	孝道	xiàodào	샤오다오
표류	漂流	piāoliú	퍄오리어우
표시	表示	biǎoshì	뱌오스
표어	标语	biāoyǔ	뱌오위
표준	标准	biāozhǔn	뱌오준

---------------------------------------●

H. 모음 "이" 의 "ei" 발음변화

미관	美观	měiguān	메이관
미녀	美女	měinǚ	메이뉘
방비	防备	fángbèi	팡베이
비관	悲观	bēiguān	베이관
비방	诽谤	fěibàng	페이빵
비참	悲惨	bēicǎn	베이찬
시비	是非	shìfēi	스페이
예비	预备	yùbèi	위베이
장비	装备	zhuāngbèi	쫭베이
낭비	浪费	làngfèi	랑페이
준비	准备	zhǔnbèi	준베이
미술	美术	měishù	메이수
설비	设备	shèbèi	서베이
회비	会费	huìfèi	훼이페이

---------------------------------------●

I. 모음 "애", "외" 의 "ai" 발음변화

개간	开垦	kāikěn	카이컨
개념	概念	gàiniàn	까이녠
개방	开放	kāifàng	카이팡
개통	开通	kāitōng	카이통

개화	开化	kāihuà	카이화
고대	古代	gǔdài	꾸따이
다재	多才	duōcái	뛰차이
대리	代理	dàilǐ	따이리
동태	动态	dòngtài	똥타이
방해	妨害	fánghài	팡하이
배외	排外	páiwài	파이와이
상쾌	爽快	shuǎngkuai	쐉콰이
성패	成败	chéngbài	청바이
손해	损害	sǔnhài	순하이
숭배	崇拜	chóngbài	총바이
승패	胜败	shèngbài	성바이
시대	时代	shídài	스따이
애모	爱慕	àimù	아이무
애정	爱情	àiqíng	아이칭
연대	年代	niándài	녠다이
영해	领海	lǐnghǎi	링하이
온대	温带	wēndài	원다이
인애	仁爱	rén'ài	런아이
인재	人才	réncái	런차이
장래	将来	jiānglái	쟝라이
장애	障碍	zhàng'ài	장아이
재난	灾难	zāinàn	자이난
재능	才能	cáinéng	차이넝
재범	再犯	zàifàn	짜이판
재산	财产	cáichǎn	차이찬
재생	再生	zàishēng	짜이성
재정	财政	cáizhèng	차이정
재혼	再婚	zàihūn	짜이훈

존재	存在	cúnzài	춘자이	객체	客体	kètǐ	커티
중재	仲裁	zhòngcái	종차이	추세	趋势	qūshì	취스
참패	惨败	cǎnbài	찬바이	체제	体制	tǐzhì	티즈
천재	天才	tiāncái	톈차이	체면	体面	tǐmiàn	티몐
침해	侵害	qīnhài	친하이	체중	体重	tǐzhòng	티종
태도	态度	tàidu	타이뚜	주제	主题	zhǔtí	주티
태산	泰山	tàishān	타이산	주체	主体	zhǔtǐ	주티
태양	太阳	tàiyáng	타이양	정체	停滞	tíngzhì	팅즈
태조	太祖	tàizǔ	타이쭈	제도	制度	zhìdù	즈두
태평	太平	tàipíng	타이핑	제왕	帝王	dìwáng	띠왕
태후	太后	tàihòu	타이허우	제의	提议	tíyì	티이
항해	航海	hánghǎi	항하이	제재	制裁	zhìcái	즈차이
해류	海流	hǎiliú	하이리어우	제정	制定	zhìdìng	즈띵
해병	海兵	hǎibīng	하이빙	제창	提倡	tíchàng	티창
해양	海洋	hǎiyáng	하이양	제품	制品	zhìpǐn	즈핀
해전	海战	hǎizhàn	하이잔	전체	全体	quántǐ	취안티
후대	厚待	hòudài	허우따이	신체	身体	shēntǐ	선티
외과	外科	wàikē	와이커	시체	尸体	shītǐ	스티
외관	外观	wàiguān	와이관	단체	团体	tuántǐ	투안티
외교	外交	wàijiāo	와이쟈오	자세	姿势	zīshì	쯔스
파괴	破坏	pòhuài	포화이				
공개	公开	gōngkāi	공카이				

K. 모음 "위"의 "wei", "ui"발음변환

J. 모음 "에"의 "i" 발음변환

일체	一体	yìtǐ	이티	범위	范围	fànwéi	판웨이
절제	节制	jiézhì	지에즈	부귀	富贵	fùguì	푸꿰이
제출	提出	tíchū	티추	시위	示威	shìwēi	스웨이
체질	体质	tǐzhì	티즈	위대	伟大	wěidà	웨이따
실제	实际	shíjì	스찌	위도	纬度	wěidù	웨이뚜
				위성	卫星	wèixīng	웨이씽
				위신	威信	wēixìn	웨이신

위원	委员	wěiyuán	웨이위안	단독	单独	dāndú	딴뚜
위인	伟人	wěirén	웨이런	대륙	大陆	dàlù	따루
위장	伪装	wěizhuāng	웨이쫭	대책	对策	duìcè	뒈이처
위치	位置	wèizhì	웨이즈	도덕	道德	dàodé	따오떠
주위	周围	zhōuwéi	저우웨이	독단	独断	dúduàn	뚜뚜안
귀인	贵人	guìrén	꿰이런	독립	独立	dúlì	뚜리
귀족	贵族	guìzú	꿰이쭈	동작	动作	dòngzuò	똥쭤
위력	威力	wēilì	웨이리	면적	面积	miànjī	몐지
위탁	委托	wěituō	웨이퉈	면직	免职	miǎnzhí	몐즈
지위	地位	dìwèi	띠웨이	목적	目的	mùdì	무디
마귀	魔鬼	móguǐ	모꿰이	민족	民族	mínzú	민쭈

- ●

| | | | | 백성 | 百姓 | bǎixìng | 바이싱 |

L. 받침 "ㄱ"의 사라짐

				병력	兵力	bīnglì	빙리
감독	监督	jiāndū	졘두	보약	补药	bǔyào	부야오
객관	客观	kèguān	커꽌	선악	善恶	shàn'è	산어
격리	隔离	gélí	꺼리	성격	性格	xìnggé	씽꺼
공익	公益	gōngyì	공이	성숙	成熟	chéngshú	청수
관직	官职	guānzhí	꽌즈	성악	声乐	shēngyuè	성위에
국가	国歌	guógē	꿔꺼	성적	成绩	chéngjì	청찌
국민	国民	guómín	꿔민	속도	速度	sùdù	쑤뚜
국화	国花	guóhuā	꿔화	속어	俗语	súyǔ	쑤위
규칙	规则	guīzé	꿰이저	수력	水力	shuǐlì	쉐이리
낙관	乐观	lèguān	러꽌	수확	收获	shōuhuò	서우훠
낙후	落后	luòhòu	뤄허우	시력	视力	shìlì	스리
노력	努力	nǔlì	누리	식품	食品	shípǐn	스핀
노역	劳役	láoyì	라오이	신약	神药	shényào	선야오
농악	农乐	nóngyuè	농위에	악마	恶魔	èmó	어모
농약	农药	nóngyào	농야오	약품	药品	yàopǐn	야오핀
능력	能力	nénglì	넝리	양력	阳历	yánglì	양리

양육	养育	yǎngyù	양위	전략	战略	zhànlüè	잔뤼에
엄격	严格	yángé	옌꺼	전력	全力	quánlì	취안리
여객	旅客	lǚkè	뤼커	정객	政客	zhèngkè	정커
연속	连续	liánxù	롄쉬	정맥	静脉	jìngmài	징마이
용적	容积	róngjī	룽찌	정복	征服	zhēngfú	정푸
원작	原作	yuánzuò	위안쭤	정식	正式	zhèngshì	정스
원칙	原则	yuánzé	위안쩌	정직	正直	zhèngzhí	정즈
월식	月食	yuèshí	위에스	정책	政策	zhèngcè	정처
유역	流域	liúyù	리어우위	조국	祖国	zǔguó	쭈궈
유익	有益	yǒuyì	여우이	조력	助力	zhùlì	주리
유적	遗迹	yíjì	이찌	조약	条约	tiáoyuē	탸오위에
육지	陆地	lùdì	루띠	조직	组织	zǔzhī	쭈즈
은덕	恩德	ēndé	언떠	종족	种族	zhǒngzú	종쭈
음력	阴历	yīnlì	인리	주력	主力	zhǔlì	주리
음악	音乐	yīnyuè	인위에	주색	酒色	jiǔsè	지어우써
의식	意识	yìshí	이스	주석	主席	zhǔxí	주시
의약	医药	yīyào	이야오	준칙	准则	zhǔnzé	준저
이력	履历	lǚlì	뤼리	중독	中毒	zhòngdú	종뚜
이익	利益	lìyì	리이	중력	重力	zhònglì	종리
인격	人格	réngé	런꺼	지식	知识	zhīshi	즈스
인력	人力	rénlì	런리	창작	创作	chuàngzuò	촹쭤
일식	日食	rìshí	르스	책임	责任	zérèn	저런
작업	作业	zuòyè	쭤이에	천직	天职	tiānzhí	톈즈
작용	作用	zuòyòng	쭤융	청력	听力	tīnglì	팅리
작전	作战	zuòzhàn	쭤잔	총력	全力	quánlì	취안리
작품	作品	zuòpǐn	쭤핀	충족	充足	chōngzú	총쭈
적당	适当	shìdàng	스땅	측량	测量	cèliáng	처량
적도	赤道	chìdào	츠따오	측은	恻隐	cèyǐn	처인
적응	适应	shìyìng	스잉	치욕	耻辱	chǐrǔ	츠루

친척	亲戚	qīnqī	친치	발생	发生	fāshēng	파성
침략	侵略	qīnlüè	친뤼에	발휘	发挥	fāhuī	파훼이
통속	通俗	tōngsú	통쑤	별명	别名	biémíng	비에밍
통역	翻译	fānyì	판이	본질	本质	běnzhì	번즈
특산	特产	tèchǎn	터찬	비밀	秘密	mìmì	미미
특징	特征	tèzhēng	터정	산출	产出	chǎnchū	찬추
특혜	特惠	tèhuì	터훼이	생활	生活	shēnghuó	성훠
폐막	闭幕	bìmù	삐무	성실	诚实	chéngshí	청스
품격	品格	pǐngé	핀꺼	소설	小说	xiǎoshuō	샤오쉬
풍속	风俗	fēngsú	펑쑤	손실	损失	sǔnshī	순스
한국	韩国	Hánguó	한궈	시찰	视察	shìchá	스차
함축	含蓄	hánxù	한쉬	실례	失礼	shīlǐ	스리
혼약	婚约	hūnyuē	훈위에	실시	实施	shíshī	스스
화력	火力	huǒlì	훠리	실연	失恋	shīliàn	스렌
화석	化石	huàshí	화스	실천	实践	shíjiàn	스젠
인식	认识	rènshi	런스	암살	暗杀	ànshā	안사

- ●

M. 받침 "ㄹ"의 사라짐

				연설	演说	yǎnshuō	옌쉬
개발	开发	kāifā	카이파	열량	热量	rèliàng	러량
관찰	观察	guānchá	관차	열병	阅兵	yuèbīng	위에빙
규율	规律	guīlǜ	꿰이뤼	예술	艺术	yìshù	이수
단일	单一	dānyī	딴이	예절	礼节	lǐjié	리지에
단절	断绝	duànjué	뚜안쥐에	우월	优越	yōuyuè	여우위에
돌연	突然	tūrán	투란	의술	医术	yīshù	이수
돌파	突破	tūpò	투포	일관	一贯	yíguàn	이관
마술	魔术	móshù	모수	일본	日本	Rìběn	르번
멸시	蔑视	mièshì	미에스	일정	一定	yídìng	이띵
발달	发达	fādá	파따	전달	传达	chuándá	촨따
발명	发明	fāmíng	파밍	전설	传说	chuánshuō	촨쉬
				전술	战术	zhànshù	잔수

절경	绝景	juéjǐng	쮀에징	가업	家业	jiāyè	찌아이에
절교	绝交	juéjiāo	쮀에쟈오	간섭	干涉	gānshè	깐서
절구	绝句	juéjù	쮀에쮜	간첩	间谍	jiàndié	젠디에
절대	绝对	juéduì	쮀에뛔이	고립	孤立	gūlì	꾸리
절호	绝好	juéhǎo	쮀에하오	공업	工业	gōngyè	공이에
점술	占术	zhānshù	잔수	군법	军法	jūnfǎ	쮠파
조절	调节	tiáojié	탸오지에	군복	军服	jūnfú	쮠푸
지질	地质	dìzhì	띠즈	귀납	归纳	guīnà	꿰이나
진술	陈述	chénshù	천수	답례	答礼	dálǐ	따리
진실	真实	zhēnshí	전스	답안	答案	dá'àn	따안
질서	秩序	zhìxù	즈쉬	대립	对立	duìlì	뒈이리
징벌	惩罚	chéngfá	청파	방법	方法	fāngfǎ	팡파
참살	惨杀	cǎnshā	찬사	법규	法规	fǎguī	파꿰이
처벌	处罚	chǔfá	추파	법정	法庭	fǎtíng	파팅
출고	出库	chūkù	추쿠	법치	法治	fǎzhì	파즈
출신	出身	chūshēn	추선	병법	兵法	bīngfǎ	빙파
출중	出众	chūzhòng	추종	보급	普及	pǔjí	푸찌
출처	出处	chūchù	추추	보답	报答	bàodá	바오따
충돌	冲突	chōngtū	총투	부합	符合	fúhé	푸허
통솔	统率	tǒngshuài	통솨이	상업	商业	shāngyè	상이에
통일	统一	tǒngyī	통이	성립	成立	chénglì	청리
품질	品质	pǐnzhì	핀즈	수법	手法	shǒufǎ	서우파
풍월	风月	fēngyuè	펑위에	수압	水压	shuǐyā	쉐이야
활동	活动	huódòng	훠동	수집	收集	shōují	서우찌
생일	生日	shēngrì	성르	습관	习惯	xíguàn	씨꽌
이별	离别	líbié	리비에	어업	渔业	yúyè	위이에

--- ●

N. 받침 "ㅂ"의 사라짐

가법	家法	jiāfǎ	찌아파	위법	违法	wéifǎ	웨이파

| 연습 | 练习 | liànxí | 롄씨 |
| 연합 | 联合 | liánhé | 롄허 |

입법	立法	lìfǎ	리파	가격	价格	jiàgé	찌아꺼
잡념	杂念	zániàn	짜녠	간략	简略	jiǎnlüè	졘뤼에
잡음	噪音	zàoyīn	자오인	강박	强迫	qiǎngpò	챵포
잡지	杂志	zázhì	짜즈	거절	拒绝	jùjué	쥐쥐에
전압	电压	diànyā	뗴야	거행	举行	jǔxíng	쥐씽
접수	接受	jiēshòu	지에서우	격려	激励	jīlì	찌리
접전	交战	jiāozhàn	쟈오잔	고급	高级	gāojí	까오찌
접종	接种	jiēzhǒng	지에종	고물	古物	gǔwù	꾸우
종합	综合	zōnghé	중허	공격	攻击	gōngjī	공찌
중급	中级	zhōngjí	종지	공급	供给	gōngjǐ	공찌
중립	中立	zhōnglì	종리	과학	科学	kēxué	커쉬에
진압	镇压	zhènyā	전야	국내	国内	guónèi	꿔네이
집단	集团	jítuán	찌투안	국방	国防	guófáng	꿔팡
집중	集中	jízhōng	찌종	국사	国史	guóshǐ	꿔스
집체	集体	jítǐ	찌티	국사	国事	guóshì	꿔스
집합	集合	jíhé	찌허	근대	近代	jìndài	찐다이
창립	创立	chuànglì	촹리	급보	急报	jíbào	찌바오
침입	侵入	qīnrù	친루	급성	急性	jíxìng	찌싱
편집	编辑	biānjí	볜지	기록	纪录	jìlù	찌루
합당	恰当	qiàdàng	챠땅	기술	技术	jìshù	찌수
합리	合理	hélǐ	허리	긴급	紧急	jǐnjí	진찌
합성	合成	héchéng	허청	남극	南极	nánjí	난찌
합창	合唱	héchàng	허창	노화	老化	lǎohuà	라오화
혼잡	混杂	hùnzá	훈자	대표	代表	dàibiǎo	따이뱌오
				덕행	德行	déxíng	떠싱
				독재	独裁	dúcái	뚜차이
				동맥	动脉	dòngmài	똥마이

3-3. 복합적인 발음변환 단어들

동물	动物	dòngwù	똥우
동포	同胞	tóngbāo	통바오

만사	万事	wànshì	완스	신학	神学	shénxué	선쉬에
모방	模仿	mófǎng	모팡	실습	实习	shíxí	스씨
목사	牧师	mùshī	무스	실업	失业	shīyè	스이에
목표	目标	mùbiāo	무뱌오	실현	实现	shíxiàn	스셴
무대	舞台	wǔtái	우타이	압력	压力	yālì	야리
물리	物理	wùlǐ	우리	압박	压迫	yāpò	야포
반감	反感	fǎngǎn	판간	업무	业务	yèwù	이에우
발광	发光	fāguāng	파꽝	열대	热带	rèdài	러다이
발행	发行	fāxíng	파싱	예물	礼物	lǐwù	리우
범법	犯法	fànfǎ	판파	외래	外来	wàilái	와이라이
법률	法律	fǎlǜ	파뤼	외무	外务	wàiwù	와이우
보물	宝物	bǎowù	바오우	위협	威胁	wēixié	웨이시에
복잡	复杂	fùzá	푸자	육각	六角	liùjiǎo	리어우쟈오
복합	复合	fùhé	푸허	육군	陆军	lùjūn	루쥔
부결	否决	fǒujué	퍼우쥐에	의학	医学	yīxué	이쉬에
불경	不敬	bújìng	부징	인물	人物	rénwù	런우
불법	不法	bùfǎ	부파	일기	日记	rìjì	르찌
사각	四角	sìjiǎo	쓰쟈오	입학	入学	rùxué	루쉬에
사막	沙漠	shāmò	사모	자격	资格	zīgé	쯔꺼
살해	杀害	shāhài	사하이	자급	自给	zìjǐ	쯔찌
삼각	三角	sānjiǎo	산쟈오	자백	自白	zìbái	쯔바이
생물	生物	shēngwù	성우	자살	自杀	zìshā	쯔사
석사	硕士	shuòshì	쉬스	작가	作家	zuòjiā	쭤지아
설계	设计	shèjì	서찌	잡기	杂技	zájì	짜지
설교	说教	shuōjiào	쉬쟈오	잡기	杂记	zájì	짜지
설립	设立	shèlì	서리	잡무	杂务	záwù	짜우
소극	消极	xiāojí	샤오찌	적극	积极	jījí	찌찌
순결	纯洁	chúnjié	춘지에	적합	适合	shìhé	스허
식물	植物	zhíwù	즈우	전국	全国	quánguó	취안궈

전망	展望	zhǎnwàng	잔왕	불행	不幸	búxìng	부씽
접견	接见	jiējiàn	지에졘	불효	不孝	búxiào	부샤오
접근	接近	jiējìn	지에진	사건	事件	shìjiàn	스졘
접대	接待	jiēdài	지에따이	사기	士气	shìqì	스치
폭동	暴动	bàodòng	바오동	사기	史记	shǐjì	스찌
폭력	暴力	bàolì	바오리	실가	实价	shíjià	스지아
표현	表现	biǎoxiàn	뱌오셴	애국	爱国	àiguó	아이궈
해결	解决	jiějué	지에쮀에	열기	热气	rèqì	러치
해답	解答	jiědá	지에따	위급	危急	wēijí	웨이지
해독	解毒	jiědú	지에뚜	직감	直觉	zhíjué	즈쮀에
해설	解说	jiěshuō	지에쉬	직권	职权	zhíquán	즈취안
행위	行为	xíngwéi	씽웨이	초급	初级	chūjí	추지
혈관	血管	xuèguǎn	쉬에관	특권	特权	tèquán	터취안
혈구	血球	xuèqiú	쉬에치어우	특급	特级	tèjí	터지
혈압	血压	xuèyā	쉬에야	판결	判决	pànjué	판쮀에
혈육	血肉	xuèròu	쉬에러우	하급	下级	xiàjí	샤지
혈족	血族	xuèzú	쉬에쭈	학기	学期	xuéqī	쉬에치
협객	侠客	xiákè	시아커	합금	合金	héjīn	허진
협력	协力	xiélì	시에리	해군	海军	hǎijūn	하이쥔
협회	协会	xiéhuì	시에훼이	호걸	豪杰	háojié	하오지에
형사	刑事	xíngshì	씽스	화교	华侨	huáqiáo	화챠오
흡수	吸收	xīshōu	시서우	가무	歌舞	gēwǔ	꺼우
사립	私立	sīlì	쓰리	국무	国务	guówù	꿔우
사법	私法	sīfǎ	쓰파	무술	武术	wǔshù	우수
가공	加工	jiāgōng	찌아공	절망	绝望	juéwàng	쮀에왕
건설	建设	jiànshè	졘서	학문	学问	xuéwen	쉬에원
군무	军务	jūnwù	쥔우	흥망	兴亡	xīngwáng	씽왕
무기	武器	wǔqì	우치	희망	希望	xīwàng	시왕
배경	背景	bèijǐng	베이징	극복	克服	kèfú	커푸

지배	支配	zhīpèi	즈페이	쾌락	快乐	kuàilè	콰아러
해방	解放	jiěfàng	지에팡	표결	表决	biǎojué	뱌오쥐에
해부	解剖	jiěpōu	지에퍼우	해외	海外	hǎiwài	하이와이
행복	幸福	xìngfú	씽푸	포위	包围	bāowéi	바오웨이
헌법	宪法	xiànfǎ	셴파	태자	太子	tàizǐ	타이쯔
형법	刑法	xíngfǎ	씽파	특별	特别	tèbié	터삐에
흥분	兴奋	xīngfèn	씽펀	특색	特色	tèsè	터써
거행	举行	jǔxíng	쥐씽	합력	合力	hélì	허리
유학	留学	liúxué	리어우쉬에	합작	合作	hézuò	허쭤
집행	执行	zhíxíng	즈씽	활력	活力	huólì	훠리
출현	出现	chūxiàn	추셴	출발	出发	chūfā	추파
출혈	出血	chūxiě	추시에	감찰	监察	jiānchá	졘차
학력	学历	xuélì	쉬에리	졸업	毕业	bìyè	삐이에
학설	学说	xuéshuō	쉬에쒀	출입	出入	chūrù	추루
학술	学术	xuéshù	쉬에수	위반	违反	wéifǎn	웨이판
학습	学习	xuéxí	쉬에시	비판	批判	pīpàn	피판
학식	学识	xuéshí	쉬에스	왕비	王妃	wángfēi	왕페이
향락	享乐	xiǎnglè	샹러	배급	配给	pèijǐ	페이찌
험악	险恶	xiǎn'è	셴어	분배	分配	fēnpèi	펀페이
흡수	吸收	xīshōu	시서우	청각	听觉	tīngjué	팅쥐에
형태	形态	xíngtài	씽타이	강탈	强夺	qiángduó	챵뛰
표현	表现	biǎoxiàn	뱌오셴	검술	剑术	jiànshù	졘수
효과	效果	xiàoguǒ	샤오궈	검열	检阅	jiǎnyuè	졘위에
효력	效力	xiàolì	샤오리	검찰	检察	jiǎnchá	졘차
효율	效率	xiàolǜ	샤오뤼	결과	结果	jiéguǒ	찌에꿔
학위	学位	xuéwèi	쉬에웨이	결단	决断	juéduàn	쥐에뚜안
행위	行为	xíngwéi	씽웨이	결혼	结婚	jiéhūn	찌에훈
개업	开业	kāiyè	카이이에	경찰	警察	jǐngchá	찡차
재벌	财阀	cáifá	차이파	발열	发热	fārè	파러

실망	失望	shīwàng	스왕
심혈	心血	xīnxuè	신쉬에
열반	涅槃	nièpán	니에판
요술	妖术	yāoshù	야오수
일보	日报	rìbào	르바오
가곡	歌曲	gēqǔ	꺼취
가극	歌剧	gējù	꺼쮜
감각	感觉	gǎnjué	깐쥐에
감격	感激	gǎnjī	깐찌
감옥	监狱	jiānyù	졘위
강국	强国	qiángguó	챵꿔
개막	开幕	kāimù	카이무
건축	建筑	jiànzhù	쪤주
검도	剑道	jiàndào	쪤따오
검역	检疫	jiǎnyì	쪤이
겸직	兼职	jiānzhí	쪤즈
경작	耕作	gēngzuò	껑쭤
극락	极乐	jílè	찌러
극력	极力	jílì	찌리
극우	极右	jíyòu	찌여우
목금	木琴	mùqín	무친
목록	目录	mùlù	무루
반격	反击	fǎnjī	판찌
반박	反驳	fǎnbó	판보
방독	防毒	fángdú	팡뚜
방역	防疫	fángyì	팡이
번역	翻译	fānyì	판이
복병	伏兵	fúbīng	푸삥
분석	分析	fēnxi	펀시

세력	势力	shìlì	스리
시국	时局	shíjú	스쥐
실력	实力	shílì	스리
용기	勇气	yǒngqì	용치
제국	帝国	dìguó	띠꿔
제목	题目	tímù	티무
직접	直接	zhíjiē	즈지에
체력	体力	tǐlì	티리
체육	体育	tǐyù	티위
초속	超速	chāosù	차오수
국법	国法	guófǎ	꿔파
국회	国会	guóhuì	꿔훼이
해적	海贼	hǎizéi	하이제이
입체	立体	lìtǐ	리티

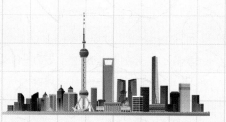

3-4 주요 기본 변환 법칙들

앞에서도 논의 한 대로 양국 간의 발음의 흐름을 좀 더 감각적으로 익히기 위하여 양국의 유사한 발음을 중심으로 흔히 일어나는 변환들을 필자 주관대로 선별하고 그 빈도수를 고려해서 나열하여 보면 중요한 변환특징들이 있음을 알 수 있다. 이곳에 제시한 중요한 발음 변환들을 유심히 관찰함으로서 4장에서 전개되는 변환법칙들을 더욱 쉽게 이해할 수 있게 되고 결국은 이 책의 학습목표를 충분히 달성할 수 있게 되리라 믿는다.

이 곳에서는 양국 단어들의 관련성을 좀 더 이해하기 위하여 유사한 변화를 갖는 단어들을 알아보고 이어서 구체적인 변환규칙들을 제시하였다. 첫 자음(초성)들의 경우 때로는 다양한 변화로 그 변환규칙성을 찾기 어려울 수도 있지만 그런 가운데에서도 2-3에서 본 내용들을 잘 숙지하면 많은 관련성을 찾을 수 있다. 모음의 경우 그 변화 중에서도 중모음인 '애', '외' 등이 대부분 'ai', 'oi' 등으로 바뀌고, '어', '여', '업', '엽', '엉', '영', '악', '왈', '액' 등이 어떻게 달리 발음되는지 그 변환 흐름을 잘 관찰해 보면 그 규칙성들을 많이 찾을 수 있으리라 본다. 받침(종성)의 경우는 앞에서 언급 하였듯이 **'ㄹ' 받침이 모두 't'로 바뀌는 것** 외에는 양국이 거의 동일한 발음으로 변환되는 큰 특징을 가지고 있다.

아래 내용 중에 표시된 붉은 색의 경우는 긴밀한 변환관계를 표시한다.
표기의 예를 들면 **A 〉 B ≫ ((C)) 의 경우**, A와 B는 그 발음 변환의 대부분을 차지하며 A발음이 B발음보다 조금 더 많음을 의미한다. 그리고 '≫'는 C로의 변환은 A, B 보다 훨씬 적은 변환이 이루어지며, ((C))는 C 발음으로는 극히 일부만 변환됨을 의미한다.

그러나 아래와 같은 구체적인 변환은 자음에 따라 많이 달라질 수 있고, 결국은 **모든 한자 하나 하나의 발음을 일일이 외울 수밖에 없다**. 그러나 그 변환을 의식하고 단어들을 **꾸준히 접하다** 보면 양국 간의 단어발음 습득이 쉽게 이루어지게 된다. 그리고 중국어를 이해하는 입장에서도 **여러 단어(알파벳) 표기들 사이의 발음 차이와 각각의 한자가 가지는 의미와 발음을 연결시킨다면 한-중 언어이해에 큰 도움이 되리라** 본다.

A. 첫 자음 (초성)

A-① ㄱ ▶ g(ㄲ), g(ㄱ), j(ㅉ), j(ㅈ) 〉q(ㅊ), k(ㅋ) 》((x(ㅅ)))

A-② ㄴ ▶ l(ㄹ), n(ㄴ)

A-③ ㄷ ▶ d(ㄸ), d(ㄷ) 》t(ㅌ)

A-④ ㄹ ▶ l(ㄹ)

A-⑤ ㅁ ▶ m(ㅁ) 〉w(우)

A-⑥ ㅂ ▶ f(ㅍ) 〉b(ㅂ) 〉p(ㅍ), ((m(ㅁ)))

A-⑦ ㅅ ▶ sh(ㅅ) 》x(ㅅ) 〉ch(ㅊ), c(ㅊ), s(ㅅ)

A-⑧ ㅇ ▶ y(이), l(ㄹ), r(ㄹ) 〉w(우)

A-⑨ ㅈ ▶ z(ㅉ), zh(ㅈ), z(ㅈ) 〉c(ㅊ), ch(ㅊ), sh(시), q(ㅊ), d(ㄷ), t(ㅌ), ((j(ㅈ), x(ㅅ)))

A-⑩ ㅊ ▶ c(ㅊ), ch(ㅊ), z(ㅈ), t(ㅌ), q(ㅊ), zh(ㅈ), d(ㄸ)

A-⑪ ㅋ ▶ k(ㅋ)

A-⑫ ㅌ ▶ t(ㅌ) 〉d(ㄷ), cf.탁(zhuó)

A-⑬ ㅍ ▶ b(ㅂ), p(ㅍ) 》f(ㅍ)

A-⑭ ㅎ ▶ h(ㅎ) 〉x(ㅅ) 》k(ㅋ) cf. 解(jiě), 革(gé), 验(yàn), 抗(kàng)

B. 모음 (중성)

B-① 아 ▶ ia(이아) 〉e(어) 〉i(이) 〉a(아) 〉ie(이에) 〉o(오), uo(워) 가(家):jiā,
마(魔):mó, 사(事):shì, 사(社):shè, 사(谢):xiè, 다(多):duō, 아(亚):yà cf. 派(ai)

B-② 애 ▶ ai(아이) 〉a(아) 〉ei(에이) 〉ui(웨이) 〉((e(어))) 배(排):pái, 대(大):dà,
내(內):nèi, 대(对):duì, 개(个):gè

B-③ 야 ▶ ye(예) 야(野):yě

B-④ 어 ▶ ü, yu(위) 〉u(우), i(이) 어(渔):yú, 처(处):chǔ 서(西):xī

B-⑤ 에 ▶ i(이) 〉ui(웨이) 세(世):shì, 세(税):shuì

B-⑥ 여 ▶ nǔ(뉘), i(이) 여(女):nǔ, 려(丽):lì

B-⑦ 예 ▶ i/yi(이) 》 ui(웨이) 〉ei(에이), ie(이에), yu(위) 계(机):jī, 예(艺):yì,
레(礼):lǐ, 폐(肺):fèi, 혜(惠):huì, 계(界):jiè, 예(预):yù

B-⑧ **오** ▶ ao(아오) 〉u(우) 》 ㅇ(오), uo(워), ou(어우) 초(超):chāo, 고(古):gǔ, 토(土):tǔ,

모(模):mó, 소(所):suǒ, 모(谋):móu

B-⑨ **와** ▶ uo(워), ua(와), e(어) 화(火):huǒ, 화(华):huá, 과(科):kē

B-⑩ **외** ▶ ui(웨이) 》 wai/uai(와이) 최(最):zuì, 회(会):huì, 외(外):wài, 괴(怪):guài

B-⑪ **왜** ▶ uai(와이), ua(와) 쾌(快):kuài, 패(卦):guà

B-⑫ **요** ▶ iao 〉 yao(야오) 교(教):jiāo, 효(效):xiào, 요(要):yào

B-⑬ **우** ▶ u(우) 〉ao(아오), iu(이어우), ui(웨이), ou(어우) 부(夫):fū, 무(贸):mào,

구(救):jiù, 수(水):shuǐ, 후(后):hòu

B-⑭ **위** ▶ ui, wei(웨이) 〉 ei(에이) 》 ü(위) 귀(归):guī, 위(卫):wèi, 취(取):qǔ

B-⑮ **유** ▶ you(유) 〉 iu(이어우) 〉 ui(웨이) 〉 yi(이), ei(에이) 유(游):yóu, 유(留):liú,

규(规):guī, 유(遗):yí, 류(类):lèi

B-⑯ **의** ▶ yi(이) 〉 i(이) 의(医):yī, 의(议):yì, 희(希):xī

B-⑰ **이** ▶ i(이) 〉 yi(이), ei(에이), ü(위) 이(离):lí, 기(气):qì, 이(移):yí, 비(费):fei, 이(履):lǚ

C. 받침 (종성)

C-① **ㄴ** ▶ ㄴ(n), 난(南):nán

C-② **ㅁ** ▶ ㄴ(n), 겸(谦):qiān

C-③ **ㅇ** ▶ ㅇ(ng), 중(中):zhōng, 경(京):jīng

C-④ **ㄱ**(c), **ㅂ**(p), **ㄹ**(r, l) **중국어에 없음**

D. 종합 합성어

D-① **악** ▶ 워(uo), 어(e), 오(o), 위에(üe, yue), 우(u), 야오(iao) 낙(落):luò, 악(恶):è,

박(博):bó, 학(学):xué, 막(幕):mù, 각(角):jiǎo

D-② **안** ▶ 안(an) 》 우안(uan), 옌(ian), 언(en) 안(安):an, 단(短):duǎn, 간(间):jiān,

간(垦):kěn

D-③ **알** ▶ 아(a), 우어(uo) 발(发):fā, 살(杀):shā, 탈(夺):duó

D-④ **암** ▶ 안(an) 》 옌(ian) 감(监):jiān, 감(感):gǎn, 남(男):nán, 담(谈):tán, 참(参):cān, 함(舰):jiàn

D-⑤ 압 ▶ 아(a) ≫ 어(e) 답(答):dá, 압(压):yā, 잡(杂):zá, 합(合):hé

D-⑥ 양 ▶ 앙(ang) 〉우앙(uang), 양(iang/yang) 장(长):zhǎng, 방(防):fáng, 강(强):qiáng, 양(仰):yǎng, 상(爽):shuǎng

D-⑦ 액 ▶ 어(e) ≫ 아이(ai) 객(客):kè, 책(册):cè, 백(百):bǎi

D-⑧ 앵 ▶ 엉(eng) ≫ 앙(ang), 잉(ing) 갱(更):gēng, 생(生):shēng, 행(行):háng, 행(幸):xìng

D-⑨ 약 ▶ 위에(üe/yue) ≫ 야오(yao) 약(约):yuē, 략(略):lüè, 약(药):yào

D-⑩ 양 ▶ 이앙(iang, yang), 랑(rang) 양(阳):yáng, 향(香):xiāng, 양(良):liáng, 양(讓):rang

D-⑪ 억 ▶ 이(i)≫위(uo), 어(e), 에이(ei) 석(石):shí, 적(适):shì, 덕(德):dé, 석(硕):shuò, 적(贼):zéi

D-⑫ 언 ▶ 옌(ian/yan) ≫ 우안(uan), 위안(üan)>안(an) 건(建):jiàn, 헌(献):xiàn, 언(言):yán, 전(转):zhuǎn, 선(宣):xuān, 전(战):zhàn

D-⑬ 얼 ▶ 이에(ie) 〉위(uo), 어(e), 위에(üe/yue), 아(a) 절(节):jié, 철(铁):tiě, 설(说):shuō, 설(设):shè, 절(绝):jué, 벌(罚):fá

D-⑭ 엄 ▶ 옌(ian/yan) ≫ 안(an) 검(检):jiǎn, 점(点):diǎn, 엄(严):yán, 범(犯):fàn

D-⑮ 업 ▶ 이에(ie/ye) ≫ 아(a) 업(业):yè, 접(接):jiē, 법(法):fǎ

D-⑯ 엉 ▶ 잉(ing), 엉(eng) 성(性):xìng, 정(定):dìng, 성(诚):chéng, 정(郑):zhèng

D-⑰ 역 ▶ 어(e) ≫ 이(i/yi), 위(yu) 혁(革):gé, 격(格):gé, 역(历):lì, 역(易):yì, 역(域):yù

D-⑱ 연 ▶ 옌(ian/yan) ≫ 안(an), 위안(üan) 연(连):lián, 연(练):liàn, 연(演):yǎn, 연(燃):rán, 연(缘):yuán

D-⑲ 열 ▶ 이에(ie) ≫ 어(e),위에(üe/yue) 멸(蔑):miè, 결(结):jié, 열(热):rè, 결(决):jué, 열(阅):yue

D-⑳ 염 ▶ 옌(ian), 안(an) 겸(兼):jiān, 겸(谦):qiān, 염(廉):lián, 염(染):rǎn

D-㉑ 엽 ▶ 이에(ie), 이아(ia) 협(协):xié, 협(侠):xiá

D-㉒ 영 ▶ 잉(ing/ying), 영(yong, rong), 엉(eng) 경(敬):jìng, 명(命):mìng, 영(营)yíng, 영(永):yǒng, 영(荣):róng, 갱(耕):gēng

D-㉓ 옥 ▶ 우(u), 아오(ao) 독(独):dú, 독(毒):dú, 목(目):mù, 복(复):fù, 폭(暴):bào

D-㉔ 온 ▶ 운(un), 언(en) 곤(昆):kūn, 논(论):lùn, 손(损):sǔn, 본(本):běn

D-㉕ 올 ▶ 우(u), 와이(uai) 돌(突):tū, 졸(卒):zú, 골(骨):gǔ, 솔(率):shuài

D-㉖ 옹 ▶ 옹(ong) ≫ 엉(eng) 공(共):gòng, 공(空):kōng, 농(农):nóng, 봉(奉):fèng

D-㉗ 왁 ▶ 위에(üe), 워(uo) 확(确):què, 확(获):huò

D-㉘ 완 ▶ 완(uan) 관(关):guān, 관(管):guǎn, 완(完):wán, 환(欢):huān

D-㉙ 왈 ▶ 워(uo) 활(活):huó, 괄(括):kuò

D-㉚ 왕 ▶ 왕(uang) 광(矿):kuàng, 광(光):guāng, 왕(王):wáng

D-㉛ 왹 ▶ 와(ua) 획(划):huà

D-㉜ 욍 ▶ 엉(eng) 횡(横):héng

D-㉝ 욕 ▶ 우(u), 위(yu) 욕(欲):yù, 욕(辱):rǔ

D-㉞ 용 ▶ 용(yong), 룡(rong,long) 용(勇):yǒng, 용(用):yòng, 용(容):róng, 용(龙):lóng

D-㉟ 욱 ▶ 워(uo) 〉 우(u) 〉 위(ü), 에이(ei) 국(国):guó, 축(祝):zhù, 국(局):jú, 북(北):běi

D-㊱ 운 ▶ 운(un) 》 언(en), 윈(ün/yun) 훈(训):xùn, 순(顺):shùn, 문(文):wén, 군(军):jūn,
운(运):yùn

D-㊲ 울 ▶ 우(u) 울(郁):yù, 출(出):chū, 불(不):bù

D-㊳ 움 ▶ 인(in) 품(品):pǐn

D-㊴ 웅 ▶ 옹(ong) 》 엉(eng), 숑(xiong) 중(众):zhòng, 중(中):zhōng, 풍(风):fēng,
웅(雄):xióng

D-㊵ 원 ▶ 위안(yuan/üan) 원(援):yuán, 원(原):yuán, 권(权):quán

D-㊶ 월 ▶ 위에(üe) 월(月):yuè, 월(越):yuè

D-㊷ 육 ▶ 이어우(iu), 우(u), 어우(ou), 위(yu) 육(六):liù, 육(陆):lù, 육(肉):ròu,
육(育):yu

D-㊸ 윤 ▶ 윈(ün), 룬(lun) 윤(轮):lún, 균(均):jūn, 균(菌):jūn

D-㊹ 율 ▶ 위(ü) 률(律):lǜ, 률(率):lǜ

D-㊺ 융 ▶ 옹(ong) 융(融):róng

D-㊻ 윽 ▶ 어(e), 이(i) 〉 위(ü) 극(极):jí, 극(克):kè, 측(测):cè, 극(剧):jù

D-㊼ 은 ▶ 언(en), 인(in/yin) 근(近):jìn, 은(恩):ēn, 은(银):yín, 흔(痕):hén

D-㊽ 음 ▶ 인(in/yin) 음(阴):yīn, 음(音):yīn, 금(金):jīn

D-㊾ 읍 ▶ 이(i/yi) 급(急):jí, 흡(吸):xī, 읍(邑):yì

D-㊿ 응 ▶ 엉(eng) 〉 잉(ing/ying) 응(应):yìng, 흥(兴):xīng, 승(胜):shèng, 증(增):zēng,
능(能):néng

D-�51 익 ▶ 이(i/yi) 》 어(e) 식(植):zhí, 식(食):shí, 직(直):zhí, 익(益):yì, 칙(则):zé

058

D-㉒ 인 ▶ 언(en)>린(lin), 런(ren), 인(in/yin) 진(真):zhēn, 인(人):rén, 인(邻):lín,

진(进):jìn, 인(因):yīn

D-㊾ 임 ▶ 인(in) 〉언(en), 린(lin), 런(ren) 침(侵):qīn, 심(心):xīn, 심(审):shěn, 인(临):lín,

임(任):rèn

D-㊾ 일 ▶ 이(i) 실(失):shī, 일(一):yī, 일(日):rì, 질(质):zhì

D-㊾ 입 ▶ 이(i) 〉우(u) 입(立):lì, 집(执):zhí, 입(入):rù

D-㊾ 잉 ▶ 엉(eng) 징(惩): chéng

漢字 한자 변환법으로 배우는
중국어
한-중 중심의 한자권 4개국 언어학습

4

한-중국어
한자 단어 변환

한-중국어 한자 단어 변환

한-중국어 한자 단어 변환
일본어 및 베트남어 변환 포함

여태까지 논의한 내용들을 토대로 한국어 한자 단어 중심의 한-중국어 단어 변환들을, 한글 중심의 동일 발음을 갖는 한자 별로 나누어서 아래와 같이 작성하였다. 그리고 이들 관계를 좀 더 잘 이해하기 위하여 간단한 예문 단어 문장들을 제시하였다. 이러한 단어들의 경우에는 **중국 입장에서 보면 때로는 좀 무리한 경우도** 있고 같은 글자라도 국가에 따라 그 사용 의미가 다를 수도 있지만 여기서는 그점을 깊게 고려하지 않았다.

또한 발음변환이 거의 유사하게 일어나는 경우와 복잡한 첫 자음 변환인 경우에는 그 과정을 생략하였다.
그리고 기본적인 발음 변환에만 집중하였기에 유사한 형태의 변환이나 중국어 발음에 매우 중요한 4성조 변환에는 큰 비중을 두지 않았다.

조금 구체적으로 예를 들면 "ㄱ"이 "ㄲ"로 발음되는 경우도 많으나 이 변환을 표기하지 않았으며, 자세히 변환을 따라가다 보면, 전반적으로 한국 발음의 많은 모음이 단순 모음인 "아"는 중국어 발음 "ia"나 "e"나 "i" 등으로, "오"는 "ao" 나 "u", "o" 등으로, "우"는 "u"나 "ao", "iu" 등으로 발음한다. 또한 한국어의 단순 중모음인 "애"는 "ai"나 "a", "ei" 등으로, "여"는 "u"나 "i" 등으로, "외"는 "ui", "요"는 "iao", "yao", "유"는 "you"나 "iu", "ui", "yi" 등으로 발음한다. 또한 이 책은 한글 자모 순서대로 전개하였으나 중국어가 가능한 독자라면 이 책을 토대로 한-중국어가 아닌 **한자들을 고려한 중국어-한국어 순서로 이 내용들을 전개하여 본다면 한국어 학습에 큰 도움이 되리라 본다.**

아울러 일본어와 중국어에서 거의 동일한 의미로 쓰이는 한자를 이곳에 제시하였고 그 발음 변환 방법들을 제시하였다.

이러한 4개국 간의 변환 방법들은 필자 중심의 지극히 **주관적인 것들이기에 때로는 조금 무리한 경우도** 있고 때로는 깊은 학문적 배경을 가지고 있지도 않다. 이러한 한-중국 발음 변환들을 관심을 가지고 잘 학습해 나가면 양국 단어의 이해는 물론 다른 국가 언어들 변환 및 언어 습득에도 큰 도움이 되리라 확신한다.

漢字 한자 변환법으로 배우는 중국어

가 ⊕ jia, (ge), (ke) ⊕ ka, ga Ⓥ gia, (ca, kha)

가세
家世
jiāshì
찌아스

家世 ㈀j 아:ia 에:i
명성있는 가세 家世显耀 찌아스셴야오

⊕いえよ→かせい 훈:ie Ⓥ Gia thế 자 테 가:gia

가교
家教
jiājiào
찌아찌아오

家教 ㈀j 아:ia 요:iao
가교 신앙 家教信仰 찌아찌아오신양

⊕かきよう 훈:ie Ⓥ Gia giáo 자 자오 가:gia 교:giáo

가법
家法
jiāfǎ
찌아파

家法 ㈀j 아:ia ⊕f 업:a ⊕..
가법규칙 家法家规 찌아파찌아꿰이

⊕かほう ⊕h 압:o- Ⓥ Gia pháp 자 팝 가:gia ㅂ:ph 업:ap

가보
家宝
jiābǎo
찌아바오

家寶 ㈀j 아:ia ⊕b 오:ao
조상의 가보 传家宝 추안찌아바오

⊕かほう ⊕h Ⓥ Gia bảo 자 바오 가:gia 오:ao

가보
家谱
jiāpǔ
찌아푸

家譜 ㈀j 아:ia ⊕p 오:u
가보조사 家谱调查 찌아푸댜오차

⊕かふ ⊕h Ⓥ Gia phả 자 파 가:gia ㅂ:ph 오:a

가업
家业
jiāyè
찌아이에

家業 ㉠j 아:ia 업:ye ㈐..
가업유지 维持家业 웨츠찌아이에

🈥 かぎょう 업:iyo- Ⓥ Gia nghiệp 자 응이엡 가:gia 업:nghiệp

가용
家用
jiāyòng
찌아용

家用 ㉠j 아:ia 용:yong
가용 물건 家用物品 찌아용우핀

🈥 いえよう Ⓥ Gia dụng 자 중 가:gia 용:dung

가인
佳人
jiārén
찌아런

佳人 ㉠j 아:ia 인:(r)en
절세가인 绝世佳人 쮀에스찌아런

🈥 かじん Ⓥ Gia nhân 자 년 가:gia 인:nhân

가장
家长
jiāzhǎng
찌아장

家長 ㉠j 아:ia 앙:ang
가장제도 家长制度 찌아장즈뚜

🈥 かちょう 앙:iyō Ⓥ Gia trưởng 자 쯔엉 가:gia 앙:ương

가정
家庭
jiātíng
찌아팅

家庭 ㉠j 아:ia 엉:ing
가정안정 家庭稳定 찌아팅우언띵

🈥 かてい 엉:ei Ⓥ Gia đình 자 딘 가:gia 엉:inh

가족
家族
jiāzú
찌아쭈

家族 ㉠j 아:ia 옥:u ㉠..
가족명성 家族名声 찌아쭈밍성

🈥 かぞく Ⓥ Gia tộc 자 똑 가:gia

가축
家畜
jiāchù
찌아추

家畜 ㉠j 아:ia 욱:u ㉠..
귀중한 가축 贵重家畜 꿰이중찌아추

🈥 かちく Ⓥ Gia súc 자 숙 가:gia ㅊ:s

가풍
家风
jiāfēng
찌아펑

家風 ㉠j 아ː:ia ㉠f 웅ː:eng
가풍도덕 家风道德 찌아펑따오떠

㊐かふう ㉺h ◎- Ⓥ Gia phong 자 퐁 가ː:gia 웅ː:ong

가훈
家训
jiāxùn
찌아쉰

家訓 ㉠j 아ː:ia ㉠x 운ː:un
가훈 지시 家训指示 찌아쉰즈스

㊐かくん ㉺k Ⓥ Gia huấn 자 후언 가ː:gia 운ː:uân

가곡
歌曲
gēqǔ
꺼취

歌曲 ㉠g 아ː:e 옥ː:u ㉠..
가곡 대회 歌曲比赛 꺼취삐싸이

㊐かきよく Ⓥ Ca khúc 까 쿡 가ː:ca 옥ː:uc

가극
歌剧
gējù
꺼쮜

歌劇 ㉠g 아ː:e 윽ː:u ㉠..
현대적 가극 现代歌剧 셴따이꺼쮜

㊐かげき Ⓥ Ca kịch 까 끽 가ː:ca 익ː:ich

가무
歌舞
gēwǔ
꺼우

歌舞 ㉠g 아ː:e ㉣w
전통가무 传统歌舞 촨통꺼우

㊐かぶ,うたまい 훈독 ㉤b Ⓥ Ca vũ 까 부 가ː:ca ㅁː:v

가수
歌手
gēshǒu
꺼서우

歌手 ㉠g 아ː:e 우ː:ou
유형가수 流行歌手 리어우싱꺼서우

㊐かしゆ Ⓥ Ca sĩ 까 시 가ː:ca 우ː:i

가요
歌谣
gēyáo
꺼야오

歌謠 ㉠g 아ː:e 요ː:yao
고려 가요 高丽歌谣 까오리꺼야오

㊐かよう Ⓥ Ca dao 까 자오 가ː:ca 요ː:dao

가격
价格
jiàgé
찌아꺼

價格 ㉠j **아**:ia ㉠g **역**:e ㉠..
가격 형성 价格形成 찌아꺼싱청

🇯 かかく 🅥 Giá cả 자 가 가:gia ㄱ(예외)

가치
价值
jiàzhí
찌아즈

價值 ㉠j **아**:ia **이**:i
가치기준 价值标准 찌아즈빠오준

🇯 かち 🅥 Giá trị 자 찌 가:gia

가공
加工
jiāgōng
찌아공

加工 ㉠j **아**:ia ㉠g **옹**:ong
가공방법 加工方法 찌아공팡파

🇯 かこう ◎- 🅥 Gia công 자 꽁 가:gia

가능
可能
kěnéng
커넝

可能 ㉠k **아**:e ㉢n **응**:eng
무한 가능 无限可能 우셴커넝

🇯 かのう ◎- 🅥 Khả năng 카 낭 가:ca 응:ang

간 ⊕ jian, gan 🇯 kan, (gan) 🅥 gian, (can, gan)

간단
简单
jiǎndān
젠단

簡單 ㉠j **아**:ia **안**:an
간단한 이유 简单的理由 젠단 떠 리어우

🇯 かんたん 🅥 giản đơn 잔 던 간:gian 안:ơn

간략
简略
jiǎnlüè
젠뤼에

簡略 ㉠j **아**:ia **약**:üe ㉠-
간략한 설명 简略说明 젠뤼에쉬밍

🇯 かんりやく 🅥 giản lược 잔 르억 간:gian 약:ược

간편
简便
jiǎnbiàn
졘볜

簡便 ㉠j **아**:ia ㉣b **연**:ian
간편한 방법 简便的方法 졘볜 떠 팡파

🗾 かんべん 🇻 giản tiện 잔 띠엔 간:gian 연:iên

간부
干部
gànbù
깐부

幹部 ㉠g **아**:a ㉥b **우**: u
국가간부 国家干部 꿔찌아깐부

🗾 かんぶ 🇻 cán bộ 깐 보 우:o

간섭
干涉
gānshè
깐서

干涉 ㉠g **업**:e ㉥..
간접적 간섭 间接干涉 졘지에깐서

🗾 かんしょう 업:iyo- 🇻 can thiệp 깐 티엡 업:iêp

간염
肝炎
gānyán
깐옌

肝炎 ㉠g **염**:yan
만성 간염 慢性肝炎 만싱깐옌

🗾 かんえん 🇻 viêm gan 비엠 간 염:iêm

간첩
间谍
jiàndié
졘띠에

間諜 ㉠j **안**:ian **업**:ie ㉥..
간첩활동 间谍活动 졘띠에훠동

🗾 かんちょう 업:iyo- 🇻 gián điệp 잔 디엡 간:gian 업:iêp

 ⊕ gan, jian 🗾 kan, (gan) 🇻 cam, giam

감각
感觉
gǎnjué
깐쥐에

感覺 ㉠j **악**:üe ㉠..
감각 기관 感觉器官 깐쥐에치관

🗾 かんかく 🇻 cảm giác 깜 작 ㄱ:gi 악:ac

감격
感激
gǎnjī
깐찌

感激 ㈀j 역:i ㈀..
감격한 행동 感激的行为 깐찌 떠 씽웨이

🇯 かんげき 🇻 cảm kích 깜 끽 역:ich

감동
感动
gǎndòng
깐동

感動 ㈀g 옹:ong
감동의 눈물 感动的泪水 깐동 떠 레이쉐이

🇯 かんどう ◎- 🇻 cảm động 깜 동

감사
感谢
gǎnxiè
깐씨에

感謝 사:xie
감사의 표시 感谢的表示 깐씨에 떠 빠오스

🇯 かんしや 사:sya 🇻 cảm tạ, cảm ơn 깜 따, 깜 언

감상
鉴赏
jiànshǎng
젠상

鑑賞 ㈀j 암:ian 앙:ang
음악 감상 鉴赏音乐 젠상인위에

🇯 かんそう→かんしよう 앙:iyō 🇻 cảm tưởng 깜 뜨엉 앙:ương

감성
感性
gǎnxìng
깐씽

感性 ㈀g 암:an 엉:ing
감성 표현 感性表现 깐씽빠오셴

🇯 かんせい 엉:ei 🇻 cảm tính 깜 띤 엉:inh

감응
感应
gǎnyìng
깐잉

感應 ㈀g 암:an 응:ing
전자 감응 电子感应 뎬쯔깐잉

🇯 かんのう ◎- 🇻 cảm ứng 깜 응

감정
感情
gǎnqíng
깐칭

感情 ㈀g 암:an 엉:ing
감정 표현 感情表现 깐칭빠오셴

🇯 かんじよう 엉:iyō 🇻 cảm tình 깜 띤 엉:inh

ㄱ
ㄴ
ㄷ
ㅁ
ㅂ
ㅅ
ㅇ
ㅈ
ㅊ
ㅋ
ㅌ
ㅍ
ㅎ

감탄
感叹
gǎntàn
깐탄

感歎 ㉠g 암:an ㉢t
감탄사 感叹词 깐탄츠

㊐ かんたん ⓥ cảm thán 깜 탄

감금
监禁
jiānjìn
젠진

監禁 ㉠j 암:ian ㉠j 음:in
불법적 감금 非法监禁 페이파젠진

㊐ かんきん. ⓥ giam cầm 잠 껌 감:giam 음:âm

감독
监督
jiāndū
젠두

監督 ㉠j 암:ian 옥:u ㉠..
공장 감독 工厂监督 공창젠두

㊐ かんとく ⓥ giám đốc 잠 독 감:giám

감시
监视
jiānshì
젠스

監視 ㉠j 암:ian 이:i
감시 효과 监视效果 젠스샤오궈

㊐ かんし ⓥ giám thị 잠 티 감:giám

감옥
监狱
jiānyù
젠위

監獄 ㉠j 암:ian 옥:u ㉠..
감옥생활 监狱生活 젠위성훠

㊐ かんごく ⓥ giám ngục 잠 응욱 감:giám 옥:ức

감찰
监察
jiānchá
젠차

監察 ㉠j 암:ian 알:a ㉣..
감찰과 监察科 젠차커

㊐ かんさつ ㉧s ㉣ts ⓥ giám sát 잠 삿 감:giám ㅊ:s 알:at

강

㊥ qiang, gang ㊐ kiyo-, (ko-, go-) ⓥ cương

강국
强国
qiángguó
치앙꿔

强國 ㉠q **앙**:iang **욱**:uo ㉠..
경제 강국 经济强国 찡지치앙꿔

🗾 きょうこく 앙:iyō Ⓥ cường quốc 끄엉 꾸억 앙:ương 욱:uôc

강권
强权
qiángquán
치앙취안

强權 ㉠q **앙**:iang **원**:uan
강권주의 强权主义 치앙취안주이

🗾 きょうけん 앙:iyō Ⓥ cường quyền 끄엉 꾸엔 앙:ương 원:uyên

강박
强迫
qiǎngpò
치앙포

强迫 ㉠q **앙**:iang Ⓑp **악**:o ㉠..
강박 장애 强迫症 치앙포정

🗾 きょうはく 앙:iyō Ⓑh Ⓥ cưỡng bách 끄엉 바익으 앙:ương 악:ach

강병
强兵
qiángbīng
치앙삥

强兵 ㉠q **앙**:iang Ⓑb **영**:ing
부국 강병 富国强兵 푸꿔치앙삥

🗾 きょうへい 앙:iyō Ⓑh 영:ei Ⓥ cường binh 끄엉 빈 앙:ương 영:inh

강성
强盛
qiángshèng
치앙성

强盛 ㉠q **앙**:iang **엉**:eng
강성국가 强盛国家 치앙성꿔찌아

🗾 きょうせい 앙:ō 엉:ei Ⓥ cường thịnh 끄엉 틴 앙:ương 엉:inh

강점
强占
qiángzhàn
치앙잔

强占 ㉠q **앙**:iang **엄**:an
영토 강점 强占领土 치앙잔링투

🗾 强占期(きょうせんき) 앙:iyō Ⓥ cưỡng chiếm 끄엉 찌엠 앙:ương 엄:iêm

강제
强制
qiángzhì
치앙즈

强制 ㉠q **앙**:iang **에**:i
강제방법 强制方法 치앙즈팡파

🗾 きょうせい 앙:iyō 에:ei Ⓥ cưỡng chế 끄엉 쩨 앙:ương

강탈
强夺
qiángduó
치앙뛰

强奪 ㉠q **앙:**iang **알:**uo ㉹..
무력적 강탈 武力强夺 우리치앙뛰

🗾ごうだつ 앙:ô ㉫ts ♥ cưỡng đoạt 끄엉 도앗 앙:ương 알:oat ㄹ:t

강령
纲领
gānglǐng
깡링

綱領 ㉠g **앙:**ang **영:**ing
정책강령 政策纲领 정처깡링

🗾こうりょう. 앙:ô 영:iyô ♥ cương lĩnh 끄엉 린 앙:ương 영:inh

개
⊕ kai, ge, gai 🗾 kai, gai ♥ khai

개간
开垦
kāikěn
카이컨

開墾 ㉠k **애:**ai **안:**en
개간사업 开垦事业 카이컨스이에

🗾かいこん 애:ai ♥ khai khẩn 카이 컨 애:ai 안:ân

개국
开国
kāiguó
카이꿔

開國 ㉠k **애:**ai ㉠g **욱:**uo ㉠..
개국 공신 开国功臣 카이꿔공천

🗾かいこく 애:ai ♥ khai quốc 카이 꾸억 애:ai 욱:uôc

개막
开幕
kāimù
카이무

開幕 ㉠k **애:**ai ㉿m **악:**U ㉠..
개막식 开幕式 카이무스

🗾かいまく 애:ai ♥ khai mạc 카이 막 애:ai

개발
开发
kāifā
카이파

開發 ㉠k **애:**ai ㉲f **알:**a ㉹..
미개발 未开发 웨카이파

🗾かいはつ. 애:ai ㉲h ㉫ts ♥ khai phát 카이 탁 애:ai ㅂ:ph ㄹ:t

개방
开放
kāifàng
카이팡

開放 ㉠k 애:ai ㉮f 앙:ang
문화개방 文化开放 우언화카이팡

㉰かいほう 애:ai ㉮h 앙:o- Ⓥkhai phóng 카이 퐁 애:ai ㅂ:ph 앙:ong

개업
开业
kāiyè
카이이에

開業 ㉠k 애:ai 업:ye ㉮..
성공적인 개업 成功开业 청공카이이에

㉰かいぎょう 애:ai ㉮- Ⓥkhai nghiệp 카이 응이엡 애:ai 업:iêp

개전
开战
kāizhàn
카이잔

開戰 ㉠k 애:ai 언:an
개전선포 宣布开战 쉬안부카이잔

㉰かいせん 애:ai Ⓥkhai chiến 카이 지엔 애:ai 언:iên

개점
开店
kāidiàn
카이뎬

開店 ㉠k 애:ai 엄:ian
성공한 개점 成功开店 청공카이뎬

㉰かいてん 애:ai Ⓥkhai trương 카이 쯔엉 애:ai 엄:ương

개통
开通
kāitōng
카이통

開通 ㉠k 애:ai 옹:ong
전화 개통 电话开通 뎬화카이통

㉰かいつう 애:ai ◎- Ⓥkhai thông 카이 통 애:ai

개화
开化
kāihuà
카이화

開化 ㉠k 애:ai 와:ua
개화민족 开化民族 카이화민쭈

㉰かいか 애:ai ㉤k Ⓥkhai hóa 카이 화 애:ai

개념
概念
gàiniàn
까이녠

槪念 ㉠g 애:ai 염:ian
절대개념 绝对概念 쥐에뒈이까이녠

㉰がいねん 애:ai Ⓥkhái niệm 카이 니엠 염:iêm

개인
个人
gèrén
꺼런

個人 ㉠g 애:e 인:(r)en
개인재산 个人财产 꺼런차이찬

🖪 こじん 애(예외) Ⓥ cá nhân 까 년 인:nhân

개선
改善
gǎishàn
까이산

改善 ㉠g 애:ǎi 언:an
문제개선 问题改善 우언티까이산

🖪 かいぜん. 애:ai Ⓥ cải thiện 까이 티엔 애:ai 언:iên

객 ⊕ ke 🖪 kiyaku, giyaku Ⓥ khách

객관
客观
kèguān
커꽌

客觀 액:e ㉠.. 완:uan
객관적 판단 客观的判断 커꽌 떠 판뚜안

🖪 きゃつかん 액:yaku Ⓥ khách quan 카익 꽌 애:ach

객체
客体
kètǐ
커티

客體 액:e ㉠.. 에:i
국가의 객체 国家的客体 꿔찌아 떠 커티

🖪 きゃくたい 액:yaku 애:ai Ⓥ khách thể 카익 테 애:ach

갱 ⊕ geng 🖪 ko- Ⓥ canh

갱신
更新
gēngxīn
껑신

更新 앵:eng
정치갱신 政治更新 정즈껑신

🖪 こうしん 앵:o- Ⓥ canh tân 까잉 떤 앵:anh 인:ân

거 ⊕ ju ⓙ kiyo ⓥ cu

거절
拒绝
jùjué
쥐쥐에

拒絶 ㉠j 어:ü 얼:üe ㉣..
대화거절 拒绝对话 쥐쥐에뚸이화

ⓙ きよぜつ 얼:ets ⓥ cự tuyệt 끄 뚜엣 얼:ựyêt

거점
据点
jùdiǎn
쥐뎬

據點 ㉠j 어:ü 엄:ian
군사거점 军事据点 쥔스쥐뎬

ⓙ きょてん ⓥ cứ điểm 끄 디엠 어:ư 엄:iêm

거주
居住
jūzhù
쥐주

居住 ㉠j 어:ü
합법적 거주 合法的居住 허파 떠 쥐주

ⓙ きよじゆう ⓥ cư trú 끄 주 어:ư

거행
举行
jǔxíng
쥐씽

擧行 ㉠j 어:ü ㉥x 앵:ing
혼례거행 举行婚礼 쥐씽훈리

ⓙ きよこう. ㉥k 앵:o- ⓥ cử hành 끄 하잉 어:ư 앵:anh

건 ⊕ jian ⓙ ken ⓥ kiên

건설
建设
jiànshè
젠서

建設 ㉠j 언:ian 얼:e ㉣..
국가건설 国家建设 꿔찌아젠서

ⓙ けんせつ ㉣ts ⓥ kiến thiết 끼엔 티엣 언:iên 얼:iêt

건의
建议
jiànyì
젠이

建議 ㉠j **언**:ian **의**:yi
정식적 건의　政治建议　정즈젠이

> 🗾けんぎ. Ⓥkiến nghị 끼엔 응이 언:iên 의:nghi

건축
建筑
jiànzhù
젠주

建築 ㉠j **언**:ian **욱**:u ㉠..
전통건축　传统建筑　추안통젠주

> 🗾けんちく Ⓥkiến trúc 끼엔 죽 언:iên

건장
健壮
jiànzhuàng
젠주앙

健壯 ㉠j **언**:ian **앙**:uang
건장한 청년　健壮的青年　젠주앙 떠 칭녠

> 🗾そうけん 앙:ô- Ⓥkiện tráng 끼엔 짱 언:iên

검 　Ⓒ jian 🗾 ken Ⓥ kiếm

검도
剑道
jiàndào
젠따오

劍道 ㉠j **엄**:ian **오**:ao
검도 무술　剑道武术　젠따오우수

> 🗾けんどう Ⓥkiếm đạo 끼엠 다오 엄:iêm 오:ao

검술
剑术
jiànshù
젠수

劍術 ㉠j **엄**:ian **울**:u ㉣..
검술 훈련　剑术训练　젠수쉰렌

> 🗾けんじゆつ @ts Ⓥkiếm thuật 끼엠 투엇 엄:iêm 울:uât

검역
检疫
jiǎnyì
젠이

檢疫 ㉠j **엄**:ian **역**:yi ㉠..
검역 기관　检疫机关　젠이찌꽌

> 🗾けんえき Ⓥkiếm dịch 끼엠 직 엄:iêm

검열
检阅
jiǎnyuè
젠위에

檢閱 ㄱj 엄:ian 열:yue ㄹ..
검열 기관 检阅机关 젠위에찌꽌

⊕ けんえつ @ts Ⓥ kiểm duyệt 끼엠 주이엣 엄:iêm 열:uyêt

검증
验证
yànzhèng
옌정

檢證 ㄱy 엄:an 응:eng
검증번호 验证码 옌정마

⊕ けんしょう 응:iyo- Ⓥ kiểm chứng 끼엠 증 엄:iêm

검찰
检察
jiǎnchá
젠차

檢察 ㄱj 엄:ian 알:a ㄹ..
검찰기관 检察机关 젠차찌꽌

⊕ けんさつ ⓢs @ts Ⓥ kiểm sát 끼엠 샷 엄:iêm ㅊ:s ㄹ:t

격 ⊕ ji, ge ⊕ kaku, (geki) Ⓥ kích, cách

격려
激励
jīlì
찌리

激勵 ㄱj 역:i ㄱ.. 여:i
격려 방법 激励方法 찌리팡파

⊕ げきれい Ⓥ khích lệ 킥 레 역:ich 여:ê

격리
隔离
gélí
꺼리

隔離 ㄱg 역:e ㄱ..
자가격리 自我隔离 쯔워꺼리

⊕ かくり Ⓥ cách ly 까익 리 역:ach

견 ⊕ jian ⊕ ken Ⓥ kiên

견고
堅固
jiāngù
젠꾸

堅固 ㉠j **연**:ian ㉠g **오**:u
견고한 진지 堅固的阵地 졘구 떠 전띠

㊐けんご Ⓥkiên cố 끼엔 꼬 연:iên

㊉ jie, jue ㊐ ket Ⓥ kết, quyết

결과
结果
jiéguǒ
찌에꿔

結果 ㉠j **열**:ie ㉣.. **와**:uo
객관적 결과 客观结果 커꽌찌에꿔

㊐けつか ⓐts Ⓥkết quả 껫 꽈 열:êt

결의
结义
jiéyì
찌에이

結義 ㉠j **열**:ie ㉣.. **의**:yi
결의 형제 兄弟结义 시옹띠찌에이

㊐けつぎ ⓐts Ⓥkết nghĩa 껫 응이아 열:êt 의:nghia

결합
结合
jiéhé
찌에허

結合 ㉠j **열**:ie ㉣.. **압**:e ㉹..
결합체 结合体 찌에허티

㊐けつごう ⓐts ⓖg 압:o- Ⓥkết hợp 껫 헙 열:êt 압:ợp

결단
决断
juéduàn
쮜에뚜안

決斷 ㉠j **열**:üe ㉣.. **안**:uan
사생 결단 生死决断 성쓰쮜에뚜안

㊐けつだん ⓐts Ⓥquyết đoán 꾸이엣 도안 열:uyêt 안:oan

결심
决心
juéxīn
쮜에신

決心 ㉠j **열**:üe ㉣..
최후 결심 最后决心 쮀이허우쮜에신

㊐けつしん ⓐts Ⓥquyết tâm 꾸이엣 떰 열:uyêt 임:âm

결정
决定
juédìng
쥐에띵

決定 ㉠j 열:üe ㉣.. 엉:ing
결정적 증거 决定性证据 쥐에띵싱정쥐

日 けってい ㉣ts 엉:ei V quyết định 꾸이엣 딩 열:uyêt 엉:inh

겸

中 qian, jian 日 ken V khiêm

겸손
谦逊
qiānxùn
첸쉰

謙遜 ㉠q 염:ian 온:un
겸손한 태도 谦逊的态度 첸쉰 떠 타이두

日 けんそん V khiêm tốn 키엠 똔 염:iêm

겸양
谦让
qiānràng
첸랑

謙讓 ㉠q 염:ian 양:rang
겸양의 미덕 谦让的美德 첸랑 떠 메이떠

日 けんじょう 양:iyo- V khiêm nhường 키엠 느영 염:iêm 양:nhương

겸임
兼任
jiānrèn
젠런

兼任 ㉠j 염:ian 임:ren
직책 겸임 兼任职责 젠런즈저

日 けんにん V kiêm nhiệm 끼엠 느엠 염:iêm 임:nhiêm

겸직
兼职
jiānzhí
젠즈

兼織 ㉠j 염:ian 익:i ㉠..
겸직 교사 兼职教师 젠즈쟈오스

日 けんしょく 익:iyoku V kiêm chức 끼엠 즉 염:iêm 익:ưc

경

中 jing, geng 日 kei, (kyo-, ko-) V kinh, canh

경도
经度
jīngdù
찡뚜

經度 ㉠j 영:ing 오:u

경도와 위도 经度和纬度 찡뚜 허 웨뚜

�日 けいど 영:ei Ⓥ kinh độ 낑 도 영:inh

경비
经费
jīngfèi
찡페이

經費 ㉠j 영:ing ㉶f 이:ei

경비 조사 经费调查 찡페이땨오차

�日 けいひ 영:ei ㉶h Ⓥ kinh phí 낑 피 영:inh ㅂ:ph

경영
经营
jīngyíng
찡잉

經營 ㉠j 영:ing 영:ying

경영 관리 经营管理 찡잉꽌리

�日 けいえい 영:ei 영:ei Ⓥ kinh doanh 낑 조안잉 영:inh 영:oanh

경제
经济
jīngjì
찡지

經濟 ㉠j 영:ing 에:i

국가 경제 国家经济 꿔찌아찡지

�日 けいざい 영:ei 제:ai Ⓥ kinh tế 낑 떼 영:inh

경고
警告
jǐnggào
찡까오

警告 ㉠j 영:ing ㉠g 오:ao

경고 조치 警告处分 찡까오추펀

�日 けいこく 영:ei 고:koku(예외) Ⓥ cảnh cáo 까잉 까오 영:anh

경찰
警察
jǐngchá
찡차

警察 ㉠j 영:ing 알:a ㉣..

교통 경찰 交通警察 쨔오통찡차

�日 けいさつ 영:ei ㉺s ㉣ts Ⓥ cảnh sát 까잉 쌋 영:anh ㅊ:s ㄹ:t

경작
耕作
gēngzuò
껑줘

耕作 ㉠g 영:eng 악:uo ㉠..

경작 관리 耕作管理 껑줘꽌리

�日 こうさく 영:o- Ⓥ canh tác 까잉 딱 영:anh

경쟁
竞争
jìngzhēng
찡정

競爭 ㉠j **영:**ing **앵:**eng
경쟁 상황 竞争情况 찡정칭쾅

🔳 きょうそう 영:iyo- 앵:o- Ⓥ cạnh tranh 까잉 짜잉 영:anh 앵:(anh)

계

㊥ ji 🔳 kei Ⓥ kế

계책
计策
jìcè
찌처

計策 ㉠j **예:**i **액:**e ㉠..
계책 방안 计策方案 찌처팡안

🔳 けいさく 예:ei Ⓢs 액:aku Ⓥ kế sách 께 싸익 예:ê 액:ach

계획
计划
jìhuà
찌화

計劃 ㉠j **예:**i ㉡h **왹:**ua ㉠..
설계 계획 计划设计 찌화서찌

🔳 けいかく 계:ei Ⓚk 왹:aku Ⓥ kế hoạch 께 화익 예:ê 왹:oach

계모
继母
jìmǔ
찌무

繼母 ㉠j **예:**I ㉧m **오:**u
계모 가족 继母家庭 찌무찌아팅

🔳 けいぼ ㊙b Ⓥ kế mẫu 께 마우 예:ê 오:âu

고

㊥ gu, (gao,kao,ku) 🔳 ko, (go) Ⓥ cố, cổ, cao

고궁
故宫
gùgōng
꾸공

故宮 ㉠g **오:**u **웅:**ong
고궁 박물원 故宫博物院 꾸공보우위안

🔳 こきゆう ◎- Ⓥ cố cung 꼬 꿍

081

고대
古代
gǔdài
꾸따이

古代 ㉠g 오:u 애:ai
고대 사회 古代社会 꾸따이서훼이

🗾 こだい 애:ai Ⓥ cổ đại 꼬 다이 애:ai

고도
古都
gǔdū
꾸뚜

古都 ㉠g 오:u 오:u
고도 방문 访问古都 팡우언꾸뚜

🗾 こと Ⓥ cố đô 꼬 도

고물
古物
gǔwù
꾸우

古物 ㉠g 오:u ⓜw 울:u ㉡..
고물 상태 古物状态 꾸우쫭타이

🗾 こぶつ ⓑb ⓣts Ⓥ cổ vật 꼬 벗 ㅁ:v 울:at

고전
古典
gǔdiǎn
꾸뎬

古典 ㉠g 오:u 언:ian
고전 음악 古典音乐 꾸뎬인위에

🗾 こてん Ⓥ cổ điển 꼬 디엔 언:iên

고급
高级
gāojí
까오찌

高級 ㉠g 오:ao ㉠j 읍:i ㉡..
최고급 最高级 쮀이까아찌

🗾 こうきゅう 읍:yu- Ⓥ cao cấp 까오 껍 오:ao 읍:âp

고원
高原
gāoyuán
까오위안

高原 오:ao 원:yuan
고원 점령 占领高原 잔링까오위안

🗾 こうげん Ⓥ cao nguyên 까오 응우옌 오:ao 원:nguyên

고혈압
高血压
gāoxuèyā
까오쉬에야

高血壓 오:ao ㉠x 열:üe ㉡.. 압:a ㉣..
고혈압 진단 高血压诊断 까오쉬에야전뚜안

🗾 こうけつあつ ⓚk ⓣts 압:ats Ⓥ cao huyết áp 까오 후옛 압 오:ao 열:uyêt

고의
故意
gùyì
꾸이

故意 오:u 의:yi

고의 사고 故意事故 꾸이스꾸

日 こい Ⓥ cố ý 꼬 이

고인
故人
gùrén
꾸런

故人 오:u 인:ren

고인의 교훈 故人的教训 꾸런 떠 찌아오쉰

日 こじん Ⓥ cố nhân 꼬 년 인:nhân

고고학
考古学
kǎogǔxué
카오꾸쉬에

考古學 오:ao 오:u ⓗx 악:üe ㄱ..

고고학적 발견 考古学发现 카오꾸쉬에파셴

日 こうこがく ⓖg Ⓥ khảo cổ học 카오 꼬 헉 오:매 악:oc

고난
苦难
kǔnàn
쿠난

苦難 오:u

고난과 역경 苦难和逆境 쿠난 허 니찡

日 くなん Ⓥ khổ nạn 코 난

고립
孤立
gūlì
꾸리

孤立 오:u 입:i Ⓗ..

고립 상태 孤立状态 꾸리좡타이

日 こりつ ⓣts Ⓥ cô lập 꼬 럽 입:âp

고정
固定
gùdìng
꾸띵

固定 오:u 엉:ing

고정 관념 固定观念 꾸띵관녠

日 こてい 엉:ei Ⓥ cố định 꼬 딩 엉:inh

곤

Ⓒ kun 日 kon Ⓥ con

곤충
昆虫
kūnchóng
쿤충

昆蟲 **온:**un **웅:**ong
곤충의 세계 昆虫的世界 쿤충 떠 스지에

🔵 こんちゅう ◎- 🔴 côn trùng 꼰 쭘

 ⊕ kong, gong 🔵 kyo-, ko-, gu- 🔴 cong, (khong,k(h)ung)

공개
公开
gōngkāi
공카이

公開 **애:**ai
공개 처벌 公开处罚 공카이추파

🔵 こうかい ◎- 애:ai 🔴 công khai 꽁 카이 애:ai

공공
公共
gōnggòng
공공

公共 **옹:**ong
공공 기관 公共机关 공공찌관

🔵 こうきょう ◎- 옹:iyo- 🔴 công cộng 꽁 꽁

공무
公务
gōngwù
공우

公務 ◎w
공무 집행 执行公务 즈씽공우

🔵 こうむ ◎- 🔴 công vụ 꽁 부 ㅁ:v

공문
公文
gōngwén
공우언

公文 ◎w **운:**en
국가 공문 国家公文 꿔찌아공우언

🔵 こうぶん ◎- ◎b 🔴 công văn 꽁 반 ㅁ:v 운:ăn

공민
公民
gōngmín
공민

公民 **옹:**ong
공민 생활 公民生活 공민성훠

🔵 こうみん ◎- 🔴 công dân 꽁 전 인:ân

공원
公园
gōngyuán
공위안

公園　원:yuan
자연 공원　自然公园　쯔란공위안

🇯 こうえん ◎-　🇻 công viên 꽁 비엔 원:iên

공익
公益
gōngyì
공이

公益　익:i　ㄱ..
공익 사회　公益社会　공이서줴이

🇯 こうえき ◎-　🇻 công ích 꽁 익

공인
公认
gōngrèn
공런

公認　인:ren
공인 서류　公认文件　공런우언졘

🇯 こうにん ◎-　🇻 công nhận 꽁 년 인:nhân

공자
公子
gōngzǐ
공쯔

公子　자:z
귀족 공자　贵族公子　꿰이주공쯔

🇯 こうし ◎- 자:si　🇻 công tử 꽁 뜨 자:tử

공주
公主
gōngzhǔ
공주

公主
공주와 왕자　公主和王子　공주 허 왕쯔

🇯 こうしゅ ◎-　🇻 công chúa 꽁 주어 우:ua

공평
公平
gōngpíng
공핑

公平　영:ing
공평한 판결　公平的判决　공핑 떠 판줴에

🇯 こうへい ◎- ⓗh 영:ei　🇻 công bằng 꽁 방 영:ăng

공구
工具
gōngjù
공쥐

工具　ㄱj
공구함　工具箱　공쥐샹

🇯 こうぐ ◎-　🇻 công cụ 꽁 꾸

공상
工商
gōngshāng
공상

工商
공상 상품　工商商品　공상상핀

🇯 こうしょう ◎- 양:iyo- 🇻 công thương 꽁 트엉 양:ương

공업
工业
gōngyè
공이에

工業 **업**:ye 🇭..
공업 발전　工业发展　공이에파잔

🇯 こうぎょう ◎- 업:iyo- 🇻 công nghiệp 꽁 응이엡 업:nghiêp

공장
工场
gōngchǎng
공창

工場
공장 관리　工场管理　공창꽌리

🇯 こうじょう ◎- 양:iyo- 🇻 công xưởng 꽁 쓰엉 양:ương

공동
共同
gòngtóng
공통

共同
공동 생활　共同生活　공통성훠

🇯 きょうどう 옹:iyo- ◎- 🇻 cộng đồng 꽁동

공산
共产
gòngchǎn
공찬

共産
공산 정부　共产政府　공찬정푸

🇯 きょうさん 옹:iyo- 🇻 cộng sản 꽁 싼

공생
共生
gòngshēng
공성

共生
공생 관계　共生关系　공성꽌시

🇯 きょうせい 옹:iyo- 앵:ei 🇻 cộng sinh 꽁 씽 앵:inh

공연
演出
yǎnchū
옌추

共演 **연**:yan **울**:u 🇪..
공연 현장　演出现场　옌추셴창

🇯 きょうえん 옹:iyo- 🇻 công diễn 꽁 지엔 연:iên

공화
共和
gònghé
공허

共和 **와**:e

공화 정치 共和政治 공허정즈

🗾 きょうわ 옹:iyo- 화:wa(예외) Ⓥ cộng hòa 꽁 화

공간
空间
kōngjiān
콩졘

空間 ⑴j **안**:ian

시간과 공간 时间和空间 스졘 허 콩졘

🗾 くうかん ◎- Ⓥ không gian 콩 잔 ㄱ:gi

공군
空军
kōngjūn
콩쮠

空軍 ⑴j **운**:un

공군전략 空军战略 콩쮠잔뢰에

🗾 くうぐん ◎- Ⓥ không quân 콩 꾸언 운:uân

공기
空气
kōngqì
콩치

空氣 ⑴q

공기 전염 空气传染 콩치촨란

🗾 くうき ◎- Ⓥ không khí 콩 키

공격
攻击
gōngjī
공찌

攻擊 ⑴j **역**:i ⑴..

인신공격 人身攻击 인선공찌

🗾 こうげき Ⓥ công kích 꽁 끽 역:ich

공신
功臣
gōngchén
공천

功臣 **인**:en

개국 공신 开国功臣 카이궈공천

🗾 こうしん ◎- Ⓥ công thần 꽁 턴 인:ân

공효
功效
gōngxiào
공샤오

功效 ⓗx **요**:iao

공효 조사 功效调查 공샤오땨오차

🗾 こうこう ◎- ⓗk Ⓥ công hiệu 꽁 히에우 요:iêu

공헌
贡献
gòngxiàn
공셴

貢獻 ⓗx 언:ian
공헌 표창 贡献表彰 공셴빠오장

🕲 こうけん 옹:o- ⓗk Ⓥ cống hiến 꼰 히엔 언:iên

공급
供给
gōngjǐ
공찌

供給 ㄱj 읍:i ⓗ..
식품을 공급 供给食品 공찌스핀

🕲 きょうきゅう 옹:iyo- 읍:iyu- Ⓥ cung cấp 꿍 끕 옹:ung 읍:âp

공자
孔子
Kǒngzǐ
콩쯔

孔子 자:z
공자의 유교 孔子的儒教 콩쯔 떠 루찌아오

🕲 こうし、くじ ◎(예외) 자:ji Ⓥ Khổng Tử 콩 뜨 자:tư

공황
恐慌
kǒnghuāng
콩황

恐慌
경제 공황 经济恐慌 찡지콩황

🕲 きょうこう 옹:iyo- ⓗk 왕:o- Ⓥ khùng hoảng 쿵 황 옹:ung

과 ⊕ guo, gua, ke 🕲 ka, (ga) Ⓥ qua, khoa

과감
果敢
guǒgǎn
꿔깐

果敢 와:uo
과감한 결책 果敢的决策 꿔깐 떠 쥐에처

🕲 かかん Ⓥ quả cảm 꽈 깜

과거
科举
kējǔ
커쥐

科擧 와:e ㄱj 어:ü
과거 제도 科举制度 커쥐즈뚜

🕲 かきょ Ⓥ khoa cử 콰 끄 어:u

과학
科学
kēxué
커쉬에

科學 **와:**e ⓗx **악:**üe ⓖ..
과학 기술 科学技术 커쉬에지수

ⓙ かがく ⓗg Ⓥ khoa học 콰 혁 악:oc

과거
过去
guòqù
꿔취

過去 **와:**uo ⓖq **어:**ü
과거와 현재 过去和现在 꿔취 허 셴자이

ⓙ かこ Ⓥ quá khứ 꽈 크 어:ɯ

과정
过程
guòchéng
꿔청

過程 **와:**uo **엉:**eng
생산 과정 生产过程 성찬꿔청

ⓙ かてい 엉:ei Ⓥ quá trình 꽈 징 엉:inh

과부
寡妇
guǎfù
꾸아푸

寡婦 ⓗf
과부 생활 寡妇生活 꾸아푸성훠

ⓙ かふ ⓗh Ⓥ quả phụ 꽈 푸 ㅂ:ph

관

ⓒ guan ⓙ kan Ⓥ quan

관념
观念
guānniàn
관녠

觀念 **염:**ian
관념 철학 观念哲学 관녠저쉬에

ⓙ かんねん Ⓥ quan niệm 꽌 니엠 염:iêm

관점
观点
guāndiǎn
관뗀

觀點 **염:**ian
객관적 관점 客观观点 커관관뗀

ⓙ かんてん Ⓥ quan điểm 꽌 디엠 염:iêm

관중
观众
guānzhòng
관종

觀衆 웅:ong
관중 의식 观众意识 관종이스

🇯🇵 かんしゅう ◎- 🇻 quần chúng 꿘 충 완:uân

관찰
观察
guānchá
관차

觀察 알:a ㉣..
관찰 일기 观察日记 관차르찌

🇯🇵 かんさつ ㉱s ㉢tsu 🇻 quan sát 꽌 쌋 ㅊ:s ㄹ:t

관계
关系
guānxi
꽌시

關係 ㉠x(예외) 예:i
관계 개선 关系改善 꽌시까이산

🇯🇵 かんけい 🇻 quan hệ 꽌 헤

관심
关心
guānxīn
꽌신

關心
고도의 관심 高度关心 까오뚜꽌신

🇯🇵 かんしん 🇻 quan tâm 꽌 떰 임:âm

관리
管理
guǎnlǐ
관리

管理
관리비 管理费 관리페이

🇯🇵 かんり 🇻 quản lý 꽌 리

관직
官職
guānzhí
관즈

官職 익:i ㉠..
행정 관직 行政官職 씽정관즈

🇯🇵 かんしょく 익:yoku 🇻 quan chức 꽌 쯕 익:ức

광 ⊕ guang, kuang 🇯🇵 ko- 🇻 quang

광고
广告
guǎnggào
꽝까오

廣告 **오**:ào
간접 광고 间接广告 찌안찌에꽝까오

> 🗾 こうこく 왕:ō 고:koku(예외) 🆅 quảng cáo 꽝 까오 오:ao

광장
广场
guǎngchǎng
꽝창

廣場
독립 광장 独立广场 뚜리꽝창

> 🗾 ひろば 광:hiro(훈) 장:ba(훈) 🆅 quảng trường 꽝 즈엉 앙:ương

광명
光明
guāngmíng
꽝밍

光明 **영**:ing
광명 세상 光明世界 꽝밍스지에

> 🗾 こうみょう 왕:ō 영:iyō 🆅 quang minh 꽝 민 영:inh

광산
矿产
kuàngchǎn
쾅찬

鑛産
광산 개발 矿产开发 쾅찬카이파

> 🗾 こうさん 왕:ō 🆅 khoáng sản 쾅 싼

교 ⊕ jiao 🗾 kiyo-, ko- 🆅 giao

교구
教具
jiàojù
찌아오쮜

教具 ㉠j **요**:iao ㉠j
교구 관리 教具管理 찌아오쮜관리

> 🗾 きょうぐ 🆅 giáo cụ 자오 꾸 교:giáo

교당
教堂
jiàotáng
찌아오탕

教堂 ㉠j **요**:iao
교당 방문 访问教堂 팡우언찌아오탕

> 🗾 きょうどう 앙:o- 🆅 giáo đường 자오 드엉 교:giáo 앙:ương

교수
教授
jiàoshòu
찌아오서우

教授 ㉠j 요:iao 우:ou
역사 교수 历史教授 리스찌아오서우

🔵 きょうじゅ Ⓥ giáo sư 자오 쓰 교:giáo 우:ư

교육
教育
jiàoyù
찌아오위

教育 ㉠j 요:iao 육:yu ㉠..
사회 교육 社会教育 서훼이찌아오위

🔵 きょういく Ⓥ giáo dục 자오 죽 교:giáo 육:dục

교류
交流
jiāoliú
찌아오리어우

交流 ㉠j 요:iao
국제 교류 国际交流 꿔지찌아오리어우

🔵 こうりゅう Ⓥ giao lưu 자오 류 교:giao 유:ưu

교통
交通
jiāotōng
찌아오통

交通 ㉠j 요:iao
교통 통제 交通管制 찌아오통관즈

🔵 こうつう ◎- Ⓥ giao thông 자오 통 교:giao

⊕ jiu, (qu) 🟦 kiyu-, ku Ⓥ cứu, (khu)

구원
救援
jiùyuán
찌어우위안

救援 ㉠j 우:iu 원:yuan
구원대 救援队 찌어우위안뛔이

🔵 きゅうえん Ⓥ cứu viện 꾸 비엔 원:ien

구제
救済
jiùjì
찌어우지

救濟 ㉠j 우:iu 에:i
구제 정책 救济政策 찌어우지정처

🔵 きゅうさい 에:ai Ⓥ cứu tế 꾸 떼

구조
救助
jiùzhù
찌어우주

救助 ㉠j 우:iu 오:u
구조원 救助员 찌어우주위안

㊐ きゅうじょ Ⓥ cứu trợ 끄 쩌 오:ơ

구호
救护
jiùhù
찌어우후

救護 ㉠j 우:iu 오:u
구호 물품 救护物品 찌어우후우핀

㊐ きゅうご ㉭g Ⓥ cứu hộ 끄 호

구역
区域
qūyù
취위

區域 ㉠.. 역:yu
구역 관리 区域管理 취위관리

㊐ くいき Ⓥ khu vực 쿠 븍 역:ưc

국

㊥ guo ㊐ kok(u) Ⓥ quốc

국가
国歌
guógē
꿔꺼

國歌 ㉠.. 욱:uo 아:e
국가 합창 合唱国歌 허창꿔꺼

㊐ こっか Ⓥ quốc ca 꾸억 까 욱:uôc

국기
国旗
guóqí
꿔치

國旗 ㉠.. 욱:uo ㉠q
국기 게양 升国旗 성꿔치

㊐ こっき Ⓥ quốc kỳ 꾸억 끼 욱:uôc

국난
国难
guónàn
꿔난

國難 욱:uo ㉠..
국난 극복 克服国难 커푸꿔난

㊐ こくなん Ⓥ quốc nạn 꾸억 난 욱:uôc

ㄱ ㄴ ㄷ ㅁ ㅂ ㅅ ㅇ ㅈ ㅊ ㅋ ㅌ ㅍ ㅎ

국내
国内
guónèi
꿔네이

國内 **욱**:uo ㉠.. **애**:ei
국내 상황 国内情况 꿔네이칭쾅

🇯 こくない 애:ai **Ⓥ** quốc nội 꿔억 노이 욱:uôc 애:ôi

국무
国务
guówù
꿔우

國務 **욱**:uo ㉠.. Ⓜw
국무 위원 国务委员 꿔우웨이위안

🇯 こくむ **Ⓥ** quốc vụ 꿔억 부 욱:uoc ㅁ:v

국문
国文
guówén
꿔우언

國文 **욱**:uo ㉠.. Ⓜw **운**:en
국문 번역 国文翻译 꿔우언판이

🇯 こくぶん Ⓜb **Ⓥ** quốc văn 꿔억 반 욱:uôc ㅁ:v

국민
国民
guómín
꿔민

國民 **욱**:uo ㉠..
국민 생활 国民生活 꿔민성훠

🇯 こくみん **Ⓥ** quốc dân 꿔억 전 욱:uôc 인:ân

국방
国防
guófáng
꿔팡

國防 **욱**:uo ㉠.. Ⓗf
자주 국방 自主国防 쯔주꿔팡

🇯 こくぼう 앙:ô **Ⓥ** quốc phòng 꿔억 퐁 욱:uôc ㅂ:ph

국법
国法
guófǎ
꿔파

國法 **욱**:uo ㉠.. Ⓗf **업**:a Ⓗ..
국법 준수 遵守国法 준서우꿔파

🇯 こくほう Ⓜh 업:o- **Ⓥ** quốc pháp 꿔억 팝 욱:uôc ㅂ:ph

국사
国史
guóshǐ
꿔스

國史 **욱**:uo ㉠.. **사**:shǐ
국사 토론 讨论国史 타오룬꿔스

🇯 こくし 사:si **Ⓥ** quốc sử 꿔억 쓰 욱:uôc 사:sử

국사
国事
guóshì
꿔스

國事 **욱**:uo **ㄱ**.. **사**:shì

국사 결정 决定国事 쥐에띵꿔스

日 こくじ 사:ji **V** quốc sự 꾸억 쓰 욱:uôc 사:sự

국어
国语
guóyǔ
꿔위

國語 **욱**:uo **ㄱ**.. **어**:yu

국어 전공 国语专业 꿔위좐이에

日 こくご **V** quốc ngữ 꾸억 응으 욱:uôc 어:ư

국영
国营
guóyíng
꿔잉

國營 **욱**:uo **ㄱ**.. **영**:ing

국영무역 国营贸易 꿔잉마오이

日 こくえい 영:ei **V** quốc doanh 꾸억 조아잉 욱:uôc 영:oanh

국위
国威
guówēi
꿔웨이

國威 **욱**:uo **ㄱ**.. **위**:ei

국위 선양 弘扬国威 홍양꿔에이

日 こくい **V** quốc uy 꾸억 위 욱:uôc

국적
国籍
guójí
꿔지

國籍 **욱**:uo **ㄱ**.. **ㄱj 억**:i

국적 불명 国籍不明 꿔지부밍

日 こくせき **V** quốc tịch 꾸억 띠 욱:uôc 억:ich

국정
国政
guózhèng
꿔정

國政 **욱**:uo **ㄱ**.. **엉**:eng

국정 관리 国政管理 꿔정관리

日 こくせい 엉:ei **V** quốc chính 꾸억 징 욱:uôc 엉:inh

국제
国际
guójì
꿔찌

國際 **욱**:uo **ㄱ**.. **에**:i

국제 정세 国际形势 꿔찌싱스

日 こくさい 에:ai **V** quốc tế 꾸억 떼 욱:uôc

095

국책
国策
guócè
꿔처

國策 **욱**:uo ㉠.. **액**:e ㉠..
국책 활동 国策活动 꿔처훠동

日 こくさく ㊅s 액:aku V quốc sách 꾸억 싸익 욱:uôc 액:ach

국토
国土
guótǔ
꿔투

國土 **욱**:uo ㉠.. **오**:u
국토 보존 国土保护 꿔투바오후

日 こくど V quốc thổ 꾸억 토 욱:uôc

국화
国花
guóhuā
꿔화

國花 **욱**:uo ㉠.. **와**:ua
한국 국화 韩国国花 한꿔꿔화

日 こつか ㊅k V quốc hoa 꾸억 화 욱:uôc

국회
国会
guóhuì
꿔훼이

國會 **욱**:uo ㉠.. **외**:uì
국회 의원 国会议员 꿔훼이이위안

日 こつかい ㊅k 외:ai V quốc hội 꾸억 호이 욱:uôc 외:ội

군

中 jun 日 gun, kun V quân

군대
军队
jūnduì
쥔뒈이

軍隊 ㉠j **애**:uì
군대 분포 军队分布 쥔뒈이펀부

日 ぐんたい 애:ai V quân đội 꿘 도이 운:uân 애:ôi

군무
军务
jūnwù
쥔우

軍務 ㉠j ㉤w
군무 집행 执行军务 즈싱쥔우

日 ぐんむ V quân vụ 꿘 부 운:uân ㅁ:v

군법
军法
jūnfǎ
쥔파

軍法 ㉠j ㉥f 업:a ㉥..
군법 위반 触犯军法 추판쥔파

日 ぐんぽう ㉥p(h) 업:o- V quân pháp 퀀 팝 운:uân ㅂ:ph 업:ap

군복
军服
jūnfú
쥔푸

軍服 ㉠j ㉥f 옥:u ㉠..
군복 제조 制作军服 즈쭤쥔푸

日 ぐんぷく ㉥p(h) V quân phục 퀀 폭 운:uân ㅂ:ph 옥:uc

군비
军备
jūnbèi
쥔베이

軍備 ㉠j 이:ei
군비 경쟁 军备战争 쥔베이잔정

日 日:ぐんび V quân bị 퀀 비 운:uân

군사
军事
jūnshì
쥔스

軍事 ㉠j 사:shì
군사 기지 军事基地 쥔스찌띠

日 ぐんじ 사:ji V quân sự 퀀 쓰 운:uân 사:sự

군주
君主
jūnzhǔ
쥔주

君主 ㉠j
군주 명령 君主命令 쥔주밍링

日 日:くんしゅ V quân chủ 퀀 주 운:uân

궁

中 gong 日 kyu- V cung

궁전
宫殿
gōngdiàn
공뗸

宮殿 웅:ong 언:ian
웅장한 궁전 雄伟的宫殿 시옹웨이 떠 공뗸

日 きゆうでん ◎- V cung điện 꿍 디엔 엉:ien

권
⊕ quan ⊖ ken ⓥ quyền

권력
权力
quánlì
취안리

權力 ㉠q **원**:üan **역**:i ㉠..
절대 권력 绝对权力 쥐에뛔이취안리

⊖けんりよく ⓥquyền lực 꾸이엔 륵 원:uyên 역:ức

권리
权利
quánlì
취안리

權利 ㉠q **원**:üan
민사권리 民事权利 민스취안리

⊖けんり ⓥquyền lợi 꾸이엔 러이 원:uyên 이:ơi

권위
权威
quánwēi
취안웨이

權威 ㉠q **원**:üan **위**:ei
권위 의식 权威意识 취안웨이이스

⊖けんい ⓥquyền uy 꾸이엔 위 원:uyên

귀
⊕ gui ⊖ ki ⓥ quy

귀인
贵人
guìrén
꿰이런

貴人 **위**:ei **인**:ren
귀인 출현 贵人出现 꿰이런추셴

⊖きじん ⓥquý nhân 꿰 년 연:nhân

귀족
贵族
guìzú
꿰이쭈

貴族 **위**:ui **옥**:u ㉠..
귀족 생활 贵族生活 꿰이쭈성훠

⊖きぞく ⓥquý tộc 꿰 똑

귀납
归纳
guīnà
꿰이나

歸納 **위**:ui **압**:a Ⓗ..
귀납법 归纳法 꿰이나파

Ⓙ きのう 압:ō Ⓥ quy nạp 뀌 납

Ⓒ gui Ⓙ ki Ⓥ quy

규모
规模
guīmó
꿰이모

規模 **유**:ui
경제 규모 经济规模 찡지꿰이모

Ⓙ きぼ @b Ⓥ quy mô 뀌 모

규율
规律
guīlǜ
꿰이뤼

規律 **유**:ui **율**:ü Ⓛ..
규율 엄수 严守规律 옌서우꿰이뤼

Ⓙ きりつ @ts Ⓥ quy luật 뀌 루엇 율:uât

규칙
规则
guīzé
꿰이저

規則 **위**:ui **익**:e Ⓖ..
규칙 준수 遵守规则 준서우꿰이저

Ⓙ きそく ⓢs Ⓥ quy tắc 뀌 딱 익:ac

Ⓒ ji, ke Ⓙ kyoku, goku, koku Ⓥ cực, (khac)

극단
极端
jíduān
찌뚜안

極端 Ⓖj **윽**:i Ⓖ.. **안**:uan
극단 결정 极端决定 찌뚜안쥐에띵

Ⓙ きょくたん Ⓥ cực đoan 끅 도안 안:oan

극도
极度
jídù
찌뚜

極度 ㉠j 윽:i ㉠.. 오:u
극도의 공포 极度恐慌 찌뚜콩황

🇯 きょくど 🅥 cực độ 꼭도

극락
极乐
jílè
찌러

極樂 ㉠j 윽:i ㉠.. 악:e ㉠..
극락 세계 极乐世界 찌러스지에

🇯 ごくらく 🅥 cực lạc 꼭락

극력
极力
jílì
찌리

極力 ㉠j 윽:i ㉠.. 역:i ㉠..
극력 반대 极力反对 찌리판뒈이

🇯 きょくりょく 🅥 cực lực 꼭륵 역:ức

극우
极右
jíyòu
찌여우

極右 ㉠j 윽:i ㉠.. 우:ou
극우 세력 极右势力 찌여우스리

🇯 きょくう 🅥 cực hữu 꼭 휴

극복
克服
kèfú
커푸

克服 윽:e ㉠.. ㉝f 옥:u ㉠..
위기 극복 克服危机 커푸웨지

🇯 こくふく ㉝h 🅥 khắc phục 칵 푹 윽:ac ㅂ:ph 옥:uc

㊀ jin, gen, qin 🇯 kin, kon 🅥 cận

근대
近代
jìndài
찐다이

近代 ㉠j 은:in 애:ai
근대 사회 近代社会 찐다이서훼이

🇯 きんだい 애:ai 🅥 cận đại 껀 다이 은:ân 애:ai

근시
近視
jìnshì
찐스

近視 ㄱj 은:in
근시안 近視眼 찐스옌

日 きんし Ⓥ cận thị 껀 티 은:ân

근거
根据
gēnjù
껀쥐

根據 은:en ㄱj 어:ü
판단의 근거 判断的根据 판두안 떠 껀쥐

日 こんきょ Ⓥ căn cứ 깐 끄 은:ân 어:u

근본
根本
gēnběn
껀번

根本 은:en 온:en
근본주의 根本主义 껀번주이

日 こんぽん 旣p(h) Ⓥ căn bản 깐 반 은:ân 온:an

근면
勤勉
qínmiǎn
친몐

勤勉 ㄱq 은:in 연:ian
성실 근면 诚实勤勉 청스친몐

日 きんべん 旣b Ⓥ cần mẫn 껀 먼 은:ân 연:an

급

⊕ ji 日 kiyu- Ⓥ cấp

급보
急报
jíbào
찌바오

急報 ㄱj 읍:i 旣.. 오:ao
급보 전달 转达急报 쫜따찌바오

日 きゅうほう 旣- 旣h Ⓥ cấp báo 껍 바오 읍:âp 오:ao

급성
急性
jíxìng
찌싱

急性 ㄱj 읍:i 旣.. 엉:ing
급성 폐렴 急性肺炎 찌싱페이옌

日 きゅうせい 旣- 엉:ei Ⓥ cấp tính 껍 띵 읍:âp 엉:inh

급속
急速
jísù
찌쑤

急速 ㉠j 읍:i ㉭.. 옥:u ㉠..
급속 가열 急速加热 찌쑤찌아러

🇯 きゅうそく.㉭- 🇻 cấp tốc 껍 똑 읍:âp

기

⊕ qi, ji 🇯 ki 🇻 khí, ký

기권
气圈
qìquān
치취안

氣圈 ㉠q 원:üan
기권 오염 气圈污染 치취안우란

🇯 きけん 🇻 khí quyển 키 꾸이엔 원:uyên

기압
气压
qìyā
치야

氣壓 ㉠q 압:ya ㉭..
기압 상태 气压状态 치야쫭타이

🇯 きあつ 압:ats(예외) 🇻 khí áp 키 압

기후
气候
qìhòu
치허우

氣候 ㉠q 우:ou
기후 조건 气候条件 치허우탸오젠

🇯 きこう ⑧k 🇻 khí hậu 키 허우 우:âu

기관
奇观
qíguān
치꽌

奇觀 ㉠q
세계 기관 世界奇观 스지에치꽌

🇯 きかん 🇻 kỳ quan 끼 꽌

기념
纪念
jìniàn
찌녠

記念 ㉠j 염:ian
기념 행사 纪念活动 찌녠훠둥

🇯 きねん 🇻 kỳ niệm 끼 니엠 염:iêm

기록
纪录
jìlù
찌루

記錄 ㉠j 옥:u ㉠..
기록 달성 打破纪录 따포찌루

🇯 きろく Ⓥ ký lục 끼 룩 옥:uc

기자
记者
jìzhě
찌저

記者 ㉠j 아:e
신문 기자 新闻记者 신우언찌저

🇯 きしゃ 자:sya Ⓥ ký giả 끼 쟈 자:gia

기능
技能
jìnéng
찌넝

技能 ㉠j 응:eng
기능 대회 技能比赛 찌넝삐싸이

🇯 ぎのう ◎- Ⓥ kỹ năng 끼 냥 응:ăng

기술
技术
jìshù
찌수

技術 ㉠j 울:u ㉣..
기술 관리 技术管理 찌수관리

🇯 ぎじゅつ Ⓣts Ⓥ kỹ thuật 끼 투엇 울:uât

기병
骑兵
qíbīng
치빙

騎兵 ㉠q 영:ing
기병 출동 骑兵出动 치빙추동

🇯 きへい Ⓗh 영:ei Ⓥ kỵ binh 끼 빙 영:inh

기숙사
宿舍
sùshè
수서

寄宿舍 ㉠j
기숙사 생활 宿舍生活 수서성훠

🇯 きしゅくしゃ 사:sya Ⓥ ký túc xá 끼 뚝 사 사:(xa)

긴 ⊕ jin 🇯 in Ⓥ ân

103

긴급
紧急
jǐnjí
진지

緊急 ㉠j Ⓗ..
긴급 상황 紧急情况 진지칭쾅

Ⓙ きんきゅう Ⓗ- Ⓥ khẩn cấp 컨 끕 인:ân 읍:âp

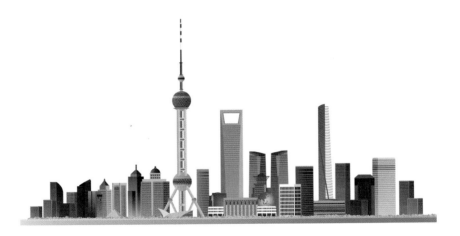

104

漢字 한자 변환법으로 배우는

중국어

한-중 중심의 한자권 4개국 언어학습

 낙 ⊕ le, luo ⑤ raku Ⓥ lạc

낙관
乐观
lèguān
러관

樂觀 **악**:e ⑦..
낙관적 태도 乐观的态度 러관 떠 타이뚜

⑤ らっかん Ⓥ lạc quan 락 꽌

낙후
落后
luòhòu
뤄허우

落後 **악**:uo ⑦.. **우**:ou
낙후된 경제 落后的经济 뤄허우 떠 찡지

⑤ らくご ⓖg Ⓥ lạc hậu 락 허우 우:âu

난 ⊕ nan ⑤ nan Ⓥ nạn

난민
难民
nànmín
난민

難民
해외 난민 海外难民 하이와이난민

⑤ なんみん Ⓥ nạn dân 난 전 인:ân

 남 ⊕ nan, lan ⑤ nan, lan, (dan) Ⓥ nam, lam

남극
南极
nánjí
닌찌

南極 ㉠j 윽:i ㉠..
남극과 북극 南极和北极 난찌 허 베이찌

㊐ なんきょく Ⓥ Nam Cực 남 끅

남북
南北
nánběi
난베이

南北 욱:ei ㉠..
남북 통일 南北统一 난베이통이

㊐ なんぼく ㉥b(h) Ⓥ nam bắc 남 빡 욱:ăc

남녀
男女
nánnǚ
난뉘

男女 여:ü
남녀 평등 男女平等 난뉘핑덩

㊐ だんじょ ㉡d Ⓥ nam nữ 남 느 여:ư

남용
滥用
lànyòng
란용

濫用 ㉡l
권리 남용 滥用权利 란용취안리

㊐ らんよう ㉧- Ⓥ lạm dụng 람 융 용:ung

낭

㊥ lang ㊐ ro- Ⓥ lãng

낭만
浪漫
làngmàn
랑만

浪漫 ㉡l
청춘 낭만 青春浪漫 칭춘랑만

㊐ ろまん, ろうまん 앙:o- Ⓥ lãng mạn 랑 만

낭비
浪费
làngfèi
랑페이

浪費 ㉡l ㉥f 이:ei
시간 낭비 浪费时间 랑페이스젠

㊐ ろうひ 앙:o- Ⓥ lãng phí 랑 피 ㅂ:ph

내각
内阁
nèigé
네이꺼

内閣 **애**:ei **악**:e ㉠…
내각책임제 内阁责任制 네이꺼저런즈

⊟ ないかく 애:ai Ⓥ nội các 노이 깍 애:ôi

내과
内科
nèikē
네이커

内科 **애**:ei **와**:e
내과 전공 内科专业 네이커좐이에

⊟ ないか 애:ai Ⓥ nội khoa 노이 콰 애:ôi

내규
内规
nèiguī
네이꿰이

内規 **애**:ei **유**:ui
내규 준수 遵守内规 준서우네이꿰이

⊟ ないき 애:ai Ⓥ nội quy 노이 뀌 애:ôi

내란
内乱
nèiluàn
네이루안

内亂 **애**:ei **안**:uan
내란 음모 内乱阴谋 네이루안인머우

⊟ ないらん 애:ai Ⓥ nội loạn 노이 로안 애:ôi

내부
内部
nèibù
네이부

内部 **애**:ei
내부 설계 内部设计 네이부서찌

⊟ ないぶ 애:ai Ⓥ nội bộ 노이 보 애:ôi

내용
内容
nèiróng
네이롱

内容 **애**:ei **옹**:ong
내용 설명 内容说明 네이롱쉬밍

⊟ ないよう 애:ai ◎- Ⓥ nội dung 노이 즁 애:ôi

⊕ nu, lao ☰ ro-, do Ⓥ nỗ, lao

노동
劳动
láodong
라오동

勞動 Ⓛl 오:ao
노동절 劳动节 라오동찌에

☰ ろうどう ◎- Ⓥ lao động 라오 동 오:ao

노역
劳役
láoyì
라오이

勞役 Ⓛl 오:ao 역:yi ㄱ..
노역 시간 劳役时间 라오이스젠

☰ ろうえき Ⓥ lao dịch 라오 직 오:ao 역:ich

노력
努力
nǔlì
누리

努力 오:u 역:i ㄱ..
노력 봉사 努力奉献 누리펑셴

☰ どりよく Ⓛd Ⓥ nỗ lực 노 륵 역:ực

노화
老化
lǎohuà
라오화

老化 Ⓛl 오:ao 와:ua
노화 현상 老化现象 라오화셴샹

☰ ろうか ⑥k Ⓥ lão hóa 라오 화 오:ao

논
⊕ lun ☰ ron Ⓥ luận

논문
论文
lùnwén
룬우언

論文 Ⓛl 온:un Ⓦw 운:en
석사 논문 硕士论文 쉬스룬우언

☰ ろんぶん ⓜb Ⓥ luận văn 루언 반 ㅁ:v 운:an

논어
论语
lúnyǔ
론위

論語 Ⓛl 온:un 어:yu
공자의「논어」孔子的《论语》 콩쯔 떠 룬위

Ⓙ ろんご Ⓥ Luận ngữ 루언 응으 온:uân 어:ngư

⊕ nong Ⓔ no- Ⓥ nông

농림
农林
nónglín
농린

農林
농림 대학 农林大学 농린따쉬에

Ⓙ のうりん ◎- Ⓥ nông lâm 농 럼 엄:âm

농민
农民
nóngmín
농민

農民
농민 생활 农民生活 농민성훠

Ⓙ のうみん ◎- Ⓥ nông dân 농 전 인:ân

농부
农夫
nóngfū
농푸

農夫 Ⓑf
성실한 농부 诚实的农夫 청스 떠 농푸

Ⓙ のうふ ◎- Ⓑh Ⓥ 中农夫 nông phu 농 푸 ㅂ:ph

농악
农乐
nóngyuè
농위에

農樂 악:yue Ⓖ..
농악 축제 农乐庆典 농위에칭뗸

Ⓙ のうがく ◎- Ⓥ nông nhạc 농 낙 악:nhac

농약
农药
nóngyào
농야오

農藥 약:yao Ⓖ..
농약 살포 喷洒农药 펀싸농야오

Ⓙ のうやく ◎- Ⓥ nông dược 농 즈억 약:ược

농업
农业
nóngyè
농이에

農業 **업**:ye Ⓑ..
농업 생산 农业生产 농이에성찬

Ⓙ のうぎょう ◎- 업:iyo- Ⓥ nông nghiệp 농 응이엡 업:iệp

농장
农场
nóngchǎng
농창

農場
농장 주인 农场主人 농창주런

Ⓙ のうじょう ◎- 앙:iyo- Ⓥ nông trường 농 즈엉 앙:ương

농촌
农村
nóngcūn
농춘

農村 **온**:un
농촌 문제 农村问题 농춘우언티

Ⓙ のうそん ◎- Ⓗs Ⓥ nông thôn 농 톤

농학
农学
nóngxué
농쉬에

農學 Ⓗx **악**:üe Ⓖ..
농학 전공 农学专业 농쉬에촨이에

Ⓙ のうがく ◎- Ⓗg Ⓥ nông học 농 혁 악:oc

능

Ⓒ neng Ⓙ no- Ⓥ năng

능력
能力
nénglì
넝리

能力 **응**:eng **역**:i Ⓖ..
초능력 超能力 차오넝리

Ⓙ のうりょく ◎- Ⓥ năng lực 낭 륵 응:ăng 역:ực

漢字 한자 변환법으로 배우는 중국어 ㄷ

 다 ⊕ duo ⊜ ta, (da) Ⓥ da

다수
多数
duōshù
둬수

多數 아:uo
대다수 大多数 따둬수

⊜ たすう Ⓥ da số 다 쏘 우:o

다양
多样
duōyàng
둬양

多樣 아:uo
다양성 多样性 둬양싱

⊜ たよう 용:yo- Ⓥ đa dạng 다 장

다재
多才
duōcái
둬차이

多才 아:uo 애:ai
다재 다능 多才多能 둬차이둬넝

⊜ たさい 애:ai Ⓥ đa tài 다 따이 애:ai

단 ⊕ dan, duan, tuan ⊜ tan, dan Ⓥ đơn, đoản

단독
单独
dāndú
딴뚜

單獨 옥:u ㉠..
단독 행동 单独行动 딴뚜싱동

⊜ たんどく Ⓥ đơn độc 던 독 안:on

112

단순
单纯
dānchún
딴춘

單純
단순 처리　单纯处理　딴춘추리

🇯 たんじゅん　🇻 đơn thuần 던 투언 안:on 운:uân

단일
单一
dānyī
딴이

單一　일:i ㄹ..
단일 조건　单一条件　딴이탸오졘

🇯 たんいつ ⓣts　🇻 đơn nhất 던 녓 안:on 일:nhât

단검
短剑
duǎnjiàn
뚜안졘

短劍　안:uan ㄱj 엄:ian
단검 장착　佩戴短劍　페이따이뚜안졘

🇯 たんけん　🇻 đoản kiếm 도안 끼엠 안:oan 엄:iêm

단명
短命
duǎnmìng
뚜안밍

短命　안:uan 영:ing
미인 단명　美人短命　메이런뚜안밍

🇯 たんめい 영:ei　🇻 đoản mệnh 도안 멘 안:oan 영:ênh

단결
团结
tuánjié
투안찌에

團結　안:uan ㄱj 열:ie ㄹ..
일치단결　团结一致　투안찌에이즈

🇯 だんけつ ⓣts　🇻 đoàn kết 도안 껫 안:oan 열:êt

단체
团体
tuántǐ
투안티

團體　안:uan 에:i
단체 생활　团体生活　투안티성훠

🇯 だんたい 에:ai　🇻 đoàn thể 도안 테 안:oan

단교
断交
duànjiāo
뚜안찌아오

斷交　안:uan ㄱj 요:iao
양국 단교　两国断交　량꿔뚜안찌아오

🇯 だんこう　🇻 đoạn giao 도안 자오 안:oan ㄱ:gi 요:ao

113

단절
断绝
duànjué
뚜안쮀에

斷折 **안**:uan **얼**:üe ㉡..
관계 단절 断绝关系 뚜안쮀에관시

日 だんせつ @ts **V** doạn tuyệt 도안 뚜엣 안:oan 얼:uyêt

⊕ dan, tan **日** dan, tan **V** đảm, đàm

담당
担当
dāndāng
딴땅

擔當
담당 구역 担当区域 딴땅취위

日 たんとう 앙:o- **V** đảm đương 담 드엉 앙:ương

담임
担任
dānrèn
딴런

擔任 **임**:ren
담임 교원 担任教员 딴런찌아오위안

日 たんにん **V** đảm nhiệm 담 녀임 임:nhiêm

담론
谈论
tánlùn
탄룬

談論 **온**:un
담론 전개 展开谈论 잔카이탄룬

日 だんろん **V** đàm luận 담 루언 온:uân

담판
谈判
tánpàn
탄판

談判
정상 담판 首脑谈判 서우나오탄판

日 だんぱん @p(h) **V** đàm phán 담 판

⊕ da **日** to-, do-- **V** dap

답례
答礼
dálǐ
따리

答禮 **압**:a Ⓗ.. **예**:i
정중한 답례 郑重的答礼 정종 떠 따리

Ⓙ とうれい 압:o- Ⓥ đáp lễ 답 레 예:ê

답안
答案
dá`àn
따안

答案 **압**:a Ⓗ..
답안 공개 公开答案 공카이따안

Ⓙ とうあん 압:o- Ⓥ đáp án 답 안

Ⓒ dang Ⓙ to- Ⓥ đương, đảng

당연
当然
dāngrán
땅란

當然 **연**:an
당연지사 当然的事 땅란 떠 스

Ⓙ とうぜん 양:o- Ⓥ đương nhiên 드엉 녀엔 양:ương 연:nhiên

당원
党员
dǎngyuán
땅위안

黨員 **원**:yuan
공산당원 共产党员 공찬땅위안

Ⓙ とういん 양:o- Ⓥ đảng viên 당 비엔 원:iên

당파
党派
dǎngpài
땅파이

黨派 Ⓟp **아**:ai(예외)
당파 형성 党派形成 땅파이씽청

Ⓙ とうは 양:o- Ⓥ đảng phái 당 파이 아:(ai)

Ⓒ da, (dui, dai) Ⓙ tai, (dai) Ⓥ đại, đối

115

대가족
大家族
dàjiāzú
따찌아쭈

大家族 애:a(예외) ㄱj 아:ia 옥:u ㄱ..

대가족 제도 大家族制度 따찌아쭈즈뚜

🇯 だいかぞく 애:ai 🇻 đại gia đình 다이 자 딘 애:ai

대규모
大规模
dàguīmó
따궤이모

大規模 애:a(예외) 유:ui

대규모 집회 大规模集会 따궤이모 찌훼이

🇯 だいきぼ 애:ai ⓐb 🇻 đại quy mô 다이 뀌 모 애:ai 유:uy

대란
大乱
dàluàn
따루안

大亂 애:a(예외) 안:uan

대란 발생 发生大乱 파성따루안

🇯 たいらん 애:ai 🇻 đại loạn 다이 로안 애:ai 안:oan

대량
大量
dàliàng
따량

大量 애:a(예외) 양:iang

대량구매 大量购买 따량 꺼우마이

🇯 たいりょう 애:ai 양:iyo- 🇻 đại lượng 다이 르엉 애:ai 양:ương

대륙
大陆
dàlù
따루

大陸 애:a(예외) 육:u ㄱ..

아시아 대륙 亚洲大陆 야저우따루

🇯 たいりく 애:ai 🇻 đại lục 다이 룩 애:ai 육:uc

대사
大使
dàshǐ
따스

大使 애:a(예외) 사:shǐ

대사관 大使馆 따스관

🇯 たいし 애:ai 사:si 🇻 đại sứ 다이 쓰 애:ai 사:sứ

대사관
大使馆
dàshǐguǎn
따스관

大使館 애:a(예외) 사:shǐ

영국 대사관 英国大使馆 잉꿔 따스관

🇯 たいしかん 애:ai 사:si 🇻 đại sứ quán 다이 쓰 꽌 애:ai 사:sứ

대서양
大西洋
Dàxīyáng
따시양

大西洋 애:a(예외) 어:i
「대서양 헌장」《大西洋宪章》 따시양셴장

🇯 たいせいよう 애:ai 양:iyo-
🇻 Đại Tây Dương 다이 떠이 즈엉 애:ai 어:ay 양:ương

대의
大义
dàyì
따이

大義 애:a(예외) 의:yi
대의 명분 大义名分 따이밍펀

🇯 たいぎ. 애:ai 🇻 đại nghĩa 다이 응이아 애:ai 의:nghia

대전
大战
dàzhàn
따잔

大戰 애:a(예외) 언:an
세계 대전 世界大战 스찌에따잔

🇯 たいせん. 애:ai 🇻 đại chiến 다이 찌엔 애:ai 언:iên

대학
大学
dàxué
따쉬에

大學 애:a(예외) ㅎx 악:üe ㄱ..
국립 대학 国立大学 꿔리따쉬에

🇯 だいがく 애:ai ㅎg 🇻 đại học 다이 혁 애:ai 악:oc

대회
大会
dàhuì
따훼이

大會 애:a(예외) 외:uì
전당 대회 全党大会 취안땅따훼이

🇯 たいかい. 애:ai ㅎk 외:ai 🇻 đại hội 다이 호이 애:ai 외:ôi

대립
对立
duìlì
뒈이리

對立 애:ui 입:i ㅂ..
대립 관계 对立关系 뒈이리관시

🇯 たいりつ 애:ai ㅂts 🇻 đối lập 도이 럽 애:ôi 입:âp

대책
对策
duìcè
뒈이처

對策 애:ui 액:e ㄱ..
대책 토론 对策讨论 뒈이처타오룬

🇯 たいさく. 애:ai ㅈs 액:aku 🇻 đối sách 도이 싸익 애:ôi ㅊ:s 액:ach

대내
对内
duìnèi
뛔이네이

對內 애ːui 애ːei
대내외 관계 对内外关系 뛔이네이와이 관시

🇯 たいない 애ːai 애ːai 🇻 đối nội 도이 노이 애ːôi 애ːôi

대리
代理
dàilǐ
따이리

代理 애ːai
독점 대리점 独家代理店 뚜지아 따이리뎬

🇯 だいり 애ːai 🇻 đại lý 다이 리 애ːai

대표
代表
dàibiǎo
따이뱌오

代表 애ːai ⓟb 요ːiao
국가 대표 国家代表 꿔찌아 따이뱌오

🇯 だいひょう. 애ːai ⓗh 🇻 đại biểu 다이 비에우 애ːai 요ːiêu

덕 ⓒ de 🇯 toku, toth 🇻 uc

덕행
德行
déxíng
떠싱

德行 억ːe ⓖ.. ⓗx 앵ːing
학문과 덕행 学问和德行 쉬에우언 허 떠싱

🇯 とつこう·とくぎょう. ⓚk 앵ːo- 🇻 đức hạnh 득 하잉 억ːức 앵ːanh

도 ⓒ dao 🇯 do- 🇻 đạo

도구
道具
dàojù
따오쒸

道具 오ːao ⓖj
음악 도구 音乐道具 인위에 따오쒸

🇯 どうぐ 🇻 đạo cụ 다오 꾸 오ːao

도덕
道德
dàodé
따오떠

道德 **오**:ao **억**:e ㉠..
도덕 군자 道德君子 따오떠쥔쯔

🇯 どうとく. 🇻 đạo đức 다오 득 오:ao 억:ức

독 ➕ du 🇯 doku 🇻 độc

독단
独断
dúduàn
뚜두안

獨斷 **옥**:u ㉠.. **안**:uan
독단 행위 独断行为 뚜두안싱웨이

🇯 どくだん 🇻 độc đoán 독 도안 안:oan

독립
独立
dúlì
뚜리

獨立 **옥**:u ㉠.. **입**:i ㉻..
독립 국가 独立国家 뚜리꿔찌아

🇯 どくりつ ⓔts 🇻 độc lập 독 럽 입:âp

독신
独身
dúshēn
뚜선

獨身 **옥**:u ㉠.. **인**:en
독신 주의 独身主义 뚜선주이

🇯 どくしん 🇻 độc thân 독턴 인:ân

독재
独裁
dúcái
뚜차이

獨裁 **옥**:u ㉠.. **애**:ai
독재 정권 独裁政权 뚜차이정취안

🇯 どくさい 애:ai 🇻 độc tài 독 따이 애:(ai)

독성
毒性
dúxìng
뚜싱

毒性 **옥**:u ㉠.. **엉**:ing
독성 검사 毒性检查 뚜싱젠차

🇯 どくせい 엉:ei 🇻 độc tính 독 띤 엉:inh

119

돌 ㊥ tu ㊐ toth Ⓥ đột

돌연
突然
tūrán
투란

突然 올:u ㉣.. 연:an

돌연변이 突然变异 투란벤이

㊐ とつぜん ㉣ts Ⓥ đột nhiên 돗 니엔 ㄹ:t 연:nhiên

돌파
突破
tūpò
투포

突破 올:u ㉣.. 아:o

정면 돌파 正面突破 정몐투포

㊐ とつぱ ㉣ts ㊟p(h) Ⓥ đột phá 돗 파 올:ôt

동 ㊥ dong, tong ㊐ do-, to- Ⓥ đồng

동감
同感
tónggǎn
통간

同感

동감 표시 表示同感 뱌오스 통간

㊐ どうかん ◎- Ⓥ đồng cảm 동 깜

동맹
同盟
tóngméng
통멍

同盟 앵:eng

동맹 국가 国家同盟 꿔찌아 통멍

㊐ どうめい. ◎- 앵:ei Ⓥ đồng minh 동 민 앵:inh

동의
同意
tóngyì
통이

同意 의:yi

전체 동의 全体同意 취안티 통이

㊐ どうい ◎- Ⓥ đồng ý 동 이 의:y

동포
同胞
tóngbāo
통바오

同胞 ⓟb 오:ao

동포 사회 同胞社会 통바오 서웨이

🈟 どうほう ◎-ⓑh Ⓥ đồng bào 동 바오 오:ao

동남아
东南亚
dōngnányà
동난야

東南亞 아:ya

동남아 국가 东南亚国家 동난야 꿔찌아

🈟 とうなんあ ◎- Ⓥ Đông Nam Á 동 남 아

동방
东方
dōngfāng
동팡

東方 ⓗf

동방 예의 东方礼仪 동팡리이

🈟 とうほう ◎-ⓑh 양:o- Ⓥ đông phương 동 프엉 ㅂ:ph 양:ương

동맥
动脉
dòngmài
똥마이

動脈 액:ai ㄱ..

폐동맥 肺动脉 페똥마이

🈟 どうみゃく ◎- 액:yaku Ⓥ động mạch 동 맥

동물
动物
dòngwù
똥우

動物 ⓦw 울:u ㄹ..

동물 왕국 动物王国 똥우왕꿔

🈟 どうぶつ ◎-ⓑb ㄹts Ⓥ động vật 동 벗 ㅁ:v 울:ât

동작
动作
dòngzuò
똥쥐

動作 악:uo ㄱ..

동작 일치 动作一致 똥쥐이즈

🈟 どうさ ◎-ㄱ예외 Ⓥ động tác 동 딱

동태
动态
dòngtài
똥타이

動態 애:ai

동태 조사 动态调查 똥타이 탸오차

🈟 どうたい ◎- 애:ai Ⓥ động thái 동 타이 애:ai

ㄱ
ㄴ
ㄷ
ㅁ
ㅂ
ㅅ
ㅇ
ㅈ
ㅊ
ㅋ
ㅌ
ㅍ
ㅎ

121

동결
冻结
dòngjié
똥찌에

凍結 ㉠j 열:ie ㉣..
자산 동결 资产冻结 쯔찬똥찌에

🗾 とうけつ. ◎- ㉣ts Ⓥ đông kết 동 껫 열:êt

동지
冬至
dōngzhì
똥즈

冬至
동지와 입춘 冬至和春分 똥즈 허 춘펀

🗾 とうじ ◎- Ⓥ đông chí 동 찌

등 ⊕ deng 🗾 to- Ⓥ ăng

등기
登记
dēngjì
떵찌

登記 응:eng ㉠j
가옥 등기 房屋登记 팡우 떵찌

🗾 とうき ◎- Ⓥ đăng ký 당 끼 응:ang

漢字 한자 변환법으로 배우는
중국어
한-중 중심의 한자권 4개국 언어학습

ㄱ
ㄴ
ㄷ
ㄹ
ㅁ
ㅂ
ㅅ
ㅇ
ㅈ
ㅊ
ㅋ
ㅌ
ㅍ
ㅎ

한자 변환법으로 배우는

漢字 **중국어**

(ㅁ)

마

⊕ mo, ma ⊜ ma, ba Ⓥ ma

마귀
魔鬼
móguǐ
모꿰이

魔鬼 **아:**o **위:**ui

마귀의 계획 魔鬼计划 모꿰이찌화

⊜ まき Ⓥ ma quỷ 마 뀌

마술
魔术
móshù
모수

魔術 **아:**o **울:**u ⊒..

마술사 魔术师 모수스

⊜ まじゆつ ⊜ts Ⓥ ma thuật 마 투엇 울:uât

만

⊕ wan ⊜ ban, (man) Ⓥ vạn

만리
万里
wànlǐ
완리

萬里 ⊡w

만리장성 万里长城 완리창청

⊜ ばんり Ⓥ vạn lý 반 리 ㅁ:v

만물
万物
wànwù
완우

萬物 ⊡w **울:**u ⊒..

우주 만물 宇宙万物 위저우완우

⊜ ばんぶつ ⊡b ⊡b ⊜ts Ⓥ vạn vật 반 벗 ㅁ:v ㅁ:v 울:ât

124

만사
万事
wànshì
완스

萬事 ⓜw 사:shì

만사 형통 万事亨通 완스헝통

Ⓙ ばんじ ⓐb 사:ji Ⓥ vạn sự 반 쓰 ㅁ:v 사:sự

매

Ⓒ mai Ⓙ mai Ⓥ mai

매복
埋伏
máifu
마이푸

埋伏 애:ai Ⓑf 옥:u ㄱ..

십면매복 十面埋伏 스멘마이푸

Ⓙ まいふく 애:ai ⓑh Ⓥ mai phục 마이 푹 애:ai ㅂ:ph 욱:uc

면

Ⓒ mian Ⓙ men Ⓥ miễn, diện

면세
免税
miǎnshuì
멘쉐이

免税 연:ian 에:ui

면세점 免税店 멘쉐이뎬

Ⓙ めんぜい Ⓥ miễn thuế 미엔 투에 연:iên 에:uê

면제
免除
miǎnchú
멘추

免除 연:ian 에:u

전부 면제 全部免除 취안부멘추

Ⓙ めんじょ Ⓥ miễn trừ 미엔 쯔 연:iên 에:ư

면직
免職
miǎnzhí
멘즈

免職 연:ian 익:i ㄱ..

의원 면직 议员免职 이위안멘즈

Ⓙ めんしょく Ⓥ miễn chức 미엔 쯕 연:iên 익:ức

면적
面积
miànjī
몐지

面積 **연**:ian **억**:i ㉠..

건축 면적 建筑面积 졘주몐지

日 めんせき **V** diện tích 지엔 띡 연:iên 억:ich

멸

中 mie **日** beth **V** miet

멸시
蔑视
mièshì
미에스

蔑視 **열**:ie ㉢..

멸시한 행동 蔑视的行动 미에스 떠 싱웨이

日 べつし @ts **V** miệt thị 미엣 티 열:iêt

명

中 ming **日** mei **V** danh, menh

명분
名分
míngfèn
밍펀

名分 **영**:ing **㉭**f **운**:en

대의명분 道义名分 따오이 밍펀

日 めいぶん 영:ei **V** danh phận 자잉 펀 영:anh ㅂ:ph 운:an

명성
名声
míngshēng
밍성

名聲 **영**:ing **엉**:eng

명성 관리 名声管理 밍성관리

日 めいせい 영:ei 엉:ei **V** danh tiếng 자잉 띠엥 영:anh 엉:ieng

명언
名言
míngyán
밍옌

名言 **영**:ing **언**:yan

천고의 명언 千古名言 쳰꾸밍옌

日 めいげん 영:ei **V** danh ngôn 자잉 응온 영:anh 언:ngôn

명의
名义
míngyì
밍이

名義 **영**:ing **이**:i
인민의 명의 人民的名义 인민 떠 밍이

> **日** めいぎ 영:ei **V** danh nghĩa 자잉 응이아 영:anh 의:nghia

명인
名人
míngrén
밍런

名人 **영**:ing **인**:ren
명인일화 名人轶事 밍런이스

> **日** めいじん 영:ei **V** danh nhân 자잉 년 영:anh 인:nhân

명작
名作
míngzuò
밍쭤

名作 **영**:ing **악**:uo ㄱ..
명작 발표 名作发表 밍쭤파뱌오

> **日** めいさく 영:ei ㄱ예외 **V** danh tác 자잉 딱 영:anh

명령
命令
mìnglìng
밍링

命令 **영**:ing
군사 명령 军事命令 쥔스밍링

> **日** めいれい 영:ei 영:ei **V** mệnh lệnh 멘 렌 영:enh 영:ênh

모 **⊕** mo, mao **日** mo, bo- **V** mô

모방
模仿
mófǎng
모팡

模倣 **⊞**f
모방 행위 模仿行为 모팡싱웨이

> **日** もほう ⊞h 양:o- **V** mô phỏng 모 퐁 ㅂ:ph 양:ong

모범
模范
mófàn
모판

模範 **⊞**f **엄**:an
모범 학생 模范生 모판성

> **日** もはん ⊞h **V** mô phạm 모 팜 ㅂ:ph 엄:am

모형
模型
móxíng
모씽

模型 ⓗx 영:ing
경제 모형 经济模型 찡지모씽

ⓙ もけい ⓚk 영:ei ⓥ mô hình 모 힌 영:inh

모험
冒险
màoxiǎn
마오셴

冒險 오:ao ⓗx 엄:ian
모험심 冒险心 마오셴신

ⓙ ぼうけん ⓑb ⓚk ⓥ mô hiểm 모 히엠 엄:iêm

목   ⊕ mu ⓙ moku, boku ⓥ mục

목록
目录
mùlù
무루

目錄 옥:u ⓖ..
도서 목록 图书目录 투수무루

ⓙ もくろく ⓥ mục lục 묵룩 옥:uc

목적
目的
mùdì
무디

目的 옥:u ⓖ.. 억:i
목적 달성 目的达成 무디따청

ⓙ もくてき ⓥ mục đích 묵 딕 억:ich

목표
目标
mùbiāo
무뱌오

目標 옥:u ⓖ.. ⓟb 요:iao
교육 목표 教育目标 찌아위무뱌오

ⓙ もくひょう ⓗh ⓥ mục tiêu 묵 띠에우 요:iêu

목사
牧师
mùshī
무스

牧師 옥:u ⓖ.. 사:sh
목사의 자격 牧师资格 무스쯔꺼

ⓙ ぼくし ⓑb 사:si ⓥ mục sư 묵 쓰 옥:uc 사:sư

128

목금
木琴
mùqín
무친

木琴 옥:u ㄱ.. ㄱq 음:in

목금 연주 木琴演奏 무친옌쩌우

몽

⊕ meng 🇯 mo-, mu Ⓥ mong

몽롱
朦胧
ménglóng
멍롱

朦朧 옹:eng

의식 몽롱 意识朦胧 이스멍롱

몽상
梦想
mèngxiǎng
멍샹

夢想 옹:eng 앙:ang

청년의 몽상 青年的梦想 칭녠 떠 멍샹

무

⊕ wu, mao 🇯 mu, bu, bo- Ⓥ vô, vũ, (mau)

무례
无礼
wúlǐ
우리

無禮 ◎w 예:i

무례한 행동 无礼的行为 우리 떠 싱웨이

무리
无理
wúlǐ
우리

無理 ◎w

무리한 조건 无理的条件 우리 떠 탸오졘

ㄱ ㄴ ㄷ ㅁ ㅂ ㅅ ㅇ ㅈ ㅊ ㅋ ㅌ ㅍ ㅎ

무명
无名
wúmíng
우밍

無名 圓w 영:ing
무명 용사 无名勇士 우밍용스

圓むめい 영:ei Ⓥ vô danh 보 자잉 ㅁ:v 우:o 영:anh

무법
无法
wúfǎ
우파

無法 圓w 圓f 업:a 圓..
무법 천지 无法无天 우파우텐

圓むほう ⓗh ⓗ- Ⓥ vô phép 보 펩 ㅁ:v 우:o ㅂ:ph 업:ep

무선
无线
wúxiàn
우셴

無線 圓w 언:ian
무선 통신 无线通信 우셴통신

圓むせん Ⓥ vô tuyến 보 뚜엔 ㅁ:v 우:o 언:uyên

무아
无我
wúwǒ
우워

無我 圓w 아:o
무아의 상태 无我状态 우워좡타이

圓むが Ⓥ vô ngã 보 응아 ㅁ:v 우:o 아:nga

무언
无言
wúyán
우옌

無言 圓w 언:yan
유구무언 有口无言 여우커우우옌

圓むごん Ⓥ vô ngôn 보 응온 ㅁ:v 우:o 언:ngôn

무의미
无意义
wúyìyì
우이이

無意味 圓w 의:yi
무의미한 논쟁 无意义的争论 우이이 떠 정룬

圓むいみ Ⓥ vô ý nghĩa 보 이 응이아 ㅁ:v 우:o 이:nghia

무의식
无意识
wúyìshí
우이스

無意識 圓w 의:yi ⓣ..
무의식 세계 无意识世界 우이스 스지에

圓むいしき Ⓥ vô ý thức 보 이 특 ㅁ:v 우:o 익:ức

무익
无益
wúyì
우이

無益 ⓜw 익:yi ㉠..

백해무익 百害无益 바이하이우이

🈁 むえき Ⓥ vô ích 보 익 ㅁ:v 우:o

무적
无敌
wúdí
우띠

無敵 ⓜw 억:i ㉠..

무적 해병 无敌海兵 우띠하이빙

🈁 むてき Ⓥ vô địch 보 딕 ㅁ:v 우:o 억:ich

무정
无情
wúqíng
우칭

無情 ⓜw 엉:ing

무정한 태도 无情的态度 우칭 더 타이뚜

🈁 むじょう 엉:iyo- Ⓥ vô tình 보 띤 ㅁ:v 우:o 엉:inh

무조건
无条件
wútiáojiàn
우탸오젠

無條件 ⓜw 오:iao 언:ian

무조건 진행 无条件进行 우탸오젠 진씽

🈁 むじょうけん. Ⓥ vô điều kiện 보 디에우 끼엔 ㅁ:v 우:o 오:iêu 언:iên

무죄
无罪
wúzuì
우쭈이

無罪 ⓜw 외:ui

무죄 판결 无罪判决 우쮀이판쥐에

🈁 むざい 외:ai Ⓥ vô tội 보 또이 ㅁ:v 우:o 외:ôi

무질서
无秩序
wúzhìxù
우즈쒸

無秩序 ⓜw 일:i ㉣.. 어:ü

무질서 사회 无秩序社会 우즈쒸서훼이

🈁 むちつじょ @ts Ⓥ vô trật tự 보 쩟 뜨 ㅁ:v 우:o 일:at 어:ư

무한
无限
wúxiàn
우셴

無限 ⓜw ㆆx 안:ian

무한 가능 无限可能 우셴커녕

🈁 むげん ®g Ⓥ vô hạn 보 한 ㅁ:v 우:o

무효
无效
wúxiào
우샤오

無效 ⓜw ⓗx 요:iao
무효 결정 无效决定 우샤오 쥐에띵

ⓙむこう.ⓗk Ⓥvô hiệu 보 히에우 ⱱ:v 우:o 요:iêu

무기
武器
wǔqì
우치

武器 ⓜw ⓖq
무기 공급 武器供给 우치공찌

ⓙぶき Ⓥvũ khí 부 키 ⱱ:v

무력
武力
wǔlì
우리

武力 ⓜw ⓖ..
무력 투쟁 武力斗争 우리떠우정

ⓙぶりよく Ⓥvũ lực 부 륵 ⱱ:v 역:ức

무술
武术
wǔshù
우수

武術 ⓜw 울:u ⓔ..
무술 훈련 武术训练 우수쉰롄

ⓙぶじゅつ ⓜb ⓔts Ⓥvõ thuật 보 투엇 ⱱ:v 우:o 울:uât

무장
武裝
wǔzhuāng
우좡

武裝 ⓜw
무장 세력 武装势力 우좡스리

ⓙぶそう ⓜb 앙:o- Ⓥvũ trang 부 장 ⱱ:v

무곡
舞曲
wǔqǔ
우취

舞曲 ⓜw 옥:u ⓖ..
무곡 연주 舞曲演奏 우취옌저우

ⓙぶきよく ⓜb Ⓥvũ khúc 부 쿡 ⱱ:v 옥:uc

무대
舞台
wǔtái
우타이

舞臺 ⓜw 애:ai
국제 무대 国际舞台 꿔찌우타이

ⓙぶたい ⓜb 애:ai Ⓥvũ đài 부 다이 ⱱ:v 애:ai

무고
诬告
wūgào
우까오

誣告 ⑩w 오:ao
무고죄 诬告罪 우까오쮀이

🇯ぶこく ⑧b 고:예외 🇻vu cáo 부 까오 ㅁ:v 오:ao

무역
贸易
màoyì
마오이

貿易 우:ao 역:yi ㄱ..
국제 무역 国际贸易 꿔찌마오이

🇯ぼうえき ⑧b 🇻mậu dịch 머우 직 ㅁ:v 우:au 역:ich

⊕ wen 🇯 bun, mon 🇻 văn

문명
文明
wénmíng
원밍

文明 ⑩w 운:en 영:ing
문명 사회 文明社会 원밍서훼이

🇯ぶんめい ⑧b 영:ei 🇻văn minh 반 민 ㅁ:v 운:an 영:inh

문예
文艺
wényì
원이

文藝 ⑩w 예:yi
문예 작품 文艺作品 원이줘핀

🇯ぶんげい. ⑧b 🇻văn nghệ 반 응에 ㅁ:v 운:an 예:ê

문학
文学
wénxué
원쉬에

文學 ⑩w 운:en ㅎx 학:üe ㄱ..
문학 잡지 文学杂志 원쉬에자즈

🇯ぶんがく ⑧b ⑧g 🇻văn học 반 혁 ㅁ:v 운:an 악:oc

문화
文化
wénhuà
원화

文化 ⑩w 운:en
문화 활동 文化活动 원화훠둥

🇯ぶんか ⑧b ⑧k 🇻văn hóa 반 화 ㅁ:v 운:an

ㄱ
ㄴ
ㄷ
ㅁ
ㅂ
ㅅ
ㅇ
ㅈ
ㅊ
ㅋ
ㅌ
ㅍ
ㅎ

133

문제
问题
wèntí
원티

問題 ㊌w 운:en 에:i

문제 의식　问题意识　원티이스

㊐ もんだい. 에:ai ㊎ vấn đề 번 데 ㅁ:v 운:ân

물 ㊌ wu ㊐ buth ㊎ vật

물가
物价
wùjià
우지아

物價 ㊌w 울:u ㉡.. ㊀j 아:ia

물가 인상　物价上调　우지아상탸오

㊐ぶつか. ㊫b ㊩ts ㊎ vật giá 벗 쟈 ㅁ:v 울:ât 가:gia

물리
物理
wùlǐ
우리

物理 ㊌w 울:u ㉡..

물리 화학　物理化学　우리화쉬에

㊐ぶつり. ㊫b ㊩ts ㊎ vật lý 벗 리 ㅁ:v 울:ât 이:y

미 ㊌ mei, wei, (mi)　㊐ bi, mi, (bei, mei)　㊎ mỹ, vi, (me)

미관
美观
měiguān
메이관

美觀 이:ei

도시의 미관　城市的美观　청스 떠 메이관

㊐びかん. ㊫b ㊎ mỹ quan 미 꽌

미군
美军
měijūn
메이쮠

米軍 이:ei ㊀j

미군 기지　美军基地　메이쮠찌띠

㊐べいぐん ㊫b ㊎ mỹ quân 미 꿘 운:uân

미녀
美女
měinǚ
메이뉘

美女 이:ei 여:ǚ
절세 미녀 绝世美女 쥐에스 메이뉘

🇯びじょ ⓐb Ⓥmỹ nữ 미 느 여:ư

미술
美术
měishù
메이수

美術 이:ei 울:u ㄹ..
미술 공업 美术工业 메이수공이에

🇯びじゅつ ⓐb ⓣts Ⓥmỹ thuật 미 투엇 울:uât

미생물
微生物
wēishēngwù
웨이성우

微生物 ⓜw 이:ei 앵:eng ⓜw ㄹ..
미생물 학자 微生物学者 웨이성우 쉬에저

🇯びせいぶつ. ⓐb 앵:ei ⓐb ⓣts Ⓥvi sinh vật 비 신 벗 ㅁ:v 앵:inh ㅁ:v 울:ât

미성년
未成年
wèichéngnián
웨이청녠

未成年 ⓜw 이:wei 연:ian
미성년자 未成年人 웨이청녠런

🇯みせいねん 엉:ei Ⓥvị thành niên 비 탄 니엔 ㅁ:v 엉:anh 연:iên

미신
迷信
míxìn
미신

迷信
미신 타파 破除迷信 포추미신

🇯めいしん Ⓥmê tín 메 띤 이:e

민 ⊕ min 🇯 min Ⓥ dân

민사
民事
mínshì
민스

民事 사:shì
민사 소송 民事诉讼 민스쑤쏭

🇯みんじ 사:ji Ⓥdân sự 전 쓰 안:ân 사:sự

민생
民生
mínshēng
민성

民生 앵:eng
민생 안정 民生安定 민성안띵

🗾 みんせい 앵:ei Ⓥ dân sinh 전 씬 인:ân 앵:inh

민족
民族
mínzú
민쭈

民族 옥:u ㄱ..
민족 문화 民族文化 민쭈원화

🗾 みんぞく Ⓥ dân tộc 전 똑 인:ân

민주
民主
mínzhǔ
민주

民主
민주 공화 民主共和 민주공허

🗾 みんしゅ Ⓥ dân chủ 전 쭈 인:ân

漢字 한자 변환법으로 배우는

중국어

한-중 중심의 한자권 4개국 언어학습

漢字 한자 변환법으로 배우는 중국어 ㅂ

 박   ⊕ bo   ⊜ haku, boku   Ⓥ bạc

박명
薄命
bómìng
보밍

薄命 **악**:o ㉠.. **영**:ing
미인 박명 红颜薄命 홍옌보밍

⊜ はくめい ⊜h 영:ei Ⓥ bạc mệnh 박 멘 영:ênh

박학
博学
bóxué
보쉬에

博學 **악**:o ㉠.. ㉴x **악**:üe ㉠..
박학다재 博学多才 보쉬에둬차이

⊜ はくがく ⊜h ㉴g Ⓥ bác học 박 혁 악:oc

반   ⊕ fan, ban   ⊜ han   Ⓥ phản, bán

반감
反感
fǎngǎn
판간

反感 ㉧f
반감 표시 表示反感 뱌오스판간

⊜ はんかん ⊜h Ⓥ phản cảm 판 깜 ㅂ:ph

반격
反击
fǎnjī
판찌

反擊 ㉧f ㉠j **역**:i ㉠..
반격 태세 反击态势 판찌타이스

⊜ はんげき ⊜h Ⓥ phản kích 판 찍 ㅂ:ph 역:ich

반대
反对
fǎnduì
판뒈이

反對 ㉠f 애:uì
반대 의견 反对意见 판뒈이이젠

㉰ はんたい ㉮h 애:ai ⓥ phản đối 판 도이 ㅂ:ph 애:ối

반동
反动
fǎndòng
판동

反動 ㉠f
반동 사상 反动思想 판동스샹

㉰ はんどう ㉮h ◎- ⓥ phản động 판 동 ㅂ:ph

반박
反驳
fǎnbó
판보

反駁 ㉠f 악:o ㉠..
반박 의견 反驳意见 판보이젠

㉰ はんばく ㉮h ⓥ phản bác 판 박 ㅂ:ph

반사
反射
fǎnshè
판서

反射 ㉠f 아:e
반사 현상 反射现象 판서셴샹

㉰ はんしゃ ㉮h ⓥ phản xạ 판 사 ㅂ:ph ((사:xa))

반영
反映
fǎnyìng
판잉

反映 ㉠f 영:ing
현실 반영 反映现实 판잉셴스

㉰ はんえい ㉮h 영:ei ⓥ phản ánh 판 아잉 ㅂ:ph 영:anh

반응
反应
fǎnyìng
판잉

反應 ㉠f 응:ing
반응 속도 反应速度 판잉쑤뚜

㉰ はんのう ㉮h ◎- ⓥ phản ứng 판 응 ㅂ:ph

반작용
反作用
fǎnzuòyòng
판쭤용

反作用 ㉠f 악:uo ㉠..
반작용 현상 反作用现象 판쭤용셴샹

㉰ はんさよう ㉮h さ(예외) ◎- ⓥ phản tác dụng 판 딱 중 ㅂ:ph 용:ung

반경
半径
bànjìng
반찡

半徑 ㉠j 영:ing
태양 반경 太阳半径 타이양반찡

🗾 はんけい ⒣h 영:ei Ⓥ bán kính 반 낀 영:inh

반신
半身
bànshēn
반선

半身 인:en
반신상 半身像 반선샹

🗾 はんしん ⒣h Ⓥ bán thân 반 턴 인:ân

반신반의
半信半疑
bànxìnbànyí
반신반이

半信半疑 의:yi
반신 반의 半信半疑 반신반이

🗾 はんしんはんぎ ⒣h ⒣h Ⓥ bán tin bán nghi 반 띤 반 응이 의:nghi

발 ⊕ fa ⒣ hath, hats Ⓥ p át

발광
发光
fāguāng
파꽝

發光 ⒣f ㉡..
발광 조건 发光条件 파꽝탸오졘

🗾 はつこう ⒣h ⒯ts 왕:o- Ⓥ phát quang 팟 꽝 발:phát

발달
发达
fādá
파따

發達 ⒣f ㉡..
경제의 발달 经济发达 찡지파따

🗾 はつたつ ⒣h ⒯ts Ⓥ phát đạt 팟 닷 발:phát 알:at

발명
发明
fāmíng
파밍

發明 ⒣f ㉡.. 영:ing
사대 발명 四大发明 쓰따파밍

🗾 はつめい ⒣h ⒯ts 영:ei Ⓥ phát minh 팟 민 발:phát 영:inh

발병
发病
fābìng
파빙

發病 ㉰f ㉹.. **영**:ing
발병 원인 发病原因 파빙위안인

㉰ はつびょう ⓗh ⓣts 영:iyo- Ⓥ phát bệnh 팟 벤 발:phát 영:ênh

발생
发生
fāshēng
파성

發生 ㉰f ㉹.. **앵**:eng
화재 발생 发生火灾 파성훠자이

㉰ はつせい ⓗh ⓣts 앵:ei Ⓥ phát sinh 팟 씬 발:phát 앵:inh

발언
发言
fāyán
파옌

發言 ㉰f ㉹.. **안**:yan
발언권 发言权 파옌취안

㉰ はつげん ⓗh ⓣts Ⓥ phát ngôn 팟 응온 발:phát 언:ngôn

발열
发热
fārè
파러

發熱 ㉰f ㉹.. **열**:e ㉹..
발열 조건 发热条件 파러탸오졘

㉰ はつねつ ⓗh ⓣts ⓣts Ⓥ phát nhiệt 팟 니엣 발:phát 열:nhiêt

발음
发音
fāyīn
파인

發音 ㉰f ㉹.. **음**:in
발음 기관 发音器官 파인치관

㉰ はつおん ⓗh ⓣts Ⓥ phát âm 팟 엄 발:phát 음:âm

발전
发展
fāzhǎn
파잔

發展 ㉰f ㉹.. **언**:an
사회 발전 社会发展 서훼이파잔

㉰ はってん ⓗh ⓣts Ⓥ phát triển 팟 지엔 발:phát 언:iên

발행
发行
fāxíng
파싱

發行 ㉰f ㉹.. ㉠x **앵**:ing
정기 발행 定期发行 띵치파싱

㉰ はっこう ⓗh ⓣts ㉠k 앵:o- Ⓥ phát hành 팟 하잉 발:phát 앵:anh

발휘
发挥
fāhuī
파훼이

發揮 Ⓑf ㉡.. **위**:ui

실력 발휘 发挥实力 파훼이스리

Ⓙはつき Ⓗh ㉡ts Ⓢk Ⓥphát huy 팟 휘 발:phát

⊕ fang, (pang)   Ⓔ ho-, bo-   Ⓥ phương, (bàng)

방법
方法
fāngfǎ
팡파

方法 Ⓑf **업**:a Ⓗ..

사용 방법 使用方法 스융팡파

Ⓙほうほう Ⓗh 양:o- Ⓗh Ⓗ- Ⓥphương pháp 프엉 팝 ㅂ:ph ㅂ:ph 업:ap

방안
方案
fāng'àn
팡안

方案 Ⓑf

개선 방안 改善方案 까이산팡안

Ⓙほうあん Ⓗh 양:o- Ⓥphương án 프엉 안 ㅂ:ph 양:ương

방언
方言
fāngyán
팡옌

方言 Ⓑf **언**:yan

방언 조사 方言调查 팡옌땨오차

Ⓙほうげん Ⓗh 양:o- Ⓥphương ngôn 프엉 응온 ㅂ:ph 양:ương 언:ngôn

방침
方针
fāngzhēn
팡전

方針 Ⓑf **임**:en

행동 방침 行动方针 씽동팡전

Ⓙほうしん Ⓗh 양:o- Ⓢs Ⓥphương châm 프엉 쩜 ㅂ:ph 양:ương 임:âm

방향
方向
fāngxiàng
팡샹

方向 Ⓑf Ⓗx **양**:iang

시계방향 顺时针方向 순스전팡샹

Ⓙほうこう Ⓗh 양:o- Ⓗk 양:o- Ⓥphương hướng 프엉 흐엉 ㅂ:ph 양,양:ương

방독
防毒
fángdú
팡뚜

防毒 Ⓑf 옥:u ㉠..
방독면 防毒面具 팡뚜멘쥐

Ⓙぼうどく 앙:o- Ⓥ phòng độc 퐁 독 ㅂ:ph 앙:ong

방비
防备
fángbèi
팡베이

防備 Ⓑf 이:ei
무방비 无防备 우팡베이

Ⓙぼうび 앙:o- Ⓥ phòng bị 퐁 비 ㅂ:ph 앙:ong

방역
防疫
fángyì
팡이

防疫 Ⓑf 역:yi ㉠..
방역 검사 防疫检查 팡이젠차

Ⓙぼうえき 앙:o- Ⓥ phòng dịch 퐁 직 ㅂ:ph 앙:ong 역:ich

방위
防卫
fángwèi
팡웨이

防衛 Ⓑf 위:ei
정당방위 正当防卫 정당팡웨이

Ⓙぼうえい 앙:o- Ⓥ phòng vệ 퐁 베 ㅂ:ph 앙:ong 위:e

방화
防火
fánghuǒ
팡훠

防火 Ⓑf 와:uo
방화 설비 防火设备 팡훠서베이

Ⓙぼうか Ⓚk Ⓥ phòng hỏa 퐁 화 ㅂ:ph 앙:ong

방사
放射
fàngshè
팡서

放射 Ⓑf 아:e
방사 온도 放射温度 팡서우언두

Ⓙほうしゃ Ⓗh 앙:o- 사:sya Ⓥ phóng xạ 퐁 싸 ㅂ:ph 앙:ong (사:xa)

방생
放生
fàngshēng
팡성

放生 Ⓑf 앵:eng
방생 행동 放生行动 팡성씽동

Ⓙほうじょう Ⓗh 앙:o- 앵:iyo- Ⓥ phóng sinh 퐁 신 ㅂ:ph 앙:ong 앵:inh

143

방전
放电
fàngdiàn
팡뎬

放電 ⓗf 뎬:ian
방전 효과 放电效果 팡뎬샤오궈

ⓙほうでん ⓗh 앙:o- ⓥphóng điện 퐁 디엔 ㅂ:ph 앙:ong 엉:iên

방화
放火
fànghuǒ
팡훠

放火 ⓗf 와:uo
방화 사건 放火事件 팡훠스졘

ⓙほうか ⓗh 앙:o- ⓚk ⓥphóng hỏa 퐁 화 ㅂ:ph 앙:ong

방관
旁观
pángguān
팡관

傍觀 ⓗp
수수방관 袖手旁观 시어우서우팡관

ⓙぼうかん 앙:o- ⓥbàng quan 빵 관

방광
膀胱
pángguāng
팡광

膀胱 ⓗp
방광 수술 膀胱手术 팡광서우수

ⓙぼうこう 앙:o- 왕:o- ⓥbàng quang 방 꽝

방해
妨害
fánghài
팡하이

妨害 ⓗf 애:ai
방해죄 妨害罪 팡하이쮀에

ⓙぼうがい 앙:o- ⓖg 애:ai ⓥphương hại 프엉 하이 ㅂ:ph 앙:ương 애:ai

ⓒ bei, pei, (pai) ⓙ hai, bai ⓥ bội, bồi, (phổ, bài)

배경
背景
bèijǐng
베이징

背景 애:ei ⓙj 영:ing
사회 배경 社会背景 서훼이베이징

ⓙはいけい ⓗh 애:ai 영:ei ⓥbối cảnh 보이 까잉 애:ôi 영:anh

배반
背叛
bèipǎn
베이판

背反 애:ei Ⓑp

조국 배반 背叛祖国 베이판쭈궈

Ⓙはいはん ⓗh 애:ai ⓗh Ⓥbội phản 뽀이 판 애:ôi ㅂ:ph

배상
赔偿
péicháng
페이창

赔偿 Ⓑp 애:ei

손해 배상 损害赔偿 순하이페이창

Ⓙばいしょう 애:ai 앙:yo- Ⓥbồi thường 뽀이 트엉 애:ôi 앙:ương

배심
陪审
péishěn
페이선

陪審 Ⓑp 애:ei

배심 제도 陪审制度 페이선즈뚜

Ⓙばいしん 애:ai Ⓥbồi thẩm 뽀이 텀 애:ôi 임:âm

배심원
陪审员
péishěnyuán
페이선위안

陪審員 Ⓑp 애:ei 임:en 원:yuan

인민 배심원 人民陪审员 인민페이선위안

Ⓙばいしんいん 애:ai Ⓥbồi thẩm viên 뽀이 텀 비엔 애:ôi 임:âm 원:iên

배급
配给
pèijǐ
페이찌

配給 Ⓑp 애:ei ㄱj 읍:i Ⓑ..

식량 배급 食量配给 스량페이찌

Ⓙはいきゅう ⓗh 애:ai ⓗ- Ⓥphổ cập 포 껍 ㅂ:ph 읍:âp

배외
排外
páiwài
파이와이

排外 Ⓑp 애:ai 외:ai

배외 상황 排外情况 파이와이칭쾅

Ⓙはいがい ⓗh 애:ai 외:ai Ⓥbài ngoại 빠이 응와이 애:ài 외:ngoai

백

Ⓒbai Ⓙhiyaku, haku Ⓥbách

백년
百年
bǎinián
바이녠

百年 액:ai ㄱ.. 연:ian
백년 역사　百年历史　바이녠리스

日 ひゃくねん ⓗh Ⓥ bách niên 빠익 니엔 액:ach 연:iên

백성
百姓
bǎixìng
바이씽

百姓 액:ai ㄱ.. 엉:ing
백성의 충성　百姓的忠诚　바이씽 떠 중청

日 ひゃくしょう ⓗh 액:aku 엉:yo- Ⓥ bách tính 빠익 띤 액:ach 연:iên

백금
白金
báijīn
바이진

白金 액:ai ㄱ.. ㄱj 음:in
광물질 백금　矿物质白金　쾅우즈 바이진

日 はっきん ⓗh Ⓥ bạch kim 빠익 낌 액:ach 음:im

백마
白馬
báimǎ
바이마

白馬 액:ai ㄱ..
백마탄 왕자　白马王子　바이마왕쯔

日 はくば ⓗh Ⓥ bạch mã 빠익 마 액:ach

⊕ fan　ⓔ han　Ⓥ phồn

번역
翻译
fānyì
판이

飜譯 ⓗf 역:yi ㄱ..
작품 번역　作品翻译　줘핀판이

日 ほんやく ⓗh Ⓥ biên dịch 삐엔 직 언:ien 역:ich

번영
繁荣
fánróng
판롱

繁榮 ⓗf 언:an 영:yong
국가 번영　国家繁荣　궈지아판롱

日 はんえい ⓗh 영:ei Ⓥ phồn vinh 폰 빈 ㅂ:ph 언:ôn 영:inh

번화
繁华
fánhuá
판화

繁華 ㉰f 언:an
번화한 도시 繁华的城市 판화 떠 청스

㉰ はんか ㉰h ㉭k ㉽ phồn hoa 폰 화 ㅂ:ph 언:ôn

범 ⊕ fan ㉰ han, (ban) ㉽ pham

범법
犯法
fànfǎ
판파

犯法 ㉰f 엄:an ㉰f 업:a ㉰..
범법 행위 犯法行为 판파싱웨이

㉰ はんぽう ㉰h ㉰p(h) ㉰- ㉽ phạm pháp 팜 팝 ㅂ:ph 엄:am ㅂ:ph 업:ap

범인
犯人
fànrén
판런

犯人 ㉰f 엄:an 인:ren
범인 호송 押送犯人 야쏭판런

㉰ はんにん ㉰h ㉽ phạm nhân 팜 년 ㅂ:ph 엄:am 인:nhân

범죄
犯罪
fànzuì
판줴이

犯罪 ㉰f 엄:an 외:uì
범죄 행위 犯罪行为 판줴이싱웨이

㉰ はんざい ㉰h 외:ai ㉽ phạm tội 팜 또이 ㅂ:ph 엄:am 외:ội

범위
范围
fànwéi
판웨이

範圍 ㉰f 엄:an 위:ei
활동 범위 活动范围 훠동판웨이

㉰ はんい ㉰h ㉽ phạm vi 팜 비 ㅂ:ph 엄:am 위:i

법 ⊕ fa ㉰ ho- ㉽ phap

147

법규
法规
fǎguī
파꿰이

法規 ㉿f 업:a ㉿.. 유:ui
교통 법규 交通法规 지오통파꿰이

㉜ほうき ㉿h 업:o- ⓥ pháp quy 팝 뀌 ㅂ:ph 업:ap 유:uy

법률
法律
fǎlǜ
파뤼

法律 ㉿f 업:a ㉿.. 율:ǜ ㉣..
법률 지식 法律知识 파뤼즈스

㉜ほうりつ ㉿h 업:o- ㉣ts ⓥ pháp luật 팝 루엇 ㅂ:ph 업:ap 율:uât

법정
法庭
fǎtíng
파팅

法廷 ㉿f 업:a ㉿.. 엉:ing
재판 법정 裁判法庭 차이판파팅

㉜ほうてい ㉿h 업:o- 엉:ei ⓥ pháp đình 팝 딘 ㅂ:ph 업:ap 엉:inh

법치
法治
fǎzhì
파즈

法治 ㉿f 업:a ㉿..
법치 국가 法治国家 파즈궈지아

㉜ほうち ㉿h 업:o- ⓥ pháp trị 팝 찌 ㅂ:ph 업:ap

변

㉿ bian ㉜ ben, hen ⓥ biến, biện

변동
变动
biàndòng
삔동

變動 연:ian
지각 변동 地壳变动 띠챠오삔동

㉜へんどう ㉿h ◎- ⓥ biến động 비엔 동 연:iên

변화
变化
biànhuà
삔화

變化 연:ian
사회 변화 社会变化 서훼이삔화

㉜へんか ㉿h ⑤k ⓥ biến hóa 비엔 화 연:iên

148

변론
辩论
biànlùn
볜룬

辩論 **연**:ian **온**:un
변론가 辩论家 볜룬지아

🇯 べんろん Ⓥ biện luận 비엔 루언 연:iên 온:uân

Ⓒ bie Ⓙ beth Ⓥ biet

별명
别名
biémíng
비에밍

别名 **열**:ie ㄹ.. **영**:ing
경찰의 별명 警察的别名 찡차 떠 비에밍

🇯 べつめい @ts 영:ei Ⓥ biệt danh 비엣 자잉 열:iêt 영:anh

Ⓒ bing Ⓙ hei, biyo- Ⓥ binh, bệnh

병력
兵力
bīnglì
빙리

兵力 **영**:ing **역**:i ㄱ..
병력 증강 增强兵力 쩡챵빙리

🇯 へいりょく @h 영:ei Ⓥ binh lực 빈 륵 영:inh 역:ưc

병법
兵法
bīngfǎ
빙파

兵法 **영**:ing Ⓗf **업**:a Ⓗ..
병법 연구 兵法研究 빙파옌지어우

🇯 へいほう @h 영:ei @h 업:o- Ⓥ binh pháp 빈 팝 영:inh ㅂ:ph 업:ap

병사
士兵
shìbīng
스빙

兵士 **사**:shì **영**:ing
병사 훈련 士兵训练 스빙쉰롄

🇯 へいし @h 영:ei 사:si Ⓥ binh sĩ 빈 씨 영:inh 사:sĩ

149

병원
医院
bìngyuàn
이위안

病院 **영**:ing **원**:yuan

종합 병원 综合医院 종허이위안

🅙 びょういん 영:yo- Ⓥ bệnh viện 벤 비엔 영:ênh 원:iên

➕ bao, pu, bu 🅙 ho(-), hu Ⓥ bảo, phổ , bộ

보관
保管
bǎoguǎn
바오관

保管 **오**:ao

자료 보관 保管资料 바오관 쯔랴오

🅙 ほかん ⓗh Ⓥ bảo quản 바오 꽌 오:ao

보모
保姆
bǎomǔ
바오무

保姆 **오**:ao **오**:u

가정 보모 家庭保姆 지아팅 바오무

🅙 ほぼ ⓗh ⓑb Ⓥ bảo mẫu 바오 마우 오:ao 오:âu

보수
保守
bǎoshǒu
바오서우

保守 **오**:ao **우**:ou

진보와 보수 进步和保守 진부 허 바오서우

🅙 ほしゅ ⓗh Ⓥ bảo thủ 바오 투 오:ao

보존
保存
bǎocún
바오춘

保存 **오**:ao **온**:un

자연 보존 自然保存 쯔란보아춘

🅙 ほぞん ⓗh Ⓥ bảo tồn 바오 똔 오:ao

보험
保险
bǎoxiǎn
바오셴

保險 **오**:ao ⓗx **엄**:ian

생명 보험 生命保险 성밍바오셴

🅙 ほけん ⓗh ⓚk Ⓥ bảo hiểm 바오 히엠 오:ao 엄:iêm

보호
保护
bǎohù
바오후

保護 **오**:ao **오**:u
환경 보호 环境保护 환징바오후

日 ほご ⓗh ⓖg Ⓥ bảo hộ 바오 호 오:ao

보고
报告
bàogào
바오까오

報告 **오**:ao **오**:ao
상황 보고 情况报告 칭쾅바오까오

日 ほうこく ⓗh 고:예외(koku) Ⓥ báo cáo 바오 까오 오:ao 오:ao

보답
报答
bàodá
바오따

報答 **오**:ao **압**:a ⓑ..
보답 행위 报答行为 바오따싱웨이

日 ほうとう ⓗh ⓑ- Ⓥ báo đáp 바오 답 오:ao

보급
普及
pǔjí
푸찌

普及 **오**:u ㉠j **읍**:i ⓑ..
보급률 普及率 푸찌뤼

日 ふきゅう ⓗh ⓑ- Ⓥ phổ cập 포 껍 ㅂ:ph 읍:âp

보통
普通
pǔtōng
푸통

普通 **오**:u
보통 교육 普通教育 푸통쟈오위

日 ふつう ⓗh ⓞ- Ⓥ phổ thông 포 통 ㅂ:ph

보검
宝剑
bǎojiàn
바오젠

寶劍 **오**:ao ㉠j **엄**:ian
국보급 보검 国宝级宝剑 궈바오지 바오젠

日 ほうけん ⓗh Ⓥ bảo kiếm 바오 끼엠 오:ao 엄:iêm

보물
宝物
bǎowù
바오우

寶物 **오**:ao ㉤w **울**:u ㉣..
보물 보관 宝物保管 바오우 바오관

日 たからもの 훈독 Ⓥ báo vật 바오 벗 오:ao ㅁ:v 울:ât

ㄱ ㄴ ㄷ ㅁ ㅂ ㅅ ㅇ ㅈ ㅊ ㅋ ㅌ ㅍ ㅎ

보병
步兵
bùbīng
부빙

步兵 오:u 영:ing
보병 대대 步兵大队 부빙따뒈이

🗾 ほへい ⓗh ⓗh 영:ei ✅ bộ binh 보 빈 영:inh

보약
补药
bǔyào
부야오

補藥 오:u 약:yao ㄱ..
보약의 효능 补药的效果 부야오 떠 샤오궈

🗾 ほやく ⓗh ✅ bổ dược 보 즈억 약:ược

 ⊕ fu 🗾 huku ✅ phục

복병
伏兵
fúbīng
푸빙

伏兵 ⓗf 옥:u ㄱ.. 영:ing
복병 주의 注意伏兵 주이푸빙

🗾 ふくへい ⓗh ⓗh 영:ei ✅ phục binh 푹 빈 ㅂ:ph 옥:ực 영:inh

복잡
复杂
fùzá
푸자

複雜 ⓗf 옥:u ㄱ.. 압:a ⓗ..
복잡한 상황 复杂的情况 푸자 떠 칭쾅

🗾 ふくざつ ⓗh ⓗ예외(ts) ✅ phức tạp 푹 땁 ㅂ:ph 옥:ực

복제
复制
fùzhì
푸즈

複製 ⓗf 옥:u ㄱ.. 에:i
작품복제 作品复制 쥐핀 푸즈

🗾 ふくせい ⓗh ✅ phục chế 푹 쩨 ㅂ:ph 옥:uc

복합
复合
fùhé
푸허

複合 ⓗf 옥:u ㄱ.. 압:e ⓗ..
복합 개념 复合概念 푸허까이녠

🗾 ふくごう ⓗh ⓖg 압:o- ✅ phức hợp 푹 헙 ㅂ:ph 옥:ực 압:ợp

복종
服从
fúcóng
푸총

服從 ㅂf 옥:u ㄱ..
명령 복종 服从命令 푸총밍링

日 ふくじゅう. ㅂh ㅇ- V phục tùng 푹 뚱 ㅂ:ph 옥:uc 옹:ung

본

中 ben 日 hon, (bon) V bản

본국
本国
běnguó
번궈

本國 온:en 욱:uo ㄱ..
본국 정부 本国政府 번궈정푸

日 ほんごく. ㅂh V bản quốc 반 꾸억 온:an 욱:uôc

본능
本能
běnnéng
번넝

本能 온:en 응:eng
본능 주의 本能主义 번넝주이

日 ほんのう ㅂh ㅇ- V bản năng 반 낭 온:an 응:ang

본분
本分
běnfèn
번펀

本分 온:en ㅂf 운:en
교육자의 본분 教育家的本分 쟈오위쟈 떠 번펀

日 ほんぶん ㅂh V bản phận 반 펀 온:an ㅂ:ph 운:ân

본성
本性
běnxìng
번싱

本性 온:en 엉:ing
동물 본성 动物本性 동우번싱

日 ほんしょう ㅂh 엉:yo- V bản tính 반 띤 온:an 엉:inh

본질
本质
běnzhì
번즈

本質 온:en 일:i ㄹ..
본질 연구 本质研究 번즈 옌지어우

日 ほんしつ ㅂh ㄹts V bản chất 반 쩟 온:an 일:ât

ⓒ fen ⓙ ho- ⓥ phụng, phong

봉사
奉献
fèngxiàn
펑셴

奉仕 ⓗf 옹:eng

봉사 활동 奉献活动 펑셴휘둥

ⓙ ほうし ⓗh ⓒ- 사:si ⓥ phụng sự 풍 쓰 ㅂ:ph 옹:ung 사:sự

봉양
奉养
fèngyǎng
펑양

奉養 ⓗf 옹:eng

부모 봉양 奉养父母 펑양푸무

ⓙ ほうよう. ⓗh ⓒ- 양:yo- ⓥ phụng dưỡng 풍 쯔엉 ㅂ:ph 옹:ung 양:ương

봉건
封建
fēngjiàn
펑졘

封建 ⓗf 옹:eng ⓒj 언:ian

봉건 사회 封建社会 펑졘서훼이

ⓙ ほうけん ⓗh ⓒ- ⓥ phong kiến 풍 끼엔 ㅂ:ph 언:ien

ⓒ bu, fu, fou ⓙ hu, bu, (hi) ⓥ bất, bộ, phụ

부동산
不动产
bùdòngchǎn
부동찬

不動産

부동산 등기 不动产登记 부동찬떵찌

ⓙ ふどうさん ⓗh ⓒ- ⓥ bất động sản 벗 동 산 우:â (ㄹ)t 윽:ac

부득이
不得已
bùdéyǐ
부떠이

不得已 윽:e

부득이 상황 不得已的情况 부떠이 떠 칭쾅

ⓙ 사용 안함 ⓥ bất đắc dĩ 벗 닥 지 우:â (ㄹ)t 윽:ac

154

부락
部落
bùluò
부뤄

部落 **악**:uo ㉠..
초원 부락 草原部落 차오위안 부뤄

目 ぶらく Ⓥ bộ lạc 보 락 우:o

부분
部分
bùfen
부펀

部分 Ⓑb Ⓗf **운**:en
부분 부정 部分否定 부펀퍼우띵

目 ぶぶん Ⓥ bộ phận 보 펀 우:o ㅂ:ph 운:ân

부결
否决
fǒujué
퍼우쥐에

否决 Ⓗf **우**:ou ㉠j **열**:üe ㉡..
부결권 否决权 퍼우쥐에취안

目 ひけつ Ⓗh ㉡ts Ⓥ phủ quyết 푸 꾸옛 ㅂ:ph 열:uyêt

부귀
富贵
fùguì
푸궤이

富貴 Ⓗf **위**:ui
부귀영화 荣华富贵 롱화푸궤이

目 ふうき Ⓗh Ⓥ phú quý 푸 뀌 ㅂ:ph

부근
附近
fùjìn
푸진

附近 Ⓗf ㉠j **은**:in
학교 부근 学校附近 쉬에샤오푸진

目 ふきん Ⓗh Ⓥ phụ cận 푸 껀 ㅂ:ph 은:ân

부모
父母
fùmǔ
푸무

父母 Ⓗf **오**:u
부모 형제 父母兄弟 푸무슝띠

目 ふぼ Ⓗh Ⓑb Ⓥ phụ mẫu 푸 머우 ㅂ:ph 오:âu

부합
符合
fúhé
푸허

符合 Ⓗf **압**:e Ⓗ..
부합 조건 符合条件 푸허 탸오졘

目 ふごう Ⓗh Ⓖg 압:yo- Ⓥ phù hợp 푸 헙 ㅂ:ph 압:op

ㄱ
ㄴ
ㄷ
ㅁ
ㅂ
ㅅ
ㅇ
ㅈ
ㅊ
ㅋ
ㅌ
ㅍ
ㅎ

155

북　　ⓒ bei　ⓙ huku, hok　ⓥ bắc

북극
北极
běijí
베이찌

北極 욱:ei ㉠.. ㉠j 윽:i ㉠..
북극 탐험 北极探险 베이찌 탄셴

ⓙ ほつきよく ⓒh　ⓥ Bắc Cực 박 끅 윽:ac

분　　ⓒ fen　ⓙ bun, (hun)　ⓥ phân

분류
分类
fēnlèi
펀레이

分類 ⓒf 운:en 유:ei
분류법 分类法 펀레이파

ⓙ ぶんるい　ⓥ phân loại 펀 로아이 ㅂ:ph 운:ân 유:oai

분리
分离
fēnlí
펀리

分離 ⓒf 운:en
분리 현상 分离现象 펀리셴샹

ⓙ ぶんり　ⓥ phân ly 펀 리 ㅂ:ph 운:ân

분배
分配
fēnpèi
펀페이

分配 ⓒf 운:en ⓒp 애:ei
분배 법칙 分配法则 펀페이파저

ⓙ ぶんぱい ⓒp(h) 애:ai (예외)　ⓥ phân phát 펀 팟 ㅂ:ph 운:an ㅂ:ph 애:at

분석
分析
fēnxī
펀시

分析 ⓒf 운:en ㉠..
내용 분석 内容分析 네이롱펀시

ⓙ ぶんせき　ⓥ phân tích 펀 띡 ㅂ:ph 운:ân 억:ich

분포
分布
fēnbù
펀부

分布 ⒝f 운:en 오:u
분포도 分布图 펀부투

⒥ ぶんぷ ⓐp(h)　Ⓥ phân bố 펀 보 ㅂ:ph 운:ân

분해
分解
fēnjiě
펀지에

分解 ⒝f 운:en ⓗj 애:ie(예외)
분해 작용 分解作用 펀지에줘용

⒥ ぶんかい ⓚk 애:ai (예외)　Ⓥ phân giải 펀 자이 ㅂ:ph 운:ân 해:(giải)

분화
分化
fēnhuà
펀화

分化 ⒝f 운:en
세포 분화 细胞分化 시바오 펀화

⒥ ぶんか ⓚk　Ⓥ phân hóa 펀화 ㅂ:ph 운:ân

불　　　　　　　　⊕ bu　⒥ hu　Ⓥ bất

불경
不敬
bùjìng
부징

不敬 ⒝.. ⓖj 영:ing
불경죄 不敬罪 부징줴이

⒥ ふけい 불:hu 영:ei　Ⓥ bất kính 벗 낀 울:ât 영:inh

불량
不良
bùliáng
부량

不良 ⒝..
불량 습관 不良习惯 부량시관

⒥ ふりょう 불:hu 양:yo-　Ⓥ bất lương 벗 르엉 울:ât 양:ương

불만
不满
bùmǎn
부만

不满 ⒝..
불만 표시 表示不满 뱌오스부만

⒥ ふまん 불:hu　Ⓥ bất mãn 벗 만 울:ât

157

불법
不法
bùfǎ
부파

不法 ㉥.. ㉧f 업:a ㉥..
불법 행위 不法行为 부파싱웨이

㉺ふほう 불:hu ㉧h 업:yo- Ⓥbất pháp 벗 팝- 울:ât ㅂ:ph

불변
不变
búbiàn
부볜

不變 ㉥.. 연:ian
영구 불변 永久不变 융지어우부볜

㉺ふへん 불:hu ㉧h Ⓥbất biến 벗 비엔 울:ât

불안
不安
bù'ān
부안

不安 ㉥..
불안 요소 不安因素 부안인쑤

㉺ふあん 불:hu Ⓥbất an 벗 안 울:ât

불평등
不平等
bùpíngděng
부핑덩

不平等 ㉥.. 영:ing 영:eng
불평등 조건 不平等条件 부핑덩 탸오졘

㉺ふびょうどう 불:hu ◎- ◎- Ⓥbất bình đẳng 벗 빈 당 울:ât 영:inh 응:ang

불행
不幸
búxìng
부씽

不幸 ㉥.. ㉦x 앵:ing
불행 중 다행 不幸中之万幸 부씽 중 즈 완씽

㉺ふこう 불:hu ㉦k 앵:o- Ⓥbất hạnh 벗 하잉 울:ât 앵:anh

불화
不和
bùhé
부허

不和 ㉥.. 와:e
가정 불화 家庭不和 지아팅 부허

㉺ふわ 불:hu 화:wa(예외) Ⓥbất hòa 벗 화 울:ât

불효
不孝
búxiào
부샤오

不孝 ㉥.. ㉦x 요:iao
불효자 不孝子 부샤오쯔

㉺ふこう 불:hu ㉦k Ⓥbất hiếu 벗 히에우 울:ât 요:iêu

비관
悲观
bēiguān
베이관

悲觀 **이**:ei

비관 주의 悲观主义 베이관주이

ⓙ ひかん ⓗh Ⓥ bi quan 비 꽌

비극
悲剧
bēijù
베이쮜

悲劇 **이**:ei ㉠j **윽**:ü ㉠..

비극과 희극 悲剧和喜剧 베이쮜 허 시쮜

ⓙ ひげき ⓗh Ⓥ bi kịch 비 끽 윽:ich

비참
悲惨
bēicǎn
베이찬

悲惨 **이**:ei

비참한 상황 悲惨的情况 베이찬 떠 칭쾅

ⓙ ひさん ⓗh ⓢs Ⓥ bi thảm 비 탐

비판
批判
pīpàn
피판

批判 ⓗp

자아 비판 自我批判 쯔워피판

ⓙ ひはん ⓗh ⓗh Ⓥ phê phán 페 판 ㅂ:ph 이:e

비밀
秘密
mìmì
미미

秘密 ㉣..

비밀 무기 秘密武器 미미우치

ⓙ ひみつ ⓗh ⓢts Ⓥ bí mật 비 멋 일:ât

비방
诽谤
fěibàng
페이빵

誹謗 ⓗf

상대방 비방 诽谤对方 페이빵뒈이팡

ⓙ ひぼう ⓗh 앙:o- Ⓥ phỉ báng 피 빵 ㅂ:ph

중국어

사
⊕ shi, (si, she, xie, sha, ci)
⊜ si, (shiya, sa, ji) Ⓥ sự, sĩ, tư, (xa)

사건
事件
shìjiàn
스젠

事件 **사**:shì ㉠j **언**:ian

사건 발생 事件发生 스젠파성

⊜ じけん 사:ji Ⓥ sự kiện 쓰 끼엔 사:sự 언:iên

사고
事故
shìgù
스꾸

事故 **사**:shì **우**:u

사고 처리 事故处理 스꾸추리

⊜ じこ 사:ji Ⓥ sự cố 쓰 꼬 사:sự

사기
士气
shìqì
스치

士氣 **사**:shì ㉠q

국가의 사기 国家的士气 꿔찌아 떠 스치

⊜ しき 사:si Ⓥ sĩ khí 씨 키 사:sĩ

사립
私立
sīlì
쓰리

私立 **사**:s **입**:i ⊜..

사립 대학 私立大学 쓰리따쉬에

⊜ しりつ 사:si ⊜ts Ⓥ tư lập 뜨 럽 사:tư 입:âp

사법
私法
sīfǎ
쓰파

私法 **사**:sī ⊜f **업**:a ⊜..

국제 사법 国际私法 꿔찌쓰파

⊜ しほう 사:si ⊜h 업:o- Ⓥ tư pháp 뜨 팝 사:tư ㅂ:ph 업:ap

사각
四角
sìjiǎo
쓰쟈오

四角 **사**:si ㉠j **악**:iao ㉠..
사각형 四角形 쓰쟈오씽

🇯🇵 しかく 사:si 🇻 tứ giác 뜨 작 사:tứ

사교
社交
shèjiāo
서쟈오

社交 **사**:she(예외) ㉠j **요**:iao
사교 능력 社交能力 서쟈오넝리

🇯🇵 しゃこう 사:sya 🇻 xã giao 싸 쟈오 요:iao

사회
社会
shèhuì
서훼이

社會 **사**:she(예외) **외**:uì
사회 윤리 社会伦理 서훼이룬리

🇯🇵 しゃかい 사:sya ㉢k 외:ai 🇻 xã hội 싸 호이 외:ội

사기
史记
shǐjì
스찌

史記 **사**:shǐ ㉠j
「사기 열전」《史记列传》 스찌리에쫜

🇯🇵 しき 사:si 🇻 sử ký 쓰 끼 사:sử

사단
师团
shītuán
스투안

師團 **사**:shī **안**:uan
사단장 师团长 스투안장

🇯🇵 しだん 사:si 🇻 sư đoàn 쓰 도안 사:sư 안:oan

사례
谢礼
xièlǐ
씨에리

謝禮 **사**:xie **예**:i
사례비 谢礼费 씨에리페이

🇯🇵 しゃれい 사:sya 🇻 tạ lễ 따 례 ㅅ:t 예:e

사막
沙漠
shāmò
사모

砂漠 **사**:sha **악**:o ㉠..
사막 기후 沙漠气候 사모치허우

🇯🇵 さばく ⓜb 🇻 sa mạc 싸 막

사명
使命
shǐmìng
스밍

使命 사:shǐ 영:ing

국가적 사명 国家使命 꿔지아스밍

🇯 しめい 사:si 영:ei 🇻 sứ mệnh 쓰 멩 사:sứ 영:ênh

사부
师父
shīfu
스푸

師父 사:shī 🇧f

사부 존중 尊重师父 준중스푸

🇯 しふ 사:si 🇧h 🇻 sư phụ 쓰 푸 사:sư ㅂ:ph

사상
思想
sīxiǎng
쓰샹

思想 사:s

사상가 思想家 쓰샹지아

🇯 しそう 사:si 앙:o- 🇻 tư tưởng 뜨 뜨엉 사:tư 앙:ương

사전
辞典
cídiǎn
츠뎬

辭典 사:ci 언:ian

국어 사전 国语辞典 꿔위츠뎬

🇯 じてん 사:ji 🇻 từ điển 뜨 디엔 사:từ 언:iên

사치
奢侈
shēchǐ
서츠

奢侈 사:she(예외)

사치스런 생활 奢侈的生活 서츠 떠 성훠

🇯 しゃし 사:sya 🇦s 🇻 xa xỉ 싸 씨 ㅊ:x

사형
死刑
sǐxíng
쓰싱

死刑 사:sǐ 🇭x

사형 선고 宣判死刑 쉬안판 쓰싱

🇯 しけい 사:si 🇭k 영:ei 🇻 tử hình 뜨 힌 사:tử 영:inh

 🇨 shan, chan, san 🇯 san 🇻 sơn, sản, (tan)

산수
山水
shānshuǐ
산쉐이

山水 우:ui
산수화 山水画 산쉐이화

日 さんすい V sơn thủy 썬 투이 안:ơn 우:uy

산신
山神
shānshén
산선

山神 인:en
산신 숭배 崇拜山神 충바이산선

日 さんじん V sơn thần 썬 턴 안:ơn 인:ân

산하
山河
shānhé
산허

山河 야:e
산하 유람 游览山河 유란산허

日 さんが ⑤g V sơn hà 썬 하 안:ơn

산물
产物
wùchǎn
우찬

産物 ⑩w 울:u ㉥..
경제적 산물 经济产物 찡지우찬

日 さんぶつ ⑥b ㉣ts V sản vật 싼 벗 ㅁ:v 울:ât

산출
产出
chǎnchū
찬추

産出 울:u ㉥..
산출 규모 产出规模 찬추궤이모

日 さんしゆつ ㉮s ㉣ts V sản xuất 싼 쑤엇 ㅊ:x 울:uât

산만
散漫
sǎnmàn
산만

散漫
산만한 성격 散漫的性格 산만 떠 싱꺼

日 さんまん V tản mạn 딴 만 ㅅ:t

 ⊕ sha 日 sats, sath V sát

163

살균
杀菌
shājūn
사쥔

殺菌 **알**:a ㄹ.. ㄱj 윤:un
살균제 杀菌剂 사쥔찌

🇯 さっきん ⓔts Ⓥ sát khuẩn 쌋 쿠언 알:at 윤:uân

살생
杀生
shāshēng
사성

殺生 **알**:a ㄹ.. 앵:eng
살생 금지 禁止杀生 찐즈사성

🇯 せっしょう ⓔts 앵:yo- Ⓥ sát sinh 쌋 씬 알:at 앵:inh

살인
杀人
shārén
사런

殺人 **알**:a ㄹ.. 인:ren
살인 동기 杀人动机 사런똥지

🇯 さつじん ⓔts Ⓥ sát nhân 쌋 년 알:at 인:nhân

살충
杀虫
shāchóng
사충

殺蟲 **알**:a ㄹ.. 웅:ong
살충 작용 杀虫作用 사충줘융

🇯 さっちゅう ⓔts ⓞ- Ⓥ sát trùng 쌋 중 알:at

살해
杀害
shāhài
사하이

殺害 **알**:a ㄹ.. 애:ai
살해 현장 杀害现场 사하이셴창

🇯 さつがい ⓔts ⓖg 애:ai Ⓥ sát hại 쌋 하이 알:at 애:ại

삼 ⊕ san ⓔ san Ⓥ tam

삼각
三角
sānjiǎo
산쟈오

三角 ㄱj **악**:iao ㄱ..
삼각 구조 三角构造 산쟈오꺼우자오

🇯 さんかく Ⓥ tam giác 땀 작 ㅅ:t 가:giá

삼국지
三国志
Sān Guó Zhì
싼꿔즈

三國志 욱:uo ㉠..

「삼국지」소설 小说《三国志》 샤오쉬 싼꿔즈

🇯 さんごく 🇻 tam quốc chí ㅅ:t 욱:uôc

⊕ shàng, xiang, chang, shuang
🇯 jiyo-, siyo-, so- 🇻 thượng, tương

상고
上古
shànggǔ
상꾸

上古 오:u

상고 역사 上古历史 상꾸리스

🇯 じょうこ 앙:yo- 🇻 thượng cổ 트엉 꼬 ㅅ:th 앙:ương

상류
上流
shàngliú
상리어우

上流

상류 사회 上流社会 상리어우서훼이

🇯 じょうりゅう 앙:yo- 🇻 thượng lưu 트엉 류 ㅅ:th 앙:ương

상원
上院
shàngyuàn
상위안

上院 원:yuan

상원 의원 上院议员 상위안 이위안

🇯 じょういん 앙:yo- 🇻 thượng viện 트엉 비엔 ㅅ:th 앙:ương

상책
上策
shàngcè
상처

上策 액:e ㉠..

상책 전략 上策战略 상처잔뤼에

🇯 じょうさく 앙:yo- ㉠s 액:aku
🇻 thượng sách 트엉 싸익 ㅅ:th 앙:ương ㅊ:s

상업
商业
shāngyè
상이에

商業 업:ye ㉯..

상업 활동 商业活动 상이에훠동

🇯 しょうぎょう 앙:yo- 업:yo-
🇻 thương nghiệp 트엉 응이엡 ㅅ:th 앙:ương 업:nghiêp

㉠ ㉡ ㉢ ㉤ ㅂ ㅅ ㅇ ㅈ ㅊ ㅋ ㅌ ㅍ ㅎ

165

상인
商人
shāngrén
상런

商人 인:ren

상인 협회 商人协会 상런시에훼이

🇯🇵 しょうにん 앙:yo- 🇻 thương nhân 트엉 년 ㅅ:th 앙:ương 인:nhân

상관
相关
xiāngguān
샹관

相關

상관성 相关性 샹관씽

🇯🇵 そうかん 앙:yo- 🇻 tương quan 뜨엉 꽌 ㅅ:t 앙:ương

상상
想象
xiǎngxiàng
샹샹

想像

상상력 想象力 샹샹리

🇯🇵 そうぞう 앙:yo- 앙:yo-
🇻 tưởng tượng 뜨엉 뜨엉 ㅅ:t 앙:ương 앙:ượng

상주
常驻
chángzhù
창주

常駐

상주 조건 常驻条件 창주탸오졘

🇯🇵 じょうちゅう 앙:yo- 🇻 thường trú 트엉 주 ㅅ:th 앙:ương

상쾌
爽快
shuǎngkuai
솽콰이

爽快 앙:uang 왜:uai

상쾌한 심정 爽快的心情 솽콰이 떠 신칭

🇯🇵 そうかい 앙:o- 왜:ai 🇻 sảng khoái 상 콰이 애:ái

상호
相互
xiānghù
샹후

相互 오:u

상호 작용 相互作用 샹후줘융

🇯🇵 そうご 앙:o- ⓖg 🇻 tương hỗ 뜨엉 호 ㅅ:t 앙:ường

🈁 sheng 🇯🇵 sei 🇻 sinh

166

생리
生理
shēnglǐ
성리

生理 앵:eng
생리 현상 生理现象 성리셴샹

日 せいり 앵:ei ⓥ sinh lý 씬 리 앵:inh

생명
生命
shēngmìng
성밍

生命 앵:eng 영:ing
생명 과학 生命科学 성밍커쉬에

日 せいめい 앵:ei ⓥ sinh mạng 신 망 앵:inh 영:ang

생물
生物
shēngwù
성우

生物 앵:eng ⓜw 울:u ㄹ..
생물 분류 生物分类 성우펀레이

日 せいぶつ 앵:ei ⓑb ⓔts ⓥ sinh vật 신 벗 앵:inh ㅁ:v 울:ât

생사
生死
shēngsǐ
성쓰

生死 앵:eng 사:si
생사 고락 生死与共 성쓰위공

日 せいし 앵:ei 사:si ⓥ sinh tử 신 뜨 앵:inh 사:tử

생일
生日
shēngrì
성르

生日 앵:eng 일:i ㄹ..
생일 축하 祝贺生日 주허성르

日 せいじつ、いくひ 앵:ei ⓔts ⓥ sinh nhật 신 녓 앵:inh 일:nhât

생활
生活
shēnghuó
성훠

生活 앵:eng 왈:uo ㄹ..
생활 용품 生活用品 성훠용핀

日 せいかつ 앵:ei ⓗk ⓔts ⓥ sinh hoạt 씬 홧 앵:inh 왈:oat

석
⊕ shi, shuo ⊕ seth, seki ⓥ thach, thac

석고
石膏
shígāo
스까오

石膏 **억**:i ㉠.. **오**:ao
석고 봉대 石膏绷带 스까오벙따이

🗾 せつこう Ⓥ thạch cao 타익 까오 ㅅ:th 억:ach 오:ao

석사
硕士
shuòshì
쉬스

修士 **억**:uo **사**:shì
석사 과정 硕士课程 쉬스 커청

🗾 しゆうし 사:si Ⓥ thạc sĩ 탁 씨 ㅅ:th 억:ach 사:sĩ

 ⊕ xian, xuan, shan, chuan Ⓔ sen, jen Ⓥ tiên, tuyển

선견
先见
xiānjiàn
셴졘

先見 **언**:ian ㉠j **연**:ian
선견 지명 先见之明 셴졘즈밍

🗾 せんけん Ⓥ tiên kiến 띠엔 끼엔 ㅅ:t 언:iên

선봉
先锋
xiānfēng
셴펑

先鋒 **언**:ian Ⓗf **옹**:eng
선봉 대원 先锋队员 셴펑뒈이위안

🗾 せんぽう Ⓥ tiền phong 띠엔 퐁 ㅅ:t 언:iên ㅂ:ph

선진
先进
xiānjìn
셴진

先進 **언**:ian
선진 국가 先进国家 셴진꿔지아

🗾 せんしん Ⓥ tiên tiến 띠엔 띠엔 ㅅ:t 언:iên 인:iên

선고
宣告
xuāngào
쉬안까오

宣告 **언**:üan **오**:ao
선고 내용 宣告内容 쉬안까오네이룽

🗾 せんこく 고:koku(예외) Ⓥ tuyên cáo 뚜엔 까오 ㅅ:t 언:uyên 오:ao

168

선교
传教
chuánjiào
추안쟈오

宣教 **언**:uan ㈀j 요:iao
선교사 传教士 추안쟈오스

㈰せんきょう Ⓥtuyên giáo 뚜엔 자오 ㅅ:t 언:uyên 요:ao

선서
宣誓
xuānshì
쉬안스

宣誓 **언**:üan **어**:i
결혼 선서 结婚宣誓 지에훈쉬안스

㈰せんせい Ⓥtuyên thệ 뚜엔 테 ㅅ:t 언:uyên 어:ê

선양
宣扬
xuānyáng
쉬안양

宣揚 **언**:üan
국위 선양 宣扬国威 쉬안양궈웨이

㈰せんよう 양:yo Ⓥtuyên dương 뚜엔 즈엉 ㅅ:t 언:uyen 양:ương

선전
宣传
xuānchuán
쉬안추안

宣傳 **언**:üan **언**:uan
선전 정책 政策宣传 정처쉬안추안

㈰せんでん Ⓥtuyên truyên 뚜엔 주엔 ㅅ:t 언:uyên 언:uyên

선포
宣布
xuānbù
쉬안뿌

宣布 **언**:üan **오**:u
휴전 선포 宣布停战 쉬안뿌팅잔

㈰せんぷ Ⓥtuyên bố 뚜엔 보 ㅅ:t 언:uyên

선거
选举
xuǎnjǔ
쉬안쥐

選擧 **언**:üan ㈀j **어**:ü
선거권 选举权 쉬안쥐취안

㈰せんきょ Ⓥtuyển cử 뚜엔 끄 ㅅ:t 언:uyên 어:ư

선수
选手
xuǎnshǒu
쉬안서우

選手 **언**:üan **우**:ou
국가 선수 国家选手 꿔지아 쉬안서우

㈰せんしゅ Ⓥtuyển thủ 뚜엔 투 ㅅ:t 언:uyên

선악
善恶
shàn'è
산어

善惡 **언**:an **악**:e ㄱ..
선악관 善恶观 산어관

🔵 ぜんあく 🟢 thiện ác 티엔 악 ㅅ:th 언:iên

선의
善意
shànyì
산이

善意 **언**:an **의**:yi
선의 표시 善意表示 산이뱌오스

🔵 ぜんい 🟢 thiện ý 티엔 이 ㅅ:th 언:iên 의:y

선녀
仙女
xiānnǚ
셴뉘

仙女 **언**:ian **여**:ü
선녀 전설 仙女传说 셴뉘추안쉬

🔵 せんにょ、せんじょ 🟢 tiên nữ 띠엔 느 ㅅ:t 언:iên 여:ư

선장
船长
chuánzhǎng
추안장

船長 **언**:uan
선장실 船长室 추안장스

🔵 せんちょう 앙:yo- 🟢 thuyền trưởng 투엔 즈엉 ㅅ:th 언:uyên 앙:ương

설 ㊥ she, shuo ㊐ seth 🟢 thiết, thuyết

설계
设计
shèjì
서찌

設計 **얼**:e ㄹ.. ㄱj **예**:i
건축 설계 建筑设计 젠주서찌

🔵 せつけい ㊐ts 🟢 thiết kế 티엣 께 ㅅ:th 얼:iêt 예:ê

설교
说教
shuōjiào
쉬쟈오

說教 **얼**:uo ㄹ.. **요**:iao
설교 내용 说教内容 쉬쟈오네이롱

🔵 せつきょう ㊐ts 🟢 thuyết giáo 투엣 자오 ㅅ:th 얼:uyêt ㄱ:gi 요:ao

설립
设立
shèlì
서리

設立 얼:e ㄹ.. 입:i ㅂ..
설립 조건 设立条件 서리탸오졘

🇯 せつりつ ⓔts ⓗts(예외) 🇻 thiết lập 티엣 럽 ㅅ:th 얼:iêt 입:âp

설비
设备
shèbèi
서베이

設備 얼:e ㄹ.. 이:ei
설비 투자 设备投资 서베이터우쯔

🇯 せつび ⓔ.. 🇻 thiết bị 티엣 비 ㅅ:th 얼:iêt

성 ⊕ sheng, cheng, xing 🇯 sei, (jiyo-) 🇻 thành, tính

성공
成功
chénggōng
청공

成功
성공률 成功率 청공뤼

🇯 せいこう 엉:ei ◎- 🇻 thành công 타잉 꽁 ㅅ:th 엉:anh

성과
成果
chéngguǒ
청궈

成果 와:uo
연구의 성과 研究成果 옌지어우청궈

🇯 せいか 엉:ei 🇻 thành quả 타잉 꽈 ㅅ:th 엉:anh

성년
成年
chéngnián
청녠

成年 연:ian
성년 의식 成年意识 청녠이스

🇯 せいねん 엉:ei 🇻 thành niên 타잉 니엔 ㅅ:th 엉:anh 연:iên

성립
成立
chénglì
청리

成立 입:i ㅂ..
성립 조건 成立条件 청리탸오졘

🇯 せいりつ 엉:ei ⓔts(예외) 🇻 thành lập 타잉 럽 ㅅ:th 엉:anh 입:âp

성분
成分
chéngfèn
청펀

成分 Ⓗf 운:en
성분 분석 成分分析 청펀펀시

Ⓙせいぶん 엉:ei Ⓥthành phần 타잉 펀 ㅅ:th 엉:anh 운:ân

성숙
成熟
chéngshú
청수

成熟 욱:u ㄱ..
성숙한 자세 成熟的姿态 청수 떠 쯔타이

Ⓙせいじゅく 엉:ei Ⓥthành thục 타잉 툭 ㅅ:th 엉:anh

성원
成员
chéngyuán
청위안

成員 원:yuan
성원국 成员国 청위안꿔

Ⓙせいいん 엉:ei Ⓥthành viên 타잉 비엔 ㅅ:th 엉:anh 원:iên

성적
成绩
chéngjì
청찌

成績 억:i ㄱ..
성적표 成绩单 청찌딴

Ⓙせいせき 엉:ei Ⓥthành tích 타잉 띡 ㅅ:th 엉:anh 억:ich

성패
成败
chéngbài
청바이

成敗 Ⓟb 애:ai
성패 여부 成败与否 청바이위퍼우

Ⓙせいばい 엉:ei 애:ai Ⓥthành bại 타잉 바이 ㅅ:th 엉:anh 애:ai

성혼
成婚
chénghūn
청훈

成婚 온:un
성혼 선언 成婚宣言 청훈쉬안옌

Ⓙせいこん 엉:ei Ⓗk Ⓥthành hôn 타잉 혼 ㅅ:th 엉:anh

성경
圣经
shèngjīng
성찡

聖經 Ⓖj 영:ing
「구약 성경」《旧约圣经》 지어우위에성찡

Ⓙせいきょう 엉:ei 영:よう- Ⓥthánh kinh 타잉 낀 ㅅ:th 엉:anh 영:inh

성모
圣母
shèngmǔ
성무

聖母 오:u
성모상 圣母像 성무샹

日 せいぼ 엉:ei ⓜb Ⓥ thánh mẫu 타잉 머우 ㅅ:th 엉:anh 오:âu

성인
圣人
shèngrén
성런

聖人 인:ren
성인 군자 圣人君子 성런쥔쯔

日 せいじん 엉:ei Ⓥ thánh nhân 타잉 년 ㅅ:th 엉:anh 인:nhân

성실
诚实
chéngshí
청스

誠實 일:i ⓔ..
성실한 태도 诚实的态度 청스 떠 타이뚜

日 せいじつ 엉:ei ⓜts Ⓥ thành thật 타잉 텃 ㅅ:th 엉:anh 일:ât

성심
诚心
chéngxīn
청신

誠心
성심 성의 诚心诚意 청신청이

日 せいしん 엉:ei Ⓥ thành tâm 타잉 떰 ㅅ:th 엉:anh 임:âm

성의
诚意
chéngyì
청이

誠意 의:yi
성의 표시 诚意表示 청이뱌오스

日 せいい 엉:ei Ⓥ thành ý 타잉 이 ㅅ:th 엉:anh

성격
性格
xìnggé
씽꺼

性格 역:e ㄱ..
성격 유형 性格类型 씽꺼레이싱

日 せいかく 엉:ei Ⓥ tính cách 띤 까익 ㅅ:th 엉:inh 역:ach

성악
声乐
shēngyuè
성위에

聲樂 악:yue ㄱ..
성악과 声乐系 성위에시

日 せいがく 엉:ei Ⓥ thanh nhạc 타잉 낙 ㅅ:th 엉:anh 악:nhac

⊕ shi, shui ⑤ sei, jei, (se) Ⓥ thế, thuế

세계
世界
shìjiè
스지에

世界 에:i ㉠j 예:ie

세계 기록 世界纪录 스지에찌루

⑤ せかい 에:ei 예:ei Ⓥ thế giới 테 저이 ㅅ:th ㄱ:gi 예:ơi

세기
世纪
shìjì
스찌

世紀 에:i ㉠j

21 세기 21世纪 얼스이 스찌

⑤ せいき 에:ei Ⓥ thế kỷ 테 끼 ㅅ:th

세관
海关
hǎiguān
하이관

稅關 애:ai

세관 신고서 海关申报单 하이관선바오단

⑤ ぜいかん 에:ei Ⓥ thuế quan 투에 꽌 ㅅ:th 에:uê

세무
税务
shuìwù
쉐이우

稅務 에:ui Ⓓw

세무 조사 税务调查 쉐이우땨오차

⑤ ぜいむ Ⓥ thuế vụ 투에 부 ㅅ:th 에:uê ㅁ:v

세력
势力
shìlì
스리

勢力 에:i ㉠..

민주 세력 民主势力 민주스리

⑤ せいりよく 에:ei Ⓥ thế lực 테 륵 ㅅ:th 역:ực

 ⊕ shao, xiao, su, suo ⑤ shiyo(-), (so) Ⓥ thiếu, tiểu

소녀
少女
shàonǚ
사오뉘

少女 **오**:ao **여**:ü

소녀 시대 少女时代 사오뉘스다이

🗾 しょうじょ **Ⓥ** thiếu nữ 티에우 느 ㅆ:th 여:ư

소년
少年
shàonián
사오녠

少年 **오**:ao **연**:ian

소년 단체 少年团体 사오녠투안티

🗾 しょうねん **Ⓥ** thiếu niên 티에우 니엔 ㅆ:th 오:iêu 연:iên

소수
少数
shǎoshù
사오수

少數 **오**:ao

소수 민족 少数民族 사오수민쭈

🗾 しょうすう **Ⓥ** thiểu số 트에우 쏘 ㅆ:th 오:iêu

소설
小说
xiǎoshuō
샤오쉬

小說 **오**:iao **얼**:uo **ㄹ**..

소설가 小说家 샤오쉬지아

🗾 しょうせつ @ts **Ⓥ** tiểu thuyết 띠에우 투엣 ㅆ:t 오:ieu 얼:uyêt

소인
小人
xiǎorén
샤오런

小人 **오**:iao **인**:ren

군자와 소인 君子和小人 쥔쯔 허 샤오런

🗾 こびと、しょうじん **Ⓥ** tiểu nhân 띠에우 년 ㅆ:t 오:iêu 인:nhân

소극
消极
xiāojí
샤오찌

消極 **오**:iao **윽**:i **ㄱ**j

소극적 태도 消极的态度 샤오찌 떠 타이뚜

🗾 しょうきょく **Ⓥ** tiêu cực 띠에우 끅 ㅆ:t 오:iêu

소화
消化
xiāohuà
샤오화

消化 **오**:iao

소화 기관 消化器官 샤오화치관

🗾 しょうか ⑥k **Ⓥ** tiêu hóa 띠에우 화 ㅆ:t 오:iêu ·

소송
诉讼
sùsòng
쑤쏭

訴訟 소:u
소송 비용 诉讼费用 쑤쏭페이용

日 そしょう ◎yo- V tố tụng 또 뚱 ㅅ:t ㅅ:t

소유
所有
suǒyǒu
쒀여우

所有 오:uo 유:you
소유권 所有权 쒀여우취안

日 しょゆう V sở hữu 써 휴

⊕ su 日 soku, joku V tốc, tục

속도
速度
sùdù
쑤뚜

速度 옥:u ㄱ..
속도 제한 速度受限 쑤뚜서우셴

日 そくど V tốc độ 똑 도 ㅅ:t

속어
俗语
súyǔ
쑤위

俗語 옥:u ㄱ.. 어:ü
속어 사전 俗语词典 쑤위츠뗴

日 ぞくご V tục ngữ 똑 응으 ㅅ:t 어:ngư

⊕ sun 日 son V ton

손실
损失
sǔnshī
쑨스

損失 온:un 일:i ㄹ..
국가적 손실 国家损失 꿔지아쑨스

日 そんしつ @ts V tổn thất 똔 텃 ㅅ:t 일:ât

손해
损害
sǔnhài
쑨하이

損害 온:un 애:ai

손해 배상 损害赔偿 쑨하이페이창

🔵 そんがい ⓖg 애:ai 🔵 tổn hại 똔 하이 ㅅ:t 애:ai

⊕ song 🔵 so- 🔵 tong

송구영신
辞旧迎新
cíjiùyíngxīn
츠지어우잉신

送舊迎新 ⓙj 영:ing

송구 영신 辞旧迎新 츠지어우잉신

🔵 사용 안함 🔵 tống cựu nghênh tân 똥 끄우 응엔 떤 ㅅ:t 영:nghênh 인:ân

⊕ shui, shou, xiu, shu
🔵 sui, shu-, su-, jiyu 🔵 thủy, thu, tu

수력
水力
shuǐlì
쉐이리

水力 우:ui 역:i ⓖ..

수력 발전 水力发电 쉐이리파뗸

🔵 すいりよく 🔵 thủy lực 투이 륵 ㅅ:th 역:ức

수산
水产
shuǐchǎn
쉐이찬

水産 우:ui

농수산업 农水产业 농쉐이찬이에

🔵 すいさん 🔵 thủy sản 투이 싼 ㅅ:th 우:uy

수압
水压
shuǐyā
쉐이야

水壓 우:ui

수압 조절 水压调节 쉐이야탸오지에

🔵 すいあつ 압:ats 🔵 thủy áp 투이 압 ㅅ:th 우:uy

177

수은
水银
shuǐyín
쉐이인

水銀 우:ui 은:in

수은 중독 水银中毒 쉐이인중뚜

日 すいぎん V thùy ngân 투이 응언 ㅅ:th 우:uy 은:ngân

수정
水晶
shuǐjīng
쉐이찡

水晶 우:ui 엉:ing

수정 가공 水晶加工 쉐이찡쟈공

日 すいしょう 엉:yo- V thùy tinh 투이 띤 ㅅ:th 우:uy 엉:inh

수지
收支
shōuzhī
서우즈

收支 우:ou

수지 균형 收支平衡 서우즈핑형

日 しゅうし V thu chi 투 찌 ㅅ:th

수집
收集
shōují
서우찌

收集 우:ou 입:i 日..

자료 수집 收集资料 서우찌쯔랴오

日 しゅうしゆう 입:yu- V thu thập 투 텁 ㅅ:th 입:âp

수확
收获
shōuhuò
서우훠

收穫 우:ou 왁:uo ㄱ..

수확기 收获期 서우훠치

日 しゅうかく ㉿k V thu hoạch 투 화익 ㅅ:th 왁:oach

수도
首都
shǒudū
서우두

首都 우:ou 오:u

국가 수도 国家首都 꿔지아서우두

日 しゅと V thủ đô 투 도 ㅅ:th

수상
首相
shǒuxiàng
서우샹

首相 우:ou 앙:ang

일본 수상 日本首相 르번서우샹

日 しゅしょう 앙:yo- V thủ tướng 투 뜨엉 ㅅ:th ㅅ:t 앙:ương

178

수신
修身
xiūshēn
시어우선

修身 우:iu 인:en

수신 제가 修身齐家 시어우선치지아

🔵しゅうしん Ⓥtu thân 뚜 턴 ㅅ:t ㅅ:t 인:ân

수양
修养
xiūyǎng
시어우양

修養 우:iu

수양 교육 修养教育 시어우양쟈오위

🔵しゅうよう 양:yo- Ⓥtu dưỡng 뚜 즈엉 ㅅ:t 양:ương

수동
手动
shǒudòng
서우동

手動 우:ou

수동 변속기 手动挡 서우동땅

🔵しゅどう ◎o- Ⓥthụ động 투 동 ㅅ:th

수법
手法
shǒufǎ
서우파

手法 우:ou Ⓑf 업:a Ⓑ..

표현 수법 表现手法 뱌오셴서우파

🔵しゅほう ◎h 업:o- Ⓥthù pháp 투 팝 ㅅ:th ㅂ:ph

수량
数量
shùliàng
수량

數量

제품 수량 产品数量 찬핀수량

🔵すうりょう 양:yo- Ⓥsố lượng 쏘 르엉 양:ương

수정
授精
shòujīng
서우찡

受精 우:ou

인공 수정 人工授精 런공서우찡

🔵じゅせい 엉:ei Ⓥthụ tinh 투 띤 ㅅ:th

 ⊕ chun, xun, shun 🔵 jiyun Ⓥ thanh, tuần

179

순결
纯洁
chúnjié
춘지에

純潔 ㉠j 열:ie ㉢..
순결과 정의 纯洁和正义 춘지에 허 정이

🗾 じゅんけつ ㉩ts Ⓥ thanh khiết 타잉 키엣 ㅅ:th 운:anh 열:iêt

순경
巡警
xúnjǐng
쉰징

巡警 ㉠j 영:ing
교통 순경 交通巡警 쟈오통쉰징

🗾 じゅんけい 영:ei Ⓥ tuần cảnh 뚜언 까잉 ㅅ:t 운:uân 영:anh

순서
顺序
shùnxù
순쉬

順序 어:ü
상속 순서 继承顺序 찌청순쉬

🗾 じゅんじょ Ⓥ tuần tự 뚜언 뜨 ㅅ:t 운:uân ㅅ:t 어:ư

순환
循环
xúnhuán
쉰환

循環
혈액 순환 血液循环 쉬에이에쉰환

🗾 じゅんかん ㉝k Ⓥ tuần hoàn 뚜언 환 ㅅ:t 운:uân

㊉ chong 🗾 su- Ⓥ sung

숭배
崇拜
chóngbài
충바이

崇拜 웅:ong 애:ai
숭배 심리 崇拜心理 충바이신리

🗾 すうはい ㊀o- ㊁h 애:ai Ⓥ sùng bái 쑹 바이 애:ái

습
㊉ xi 🗾 shu- Ⓥ tâp

습관
习惯
xíguàn
씨꽌

習慣 읍:i ⓗ..
생활 습관 生活习惯 성훠씨꽌

ⓙ しゅうかん 읍:yu- ⓥ tập quán 떱 꽌 ㅅt 읍:âp

ⓒ sheng ⓙ siyo- ⓥ thăng

승리
胜利
shènglì
성리

勝利 응:eng
전쟁 승리 战争胜利 잔정성리

ⓙ しょうり 응:yo- ⓥ thắng lợi 탕 러이 ㅅ:th 응:ang 이:ơi

승패
胜败
shèngbài
성바이

勝敗 응:eng ⓟb 애:ai
승패 분명 胜败分明 성바이펀밍

ⓙ しょうはい 엉:yo- ⓟh 애:ai ⓥ thắng bại 탕 바이 ㅅ:th 응:ang 애:ại

ⓒ shi ⓙ si, ji, je ⓥ thời, thị

시간
时间
shíjiān
스젠

時間 ⓖj 안:ian
황금 시간 黄金时间 황진스젠

ⓙ じかん ⓥ thời gian 터이 쟌 ㅅ:th 이:ơi ㄱ:gi

시국
时局
shíjú
스쮜

時局 ⓖj 욱:ü ⓖ..
시국 판단 时局判断 스쮜판뒤안

ⓙ じきよく ⓥ thời cục 터이 꾹 ㅅ:th 이:ơi

시기
时期
shíqī
스치

時期 ㉠q
중요 시기 重要时期 중야오스치

🇯 じき 🇻 thời kỳ 터이 끼 ㅅ:th 이:ơi

시대
时代
shídài
스따이

時代 애:ai
청춘 시대 青春时代 칭춘스따이

🇯 じだい 애:ai 🇻 thời đại 터이 다이 ㅅ:th 이:ơi 애:ại

시사
时事
shíshì
스스

時事 사:shì
시사 문제 时事问题 스스원티

🇯 じじ 사:ji 🇻 thời sự 터이 쓰 ㅅ:th 이:ơi 사:sư

시민
市民
shìmín
스민

市民
시민 의식 市民意识 스민이스

🇯 しみん 🇻 thị dân 티 전 ㅅ:th 인:ân

시장
市长
shìzhǎng
스장

市長
시장 선거 市长选举 스장쉬안쮜

🇯 しちょう 앙:yo- 🇻 thị trưởng 티 즈엉 ㅅ:th 앙:ương

시장
市场
shìchǎng
스창

市場
증권시장 证券市场 정취안스창

🇯 いちば 🇻 thị trường 티 즈엉 ㅅ:th 앙:ương

시력
视力
shìlì
스리

視力 역:i ㉠..
시력 검사 视力检查 스리졘차

🇯 しりよく 🇻 thị lực 티 륵 ㅅ:th 역:ức

시찰
視察
shìchá
스차

視察 **알**:a ㄹ..
시찰단 視察团 스차투안

🔵 しさつ ⓢs ⓣts 🆅 thị sát 티 쌋 ㅅ:th ㅊ:s 알:at

시비
是非
shìfēi
스페이

是非 ⓗf **이**:ei
시비지심 是非之心 스페이즈신

🔵 ぜひ ⓗh 🆅 thị phi 티 피 ㅅ:th ㅂ:ph

시위
示威
shìwēi
스웨이

示威 **위**:ei
민중 시위 民众示威 민중스웨이

🔵 じい 🆅 thị uy 티 위 ㅅ:th 위:uy

시체
尸体
shītǐ
스티

屍體 **에**:i
시체 처리 尸体处理 스티추리

🔵 したい 에:ai 🆅 thi thể 티 테 ㅅ:th

시행
施行
shīxíng
스씽

施行 ⓗx **앵**:ing
시행령 施行令 스씽링

🔵 しこう ⓗk 앵:o- 🆅 thi hành 티 하잉 ㅅ:소 앵:anh

식

ⓒ zhi, shi ⓙ siyoku 🆅 thực

식물
植物
zhíwù
즈우

植物 ㄱ.. ⓦw **울**:u ㄹ..
식물학 植物学 즈우쉬에

🔵 しょくぶつ ⓑb ⓣts 🆅 thực vật 특 벗 ㅅ:th 익:ức ㅁ:v 울:ât

식품
食品
shípǐn
스핀

食品 ㄱ.. 움:in
식품 관리　食品管理　스핀관리

🇯 しょくひん ⓐh 🇻 thực phẩm 특 펌 ㅅ:th 익:ưc 움:âm

⊕ xin, shen　🇯 sin　🇻 thần, tín, tân

신경
神经
shénjīng
선찡

神經 인:en ㄱj 영:ing
신경 세포　神经细胞　선찡시바오

🇯 しんけい 영:ei 🇻 thần kinh 턴 낀 ㅅ:th 인:ân 영:inh

신기
神奇
shénqí
선치

神奇 인:en
신기한 사건　神奇的事件　선치 떠 스졘

🇯 しんき 🇻 thần kỳ 턴 끼 ㅅ:th 인:ân

신비
神秘
shénmì
선미

神秘 인:en ⊞m
신비한 세계　神秘的世界　선미 떠 스지에

🇯 しんぴ ⓐp(h) 🇻 thần bí 턴 비 ㅅ:th 인:ân

신약
神药
shényào
선야오

神藥 인:en 약:yao ㄱ..
신약의 효과　神药效果　선야오 샤오궈

🇯 しんやく 🇻 thần dược 턴 즈억 ㅅ:th 인:ân 약:ư c

신학
神学
shénxué
선쉬에

神學 인:en ㅎx 악:üe ㄱ..
신학 연구　神学研究　선쉬에엔지어우

🇯 しんがく ⓐg 🇻 thần học 턴 혁 ㅅ:th 인:ân 악:oc

신념
信念
xìnniàn
신녠

信念　염:ian
정치적 신념　政治信念　정즈신녠

🔢 しんねん ⓥ tín nhiệm 띤 니엠 ㅅ:t 염:iêm

신앙
信仰
xìnyǎng
신양

信仰　앙:yang
신앙의 자유　信仰自由　신양쯔여우

🔢 しんこう 앙:o- ⓥ tín ngưỡng 띤 응으엉 ㅅ:t 앙:ngưỡng

신용
信用
xìnyòng
신용

信用
신용 카드　信用卡　신용카

🔢 しんよう ◎o- ⓥ tín dụng 띤 융 ㅅ:t 용:dung

신호
信号
xìnhào
신하오

信號　오:ao
신호등　信号灯　신하오덩

🔢 しんごう ◎g ⓥ tín hiệu 띤 히에우 ㅅ:t 오:iêu

신병
新兵
xīnbīng
신빙

新兵　영:ing
신병 분포　新兵分布　신빙펀부

🔢 しんぺい ◎p(h) 영:ei ⓥ tân binh 떤 빈 ㅅ:t 인:ân 영:inh

신세계
新世界
xīnshìjiè
신스지에

新世界　에:i ⓖj 예:ie
신세계 백화점　新世界百货店　신스지에 바이훠뎬

🔢 しんせかい 예:ai ⓥ tân thế giới 떤 테 저이 ㅅ:t 인:ân ㅅ:t 예:oi

신혼
新婚
xīnhūn
신훈

新婚　온:un
신혼 생활　新婚生活　신훈성훠

🔢 しんこん ◎k ⓥ tân hôn 떤 혼 ㅅ:t 인:ân

185

신분
身份
shēnfen
선펀

身分 ㈰f 운:en
고귀한 신분 身份高贵 선펀까오꿰이

㈰ みぶん Ⓥ thân phận 턴 펀 ㅅ:th 인:ân ㅂ:ph 운:ân

신체
身体
shēntǐ
선티

身體 인:en 에:i
신체 조건 身体条件 선티탸오젠

㈰ からだ、しんたい Ⓥ thân thể 턴 테 ㅅ:th 인:ân ㅊ:th

신중
慎重
shènzhòng
선중

愼重 인:en 웅:ong
신중한 태도 愼重的态度 선중 떠 타이뚜

㈰ しんちょう 웅:yo- Ⓥ thận trọng 턴 종 ㅅ:th 인:ân 웅:ong

실 ⊕ shi ㈰ jith, sith Ⓥ thực, thất

실가
实价
shíjià
스지아

實價 일:i ㄹ.. ㈀j 아:ia
실가 조사 实价调查 스지아 탸오차

㈰ じつか ⓣts Ⓥ thực giá 특 쟈 ㅅ:th 일:(ực) 가:giá

실력
实力
shílì
스리

實力 일:i ㄹ.. 역:i ㄱ..
경제 실력 经济实力 찡지스리

㈰ じつりよく ⓣts Ⓥ thực lực 특 륵 ㅅ:th 일:(ực) 역:ực

실습
实习
shíxí
스씨

實習 일:i ㄹ.. 읍:i ㅂ..
실습 시간 实习时间 스씨스젠

㈰ じつしゆう ⓣts 읍:yu- Ⓥ thực tập 특 떱 ㅅ:th 일:(ực) 읍:ập

실시
实施
shíshī
스스

實施 **일**:i **ㄹ**..
정책 실시 政策实施 정처스스

日 じっし @ts **V** thực thi 특 티 ㅅ:th 일:(ực)

실제
实际
shíjì
스찌

實際 **일**:i **ㄹ**.. **에**:i
이론과 실제 理论和实际 리룬 허 스찌

日 じっさい @ts 에:ai **V** thực tế 특 떼 ㅅ:th 일:(ực)

실천
实践
shíjiàn
스젠

實踐 **일**:i **ㄹ**.. **언**:ian
사회 실천 社会实践 서훼이 스젠

日 じっせん @ts ㋴s **V** thực tiễn 특 띠엔 ㅅ:th 일:(ực) 언:iên

실현
实现
shíxiàn
스셴

實現 **일**:i **ㄹ**.. **ㅎ**x **연**:ian
자아실현 自我实现 쯔워 스셴

日 じつげん @ts ㋅g **V** thực hiện 특 히엔 ㅅ:th 일:(ực) 연:iên

실례
失礼
shīlǐ
스리

失禮 **일**:i **ㄹ**.. **예**:i
실례되는 행동 失礼行为 스리씽웨이

日 しつれい @ts **V** thất lễ 텃 레 ㅅ:th 일:ât 예:ê

실망
失望
shīwàng
스왕

失望 **일**:i **ㄹ**.. **ㅁ**w
실망한 표정 失望的表情 스왕 떠 뱌오칭

日 しつぼう @ts ㋲b **V** thất vọng 텃 봉 ㅅ:th 일:ât ㅁ:v 앙:ong

실업
失业
shīyè
스이에

失業 **일**:i **ㄹ**.. **업**:ye **ㅂ**..
실업자 失业者 스이에저

日 しつぎょう @ts 업:yo- **V** thất nghiệp 텃 응이엡 ㅅ:th 일:ât 업:nghiêp

ㄱ
ㄴ
ㄷ
ㅁ
ㅂ
ㅅ
ㅇ
ㅈ
ㅊ
ㅋ
ㅌ
ㅍ
ㅎ

187

실연
失恋
shīliàn
스롄

失戀 **일**:i ㉣.. **연**:ian

실연 상태 失恋状态 스롄좡타이

㊐ しつれん ㉵ts ㉜ thất tình 텃 띤 ㅅ:th 일:ât 연:inh

㊉ xin, shen　㊀ sin　㉜ tâm, thẩm

심리
心理
xīnlǐ
신리

心理

심리 검사 心理检查 신리 졘차

㊐ しんり ㉜ tâm lý 떰 리 ㅅ:th 임:âm

심혈
心血
xīnxuè
신쉬에

心血 ㉸x **열**:üe ㉣..

심혈관 진단 心血管诊断 신쉬에관 전딴

㊐ しんけつ ㉸k ㉵ts ㉜ tâm huyết 떰 후옛 ㅅ:t 임:âm 열:uyêt

심사
審査
shěnchá
선차

審査

심사 위원 审查委员 선차웨이위안

㊐ しんさ ㉜ thẩm tra 텀 자 ㅅ:th 임:âm 사:tra

심판
審判
shěnpàn
선판

審判

국제 심판 国际审判 꿔찌선판

㊐ しんぱん ㉜ thẩm phán 텀판 ㅅ:th 임:âm

漢字 한자 변환법으로 배우는

중국어

한-중 중심의 한자권 4개국 언어학습

아
⊕ ya ⊜ a, ga Ⓥ á, nhã

아열대
亚热带
yàrèdài
야러따이

亞熱帶 **열:**e ㉣.. **애:**ai
아열대 국가 亚热带国家 야러따이 꿔지아

⊜ あねつたい ⓐts 애:ai Ⓥ á nhiệt đới 아 니엣 더이 열:nhiet 애:ởi

아악
雅乐
yǎyuè
야위에

雅樂 **악:**yue ㉠..
아악 연주 雅乐演奏 야위에 옌쩌우

⊜ ががく Ⓥ nhã nhạc 냐 냑 아:nha 악:nhac

아편
鸦片
yāpiàn
야펜

阿片 **연:**ian
아편 전쟁 鸦片战争 야펜 잔정

⊜ あへん ⓐㅎ Ⓥ á phiện 아 피엔 연:iên

악
⊕ e ⊜ aku Ⓥ ác

악마
恶魔
èmó
어모

惡魔 **악:**e ㉠.. **아:**o
악마와 천사 恶魔和天使 어모 허 톈스

⊜ あくま Ⓥ ác ma 악 마

안   中 an   日 an   V an

안심
安心
ānxīn
안신

安心

안심 표시 表示安心 뱌오스 안신

日 あんしん V an tâm 안 떰 임:âm

안전
安全
ānquán
안취안

安全 언: an

안전 구역 安全区域 안취안취위

日 あんぜん V an toàn 안 또안 언:oan

암   中 an   日 an   V ám

암살
暗杀
ànshā
안사

暗殺 알:a ㄹ..

암살 사건 暗杀事件 안사스젠

日 あんさつ ㊀ts V ám sát 암 삿 알:at

암호
暗号
ànhào
안하오

暗號 오:ao

암호 통신 暗号通信 안하오통신

日 あんごう ㊅g V ám hiệu 암 히에우 오:iêu

압   中 ya   日 ath   V áp

압력
压力
yālì
야리

壓力 **압**:ya ㉠.. **역**:i ㉠..
압력계 压力计 야리찌

㉤ あつりょく 압:ats(예외) ⓥ áp lực 압 륵 역:ực

압박
压迫
yāpò
야포

壓迫 **압**:ya ㉠.. ㉤p **악**:o ㉠..
심리적 압박 心理压迫 신리야포

㉤ あつぱく 압:ats(예외) ⓥ áp bức 압 븍 악:ực

애 ㉠ ài ㉤ ai ⓥ ái

애국
爱国
àiguó
아이궈

愛國 **애**:ai **욱**:uo ㉠..
애국심 爱国心 아이궈신

㉤ あいこく 애:ai ⓥ ái quốc 아이 꾸억 애:ái 욱:uôc

애모
爱慕
àimù
아이무

愛慕 **애**:ai **오**:u
애모 행위 爱慕行为 아이무씽웨이

㉤ あいぼ 애:ai ⓑb ⓥ ái mộ 아이 모 애:ái

애욕
爱欲
àiyù
아이위

愛慾 **애**:ai **욕**:yu ㉠..
애욕 감지 爱欲感知 아이위깐즈

㉤ あいよく 애:ai ⓥ ái dục 아이 죽 애:ái 욱:dục

애정
爱情
àiqíng
아이칭

愛情 **애**:ai **엉**:ing
애정 소설 爱情小说 아이칭 샤오쉬

㉤ あいじょう 애:ai 엉:yo- ⓥ ái tình 아이 띤 애:ái 엉:inh

192

야 ⊕ ye ⊜ ya Ⓥ dã

야만
野蛮
yěmán
이에만

野蠻 **야**:ye
야만 행위 野蛮行为 이에만씽웨이

⊜ やばん ⓑb Ⓥ dã man 자 만 야:dã

야심
野心
yěxīn
이에신

野心 **야**:ye
야심만만 野心满满 이에신만만

⊜ やしん Ⓥ dã tâm 자 떰 야:dã 임:âm

야인
野人
yěrén
이에런

野人 **야**:ye 인:ren
야인 생활 野人生活 이에런성훠

⊜ やじん Ⓥ dã nhân 자 년 야:dã 인:nhân

야전
野战
yězhàn
이에잔

野戰 **야**:ye 언:an
야전 부대 野战部队 이에잔뿌뒈이

⊜ やせん Ⓥ dã chiến 자 찌엔 야:dã 언:ien

약 ⊕ yao, yue ⊜ yaku Ⓥ dược, ước

약사
药师
yàoshī
야오스

藥師 **약**:yao ㄱ.. **사**:shī
약사 자격 药师资格 야오스쯔꺼

⊜ やくし, くすし, くすりし 사:si Ⓥ dược sĩ 즈억 씨 약:dược 사:sĩ

약초
药草
yàocǎo
야오차오

藥草 **약**:yao ㄱ.. **오**:ao
중국 약초 中国药草 중꿔야오차오

🔷 やくそう Ⓢs Ⓥ dược thảo 즈억 타오 약:dược 오:ao

약품
药品
yàopǐn
야오핀

藥品 **약**:yao ㄱ.. **움**:in
화공 약품 化学药品 화쉬에 야오핀

🔷 やくひん ⓐh Ⓥ dược phẩm 즈억 펌 약:dược 움:âm

약혼
订婚
dìnghūn
띵훈

約婚 ㄱ.. **온**:un
약혼 대상 订婚对象 띵훈뒈이샹

🔷 こんやく Ⓥ ước hôn 으억 혼 약:ước

양력
阳历
yánglì
양리

陽曆 **역**:i ㄱ..
양력과 음력 阳历和阴历 양리 허 인리

🔷 ようれき 양:yo- Ⓥ dương lịch 즈엉 릭 양:dương 역:ich

양
⊕ yang, liang, rang
🔷 yo-, riyo-, jiyo- Ⓥ dương, lương, nhượng

양성
阳性
yángxìng
양씽

陽性 **엉**:ing
양성 반응 阳性反应 양씽판잉

🔷 ようせい 양:yo- Ⓥ dương tính 즈엉 띤 양:dương 엉:inh

양로
养老
yǎnglǎo
양라오

養老 **오**:ao
양로원 养老院 양라오위안

🔷 ようろう 양:yo- Ⓥ dưỡng lão 즈엉 라오 양:dưỡng 오:ao

194

양육
养育
yǎngyù
양위

養育 **육**:yu ㉠..
양육비 养育费 양위페이

日 よういく 양:yo- Ⓥ dưỡng dục 즈엉 죽 양:dưỡng 육:uc

양민
良民
liángmín
량민

良民
양민증 良民证 량민정

日 りょうみん 양:yo- Ⓥ lương dân 르엉 전 양:lương 인:ân

양심
良心
liángxīn
량신

良心
양심 선언 良心宣言 량신쉬안옌

日 りょうしん 양:yo- Ⓥ lương tâm 르엉 떰 양:lương 임:âm

양보
让步
ràngbù
랑뿌

讓步 **양**:rang **오**:u
양보 내용 让步内容 랑뿌네이롱

日 じょうほ 양:yo- Ⓗh Ⓥ nhượng bộ 느엉 보 양:ượng

어

⊕ yu Ⓔ giyo Ⓥ ngư

어민
渔民
yúmín
위민

漁民 **어**:yu
어민 가족 渔民家族 위민지아쭈

日 ぎょみん 응으 전 Ⓥ ngư dân 응으 전 어:ngư 인:ân

어부
渔夫
yúfū
위푸

漁夫 **어**:yu Ⓗf
어부 생활 渔夫生活 위푸성훠

日 ぎょふ Ⓗh Ⓥ ngư phù 응으 푸 어:ngư ㅂ:ph

195

어업
渔业
yúyè
위이에

漁業 **어**:yu **업**:ye Ⓗ..
어업 전쟁 渔业战争 위이에짠정

Ⓙ ぎょぎょう 업:yo- Ⓥ ngư nghiệp 응으 응이엡 어:ngư 업:nghiêp

언 ⊕ yan Ⓔ gen Ⓥ ngôn

언론
言论
yánlùn
옌룬

言論 **언**:yan **온**:un
언론 자유 言论自由 옌룬쯔여우

Ⓙ げんろん Ⓥ ngôn luận 응온 루언 언:on 온:uân

언어
语言
yǔyán
위옌

言語 **언**:yan **어**:yu
언어 통역 语言翻译 위옌판이

Ⓙ げんご Ⓥ ngôn ngữ 응온 응으 언:on 어:ngư

엄 ⊕ yan Ⓔ gen, en Ⓥ nghiêm, yểm

엄격
严格
yángé
옌꺼

嚴格 **엄**:yan **역**:e Ⓖ..
엄격한 관리 严格管理 옌꺼 관리

Ⓙ げんかく Ⓥ nghiêm khắc 응이엠 칵 엄:iêm 역:ăc

엄금
严禁
yánjìn
옌진

嚴禁 **엄**:yan Ⓖj **음**:in
접근 엄금 严禁接近 예진 지에진

Ⓙ げんきん Ⓥ nghiêm cấm 응이엠 껌 엄:iêm 음:âm

196

엄중
严重
yánzhòng
옌중

嚴重 **엄**:yan **쭝**:ong
엄중한 처벌 严重处罚 옌중추파

🇯🇵 げんじゆう 쭝:yu- 🇻 nghiêm trọng 응이엠 종 엄:iêm 쭝:ong

엄호
掩护
yǎnhù
옌후

掩護 **엄**:yan **오**:u
엄호 사격 掩护射击 옌후서찌

🇯🇵 えんご ⓖg 🇻 yểm hộ 이엠 호 엄:yêm

업 ⊕ ye 🇯🇵 giyo- 🇻 nghiêp

업무
业务
yèwù
이에우

業務 **업**:ye ⓜw
업무 관리 业务管理 이에우관리

🇯🇵 ぎょうむ 업:yo- 🇻 nghiêp vụ 응이엡 부 업:iêp ㅁ:v

여 ⊕ nü, lü, yu 🇯🇵 jiyo, riyo, yo 🇻 nữ, lữ, dư

여공
女工
nǚgōng
뉘공

女工 **여**:ŭ
여공 기숙사 女工宿舍 뉘공 수서

🇯🇵 じょこう 쭝:o- 🇻 nữ công 느 꽁 여:ư

여권
女权
nǚquán
뉘취안

女權 **여**:ŭ
여권 보호 女权保护 뉘취안 바오후

🇯🇵 じょけん 🇻 nữ quyền 느 꾸엔 여:ư 원:uyên

197

여학생
女学生
nǚxuésheng
뉘쉬에성

女學生 여:ǚ ⓗx 악:üe ⑦.. 앵:eng
여학생의 권한　女学生权限　뉘쉬에성 취안셴

🔵 じょがくせい ⓗg 앵:ei 🆅 nữ học sinh ㄴ 혁 신 여:ư 악:oc 앵:inh

여객
旅客
lǚkè
뤼커

旅客 여:ǚ ⑦.. 액:e
여객 수송　运送旅客　윈쏭 뤼커

🔵 りょかく 🆅 lữ khách ㄹ 캑 여:ư

여관
旅馆
lǚguǎn
뤼관

旅館 여:ǚ
여관 주인　旅馆主人　뤼관주런

🔵 りょかん 🆅 lữ quán ㄹ 꽌 여:ư

여론
舆论
yúlùn
위룬

輿論 여:ǚ 온:un
여론 조사　舆论调查　위룬댜오차

🔵 よろん 🆅 dư luận ㅈ 루언 여:ư 온:uân

역   ⊕ li 🔵 reki 🆅 lich

역사
历史
lìshǐ
리스

歷史 역:i ⑦.. 사:shǐ
현대 역사　现代历史　셴다이리스

🔵 れきし 사:si 🆅 lịch sử 릭 쓰 역:ich 사:sử

연   ⊕ lian, nian, yan, ran 🔵 nen, ken, ren
🆅 liên, diễn, niên, nghiên, luyện

연속
连续
liánxù
롄쉬

連續 **연**:ian **옥**:u ㉠..
연속극 连续剧 롄쉬쥐

日 れんぞく V liên tục 리엔 뚝 연:iên

연맹
联盟
liánméng
롄멍

聯盟 **연**:ian **앵**:eng
국제 연맹 国际联盟 꿔찌롄멍

日 れんめい 앵:ei V liên minh 리엔 민 연:iên 앵:inh

연방
联邦
liánbāng
롄빵

聯邦 **연**:ian
연방 국가 联邦国家 롄빵궈지아

日 れんぽう ㉥p(h) 앙:o- V liên bang 리엔 방 연:iên

연합
联合
liánhé
롄허

聯合 **연**:ian **압**:e ㉥..
연합 기관 联合机关 롄허찌관

日 れんごう ㉭g 압:o- V liên hợp 리엔 헙 연:iên 압:ợp

연극
话剧
huàjù
화쥐

演劇 ㉠j **윽**:ü
연극 연출 话剧演出 화쥐 옌추

日 えんげき V diễn kịch 지엔 끽 연:iên 윽:ich

연설
演说
yǎnshuō
옌숴

演說 **연**:yan **얼**:uo ㉣..
연설문 演说文 옌숴원

日 えんぜつ ㉣es V diễn thuyết 지엔 투엣 연:iên 얼:uyêt

연대
年代
niándài
녠따이

年代 **연**:ian **애**:ai
생존 연대 生存年代 성춘녠따이

日 ねんだい 애:ai V niên đại 니엔 다이 연:iên 애:ại

연표
年表
niánbiǎo
녠뱌오

年表 **연**:ian **요**:iao
역사 연표 历史年表 리스녠뱌오

🇯ねんぴょう Ⓥniên biểu 니엔 비에우 연:iên ㅍ:b 요:iêu

연구
研究
yánjiū
옌지어우

研究 **연**:yan ㉠j
연구 결과 研究结果 옌지어우 지에궈

🇯けんきゅう Ⓥnghiên cứu 응이엔 끄우 연:iên 우:ứu

연료
燃料
ránliào
란랴오

燃料 **연**:an **요**:iao
연료 공급 燃料供给 란랴오공지

🇯ねんりょう Ⓥnhiên liệu 느엔 리에우 연:iên 요:iêu

연습
练习
liànxí
롄씨

練習 **연**:ian **읍**:i Ⓗ..
연습 문제 练习题 롄씨티

🇯れんしゅう Ⓗ- Ⓥluyện tập 루엔 떱 연:iên 읍:âp

 ㊥ re, nie, yue 🇯 neth, (ne), eth Ⓥ nhiệt, duyệt

열기
热气
rèqì
러치

熱氣 **열**:e ㉣.. ㉠q
열기구 热气球 러치치어우

🇯ねつき ㉣ts Ⓥnhiệt khí 니엣 키 열:iêt

열대
热带
rèdài
러따이

熱帶 **열**:e ㉣.. **애**:ai
열대 식물 热带植物 러따이즈우

🇯ねつたい ㉣ts 애:ai Ⓥnhiệt đới 니엣 더이 열:iêt 애:ới

200

열량
热量
rèliàng
러량

熱量 **열**:e ㉡..
열량계 热量计 러량찌

🇯 ねつりょう ㉠ts 양:yo- 🇻 nhiệt lượng 니엣 르엉 열:iêt 양:ương

열반
涅槃
nièpán
니에판

涅槃 **열**:ie ㉡.. ㉤p
유여 열반 有余涅槃 여우위니에판

🇯 ねはん ㉡..(예외) ㉤h 🇻 niết bàn 니엣 반 열:iêt

열병
阅兵
yuèbīng
위에빙

閱兵 **열**:yue ㉡.. **영**:ing
열병 훈련 阅兵训练 위에빙 쉰롄

🇯 えつぺい ㉠ts ㉤p(h) 영:ei 🇻 duyệt binh 주엣 빈 열:iêt 영:inh

염 ⊕ lian ㊀ ren 🇻 liêm

염치
廉耻
liánchǐ
롄츠

廉恥 **염**:ian
염치 불구 不顾廉耻 뿌구롄츠

🇯 れんち 🇻 liêm sỉ 리엠 씨 염:iêm ㅊ:s

영 ⊕ ling, yong ㊀ riyo-, ei, rei 🇻 lãnh, vĩnh, linh

영사
领事
lǐngshì
링스

領事 **영**:ing **사**:shì
영사 재판 领事裁判 링스차이판

🇯 りょうじ 영:yo- 사:ji 🇻 lãnh sự 라잉 쓰 영:anh 사:sự

영토
領土
lǐngtǔ
링투

領土 **영**:ing **오**:u

영토 확장 領土扩张 링투쿼장

日 りょうど 영:yo- **V** lãnh thổ 라잉 토 영:anh

영해
领海
línghǎi
링하이

領海 **영**:ing **애**:ai

영해 침범 侵犯领海 친판링하이

日 りょうかい 영:yo- ⑥k 애:ai **V** lãnh hải 라잉 하이 영:anh 애:ải

영구
永久
yǒngjiǔ
용지어우

永久 **영**:yong ㉠j

영구성 永久性 용지어우씽

日 えいきゅう 영:ei **V** vĩnh cửu 빈 끄우 영:inh 우:ửu

영원
永远
yǒngyuǎn
용위안

永遠 **영**:yong **원**:yuan

영원의 사랑 永远的爱 용위안 떠 아이

日 えいえん 영:ei **V** vĩnh viễn 빈 비엔 영:inh 원:iên

영혼
灵魂
línghún
링훈

靈魂 **영**:ing **온**:un

영혼 불멸 灵魂不灭 링훈 부미에

日 れいこん 영:ei ⑥k **V** linh hồn 린 홍 영:inh

예   **中** yu, li, yi   **日** yo, rei, gei   **V** dự, lễ, nghệ

예방
预防
yùfáng
위팡

豫防 **예**:yu **⊕**f

예방 접종 预防接种 위팡 지에중

日 よぼう 양:o- **V** dự phòng 즈 퐁 예:ư ㅂ:ph 양:ong

예보
预报
yùbào
위바오

豫報 예:yu 오:ao

기상 예보 气象预报 치샹 위바오

⑪ よほう ⓦh ⓥ dự báo 즈 바오 예:ư 오:ao

예비
预备
yùbèi
위베이

豫備 예:yu 이:ei

예비군 预备军 위베이쥔

⑪ よび ⓥ dự bị 즈 비 예:ư

예산
预算
yùsuàn
위수안

豫算 예:yu 안:uan

예산안 预算案 위수안안

⑪ よさん ⓥ dự toán 즈 또안 예:ư 안:oan

예물
礼物
lǐwù
리우

禮物 예:i ⓝw 울:u ㄹ..

예물 교환 礼物交换 리우 쟈오환

⑪ れいぶつ ⓣts ⓥ lễ vật 레 벗 예:e ㅁ:v 울:ât

예절
礼节
lǐjié
리지에

禮節 예:i 얼:ie ㄹ..

예절 표시 礼节表示 리지에 뱌오스

⑪ れいせつ ⓣts ⓥ lễ tiết 레 띠엣 예:ê 얼:iet

예술
艺术
yìshù
이수

藝術 예:yi 울:u ㄹ..

예술 작품 艺术作品 이수줘핀

⑪ げいじゆつ ⓣts ⓥ nghệ thuật 응에 투엇 예:ê 울:uât

오 ⊕ wu ⑪ o, go ⓥ ô

203

오염
污染
wūrǎn
우란

汚染 오:u 염:an
환경 오염 环境污染 환징우란

🕮 おせん Ⓥ ô nhiễm 오 니엠 염:iêm

온 ⊕ wen 🕮 on Ⓥ ôn

온대
溫帶
wēndài
원다이

溫帶 온:en 애:ai
온대 기후 温带气候 원다이 치허우

🕮 おんたい 애:ai Ⓥ ôn đới 온 더이 애:ơi

온유
溫柔
wēnróu
원러우

溫柔 온:en 유:ou
온유한 성격 温柔的性格 원러우 떠 씽꺼

🕮 おんじゅう Ⓥ ôn nhu 온 뉴 유:nhu

온화
溫和
wēnhé
원허

溫和 온:en 와:e
온화한 기후 温和的气候 원허 떠 치허우

🕮 おんわ 화:wa(예외) Ⓥ ôn hòa 온 화

완 ⊕ wan 🕮 kan Ⓥ hoàn

완공
完工
wángōng
완공

完工
건축 완공 建筑完工 젠주완공

🕮 かんこう ◎o- Ⓥ hoàn công 환 꽁

204

완성
完成
wánchéng
완청

完成
완성도 完成度 완청뚜

🗾 かんせい 엉:ei Ⓥ hoàn thành 환 타잉 엉:anh

완전
完全
wánquán
완취안

完全 언:üan
완전 개방 完全开放 완취안 카이팡

🗾 かんぜん Ⓥ hoàn toàn 환 또안 언:oan

⊕ wang 🗾 o- Ⓥ vương

왕국
王国
wángguó
왕궈

王國 욱:uo
고대 왕국 古代王国 꾸다이 왕궈

🗾 おうこく 왕:o- Ⓥ vương quốc 브엉 꾸역 왕:vương 욱:uôc

왕비
王妃
wángfēi
왕페이

王妃 Ⓗf 이:ei
왕비묘 王妃庙 왕페이 먀오

🗾 おうひ 왕:o- h Ⓥ vương phi 브엉 피 왕:vương ㅂ:ph

왕자
王子
wángzǐ
왕쯔

王子 자:zǐ
왕자병 王子病 왕쯔빙

🗾 おうじ 왕:o- 자:ji Ⓥ vương tử 브엉 뜨 왕:vương 자:tử

왕조
王朝
wángcháo
왕차오

王朝 오:ao
왕조 실록 王朝实录 왕차오스루

🗾 おうちょう 왕:o- Ⓥ vương triều 브엉 지에우 왕:vương 오:iêu

외   ⊕ wai   ⊟ gai, (ge)   Ⓥ ngoại

외과
外科
wàikē
와이커

外科 **외**:wai **와**:e

외과 정형　外科整形　와이커 정싱

⊟ げか　Ⓥ ngoại khoa 응와이 콰 외:oai

외관
外观
wàiguān
와이관

外觀 **외**:wai

외관 검사　外观检查　와이관 졘차

⊟ がいかん 외:ai　Ⓥ ngoại quan 응와이 꽌 외:oai

외교
外交
wàijiāo
와이쟈오

外交 **외**:wai ㄱj **요**:iao

외교 관계　外交关系　와이쟈오꽌시

⊟ がいこう 외:ai　Ⓥ ngoại giao 응와이 자오 외:oai ㄱ:gi 요:ao

외래
外来
wàilái
와이라이

外來 **외**:wai **애**:ai

외래어　外来语　와이라이위

⊟ がいらい 외:ai 애:ai　Ⓥ ngoại lai 응와이 라이 외:oai 애:ai

외무
外务
wàiwù
와이우

外務 **외**:wai ▣w

외무부　外务部　와이우부

⊟ がいむ　Ⓥ ngoại vụ 응와이 부 외:oai ㅁ:v

외화
外汇
wàihuò
와이훼이

外貨 **외**:wai **와**:uo

외화 시장　外汇市场　와이훼이스창

⊟ がいか 외:ai ⓚk　Ⓥ ngoại hối 응와이 호이 외:oai 와:ối

206

요구
要求
yāoqiú
야오치어우

要求 요:yao ㉠q 우:iu
시대의 요구 时代要求 스따이야오치어우

日 ようきゆう Ⓥ yêu cầu 이에우 꺼우 요:yêu 우:âu

요소
要素
yàosù
야오쑤

要素 요:yao 오:u
요소 분석 要素分析 야오쑤펀시

日 ようそ Ⓥ yếu tố 이에우 또 요:yêu

요동
摇动
yáodòng
야오동

搖動 요:yao
감정의 요동 感情动摇 깐칭동야오

日 ようどう 옹:o- Ⓥ dao động 자오 동 요:ao

요술
妖术
yāoshù
야오수

妖術 요:yao 울:u
요술 연습 妖术练习 야오수롄시

日 ようじゆつ ⓐts Ⓥ yêu thuật 이에우 투엇 요:yêu 울:uât

용모
容貌
róngmào
롱마오

容貌 용:rong 오:ao
용모 단정 容貌端正 롱마오 두안정

日 ようぼう ⓞo- ⓜㅂ Ⓥ dung mạo 중 마오 용:dung 오:ao

용적
容积
róngjī
롱찌

容積 용:rong 억:i
용적량 容积量 롱찌량

🗾 ようせき ◎o- Ⓥ dung tích 중 띡 용:dung 억:ich

용구
用具
yòngjù
용쮜

用具 용:yong ㉠j
의료 용구 医疗用具 이랴오 용쮜

🗾 ようぐ ◎o- Ⓥ dụng cụ 중 꾸 용:dung

용감
勇敢
yǒnggǎn
용간

勇敢 용:yong
용감한 군인 勇敢的军人 용간 떠 쥔런

🗾 ゆうかん ◎o- Ⓥ dũng cảm 중 깜 용:dung

용기
勇气
yǒngqì
용치

勇氣 용:yong ㉠q
희망과 용기 希望和勇气 씨왕 허 용치

🗾 ゆうき ◎o- Ⓥ dũng khí 중 키 용:dung

용맹
勇猛
yǒngměng
용멍

勇猛 용:yong 앵:eng
용맹한 병사 勇猛士兵 용멍스삥

🗾 ゆうもう ◎o- 앵:o- Ⓥ dũng mãnh 중 마잉 용:dung 앵:anh

용왕
龙王
lóngwáng
롱왕

龍王 용:long
사해용왕 四海龙王 쓰하이롱왕

🗾 りゅうおう ◎o- 왕:o- Ⓥ long vương 롱 브엉 용:long 왕:vương

우 ⊕ you, yu 🗾 yu-, u Ⓥ uru

우대
优待
yōudài
여우따이

優待 **우**:you **애**:ai
우대 대상　优待对象　여우따이뒈이샹

日 ゆうたい 애:ai　**V** ưu đãi 으우 다이 우:ưu 애:ai

우선
优先
yōuxiān
여우셴

優先 **우**:you **언**:ian
우선권　优先权　여우셴취안

日 ゆうせん　**V** ưu tiên 으우 띠엔 우:ưu 언:iên

우세
优势
yōushì
여우스

優勢 **우**:you **에**:i
우세 유지　保持优势　바오츠여우스

日 ゆうせい　**V** ưu thế 으우 테 우:ưu

우수
优秀
yōuxiù
여우시어우

優秀 **우**:you **우**:iu
우수 학생　优秀学生　여우시어우쉬에셩

日 ゆうしゅう　**V** ưu tú 으우 뚜 우:ưu

우월
优越
yōuyuè
여우위에

優越 **우**:you **월**:yue **ㄹ**..
우월 의식　优越感　여우위에깐

日 ゆうえつ @ts　**V** ưu việt 으우 비엣 우:ưu 월:iêt

우주
宇宙
yǔzhòu
위저우

宇宙 **우**:yu **우**:ou
우주선　宇宙飞船　위저우페이추안

日 うちゅう　**V** ưu trụ 부 주

⊕ yun　**日** un　**V** vận

209

운동
运动
yùndòng
윈동

運動 운:yun

운동 체력 运动体力 윈동티리

🗾 うんどう ◎o- Ⓥ vận động 번 동 운:ân

운명
命运
mìngyùn
밍윈

運命 영:ing 운:yun

국가의 운명 国家命运 궈지아밍윈

🗾 うんめい 앵:ei Ⓥ vận mệnh 번 멘 운:ân 영:ênh

운용
运用
yùnyòng
윈용

運用 운:yun

지식 운용 知识运用 즈스윈용

🗾 うんよう ◎o- Ⓥ vận dụng 번 중 운:ân 용:dung

운행
运行
yùnxíng
윈씽

運行 운:yun ㉠x 앵:ing

태양계 운행 太阳系运行 타이양씨 윈씽

🗾 うんこう ㉠k 앵:o- Ⓥ vận hành 번 하잉 운:ân 앵:anh

웅

⊕ xiong 🗾 yu- Ⓥ hung

웅장
雄壮
xióngzhuàng
숑주앙

雄壮 웅:xiong(예외) 앙:uang

웅장한 건축 雄壮的建筑 숑주앙 떠 졘주

🗾 ゆうそう 웅:yu- 앙:o- Ⓥ hùng tráng 훙 장

원

⊕ yuan 🗾 gen, en Ⓥ nguyên, viện

원료
原料
yuánliào
위안랴오

原料 **원**:yuan **요**:iao

원료 사용 原料使用 위안랴오스융

🇯🇵げんりょう ⓥ nguyên liệu 응웬 리에우 원:uyên 요:iêu

원리
原理
yuánlǐ
위안리

原理 **원**:yuan

중력의 원리 重力原理 중리위안리

🇯🇵げんり ⓥ nguyên lý 응웬 리 원:nguyên

원문
原文
yuánwén
위안원

原文 **원**:yuan ⓜw **운**:en

원문 공개 原文公开 위안원공카이

🇯🇵げんぶん @b ⓥ nguyên văn 응웬 반 원:nguyên ㅁ:v 운:ân

원생
原生
yuánshēng
위안성

原生 **원**:yuan **앵**:eng

원생 생물 原生生物 위안성성우

🇯🇵げんせい 앵:ei ⓥ nguyên sinh 응웬 씬 원:nguyên 앵:inh

원시
原始
yuánshǐ
위안스

原始 **원**:yuan

원시 상태 原始状态 위안스주앙타이

🇯🇵げんし ⓥ nguyên thủy 응웬 투이 원:nguyên 이:uy

원인
原因
yuányīn
위안인

原因 **원**:yuan

원인 결과 原因结果 위안인 지에궈

🇯🇵げんいん ⓥ nguyên nhân 응웬 년 원:nguyên 인:nhân

원자
原子
yuánzǐ
위안쯔

原子 **원**:yuan **자**:zǐ

원자력 原子能 위안쯔넝

🇯🇵げんし 자:si ⓥ nguyên tử 응웬 뜨 원:nguyên 자:tử

211

원작
原作
yuánzuò
위안줘

原作 **원**:yuan **작**:uo ㉠..

원작 작품 原作作品 위안줘줘핀

日 げんさく　Ⓥ nguyên tác 응웬 딱 원:nguyên

원점
原点
yuándiǎn
위안뎬

原點 **원**:yuan **엄**:ian

원점부터 출발 原点出发 위안뎬추파

日 げんてん　Ⓥ nguyên điểm 응웬 디엠 원:nguyên 엄:iêm

원칙
原则
yuánzé
위안쩌

原則 **원**:yuan **익**:e ㉠..

근본 원칙 基本原则 찌번 위안쩌

日 げんそく ⒮s Ⓥ nguyên tắc 응우엔 딱 원:uyên 익:ăc

원조
援助
yuánzhù
위안주

援助 **원**:yuan **오**:u

국제 원조 国际援助 꿔찌위안주

日 えんじょ　Ⓥ viện trợ 비엔 쩌 원:uyên

원소
元素
yuánsù
위안수

元素 **원**:yuan **온**:u

화학 원소 化学元素 화쉬에 위안수

日 げんそ　Ⓥ nguyên tố 응웬 또 원:nguyên

원양
远洋
yuǎnyáng
위안양

遠洋 **원**:yuan

원양 어선 远洋渔船 위안양 위추안

日 えんよう 양:yo Ⓥ viễn dương 비엔 즈엉 원:uyên 양:ương

원정
远征
yuǎnzhēng
위안정

遠征 **원**:yuan **엉**:eng

해외 원정 海外远征 하이와이위안정

日 えんせい 엉:ei Ⓥ viễn chinh 비엔 찐 원:uyên 엉:inh

월 ⊕ yue ⽇ geth Ⓥ nguyêt

월식
月食
yuèshí
위에스

月蝕 **월**:yue ㉹.. **익**:i ㉠..
월식 현상 月食现象 위에스셴샹

⽇ げつしょく @ts Ⓥ nguyệt thực 응우엣 특 월:nguyệt 익:ức

위 ⊕ wei ⽇ i, ki, ei, gi Ⓥ uy, nguy, vi, ve

위력
威力
wēilì
웨이리

威力 **위**:ei **역**:i ㉠..
환경의 위력 环境的威力 환찡 떠 웨이리

⽇ いりょく Ⓥ uy lực 우이 륵 역:ức

위신
威信
wēixìn
웨이신

威信 **위**:ei
위신 유지 保持威信 바오츠웨이신

⽇ いしん Ⓥ uy tín 우이 띤

위엄
威严
wēiyán
웨이옌

威嚴 **위**:ei **엄**:yan
위엄 유지 保持威严 바오츠웨이옌

⽇ いげん Ⓥ uy nghiêm 우이 응이엠 엄:iêm

위협
威胁
wēixié
웨이시에

威脅 **위**:ei ㉻x **엽**:ie
생명의 위협 生命威胁 성밍웨이시에

⽇ いきょう @k 엽:yo- Ⓥ uy hiếp 우이 히엡 엽:iêp

위급
危急
wēijí
웨이지

危急 **위**:ei ㉠j **읍**:i ㉮..

위급 상황 危急情况 웨이지칭쾅

🇯 ききゅう ㉮- 🅥 nguy cấp 응위 껍 읍:âp

위기
危机
wēijī
웨이지

危機 **위**:ei ㉠j

위기 의식 危机意识 웨이지이스

🇯 きき 🅥 nguy cơ 응위 꺼 이:o

위험
危险
wēixiǎn
웨이셴

危險 **위**:ei ㉶x **엄**:ian

위험 구역 危险区域 웨이셴취위

🇯 きけん ㉶k 🅥 nguy hiểm 응우이 히엠 엄:iêm

위원
委员
wěiyuán
웨이위안

委員 **위**:ei **원**:yuan

대표 위원 代表委员 따이뱌오웨이위안

🇯 いいん 🅥 ủy viên 우이 비엔 원:iên

위탁
委托
wěituō
웨이퉈

委託 **위**:ei **악**:uo ㉠..

위탁 운영 委托运营 웨이퉈윈잉

🇯 いたく 🅥 ủy thác 우이 탁

위반
违反
wéifǎn
웨이판

違反 **위**:ei ㉮f

법률 위반 违反法律 웨이판 파뤼

🇯 いはん ㉮h 🅥 ei phạm 비 팜 위:i ㅂ:ph

위법
违法
wéifǎ
웨이파

違法 **위**:ei ㉮f **업**:a ㉮..

위법 행위 违法行为 웨이파씽웨이

🇯 いほう ㉮h 🅥 vi pháp 비 팝 위:i ㅂ:ph

214

위대
伟大
wěidà
웨이따

偉大 **위:**ei **애:**a(예외)

위대한 역사 伟大的历史 웨이따 떠 리스

🔳 いだい 애:ai Ⓥ vĩ đại 비 다이 위:ı 애:ại

위인
伟人
wěirén
웨이런

偉人 **위:**ei **인:**ren

세기적 위인 世纪伟人 스찌웨이런

🔳 いじん Ⓥ vĩ nhân 비 년 위:ı 인:nhân

위생
卫生
wèishēng
웨이성

衛生 **위:**ei **앵:**eng

위생 관리 卫生管理 웨이성관리

🔳 えいせい 앵:ei Ⓥ vệ sinh 베 씬 위:ê 앵:inh

위성
卫星
wèixīng
웨이씽

衛星 **위:**ei **엉:**ing

위성 도시 卫星城市 웨이씽청스

🔳 えいせい 엉:ei Ⓥ vệ tinh 베 띤 위:ê 엉:inh

위도
纬度
wěidù
웨이뚜

緯度 **위:**ei **오:**u

위도 경도 纬度经度 웨이뚜 찡뚜

🔳 いど Ⓥ vĩ độ 비 도 위:ı

위장
伪装
wěizhuāng
웨이주앙

僞裝 **위:**ei **앙:**uang

위장 전술 伪装战术 웨이주앙잔수

🔳 ぎそう 앙:o- Ⓥ ngụy trang 응위 짱

위치
位置
wèizhì
웨이즈

位置 **위:**ei

위치 조사 位置调查 웨이즈댜오차

🔳 いち Ⓥ vị trí 비 찌 위:ı

⊕ you, yi, liu 🗾 yu-, i, riyu- Ⓥ hữu, di, lưu, du

유선
有线
yǒuxiàn
여우셴

有線 **유**:you **언**:ian

유선 전화 有线电话 여우셴뗸화

🗾 ゆうせん Ⓥ hữu tuyến 흐우 뚜옌 유:ưu 언:uyên

유익
有益
yǒuyì
여우이

有益 **유**:you **익**:i ㉠..

유익한 경험 有益的经验 여우이 떠 찡옌

🗾 ゆうえき Ⓥ hữu ích 흐우 익 유:ưu

유한
有限
yǒuxiàn
여우셴

有限 **유**:you ㉠x **안**:ian

유한 책임 有限责任 여우셴저런

🗾 ゆうげん ⓖg Ⓥ hữu hạn 흐우 한 유:ưu

유효
有效
yǒuxiào
여우샤오

有效 **유**:you ㉠x **요**:iao

유효 기간 有效期 여우샤오치

🗾 ゆうこう ⓚk Ⓥ hữu hiệu 흐우 히에우 유:ưu 요:iêu

유적
遗迹
yíjì
이찌

遺蹟 **유**:you **억**:i ㉠..

유적 조사 遗迹调查 이찌 댜오차

🗾 いせき Ⓥ di tích 지 띡 유:ưu 억:ich

유전
遗传
yíchuán
이추안

遺傳 **유**:yi **언**:uan

가족 유전 家族遗传 쟈주이추안

🗾 いでん Ⓥ di truyền 지 쭈옌 유:i 언:uyên

유역
流域
liúyù
리어우위

流域 유:iu 역:yu ㄱ..
유역 보호 流域保护 리어우위바오후

🇯 りゅういき 🇻 lưu vực 르우 븍 유:ưu 역:ưc

유통
流通
liútōng
리어우퉁

流通 유:iu
유통 증권 流通证券 리어우퉁정취안

🇯 りゅうつう ◎- 🇻 lưu thông 르우 퉁 유:ưu

유의
留意
liúyì
리어우이

留意 유:iu 의:yi
유의 내용 留意内容 리어우이네이롱

🇯 りゅうい ◎x ㄱ.. 🇻 lưu ý 르우 이 유:ưu 의:y

유학
留学
liúxué
리어우쉬에

留学 유:iu ◎x 악:üe ㄱ..
유학생 留学生 리어우쉬에성

🇯 りゅうがく 🇻 du học 주 혹 유:u 악:oc

유람
游览
yóulǎn
여우란

遊覽 유:you
유람선 游览船 여우란추안

🇯 ゆうらん 🇻 du lãm 주 람 유:u

유산
遗产
yíchǎn
이찬

遺産 유:yi
문화유산 文化遗产 원화이찬

🇯 いさん ㄱ.. ㄱj 🇻 di sản 지 싼 유:i

 ⊕ lu, liu, rou 🇯 riku, roku, niku 🇻 lục, nhục

육군
陆军
lùjūn
루쥔

陸軍 **육:**u ㄱ.. ㄱj
육군부대 陆军部队 루쥔뿌뒈이

🇯 りくぐん ㄱ.. 🇻 lục quân 룩 꾸언 육:uc 운:uân

육지
陆地
lùdì
루띠

陸地 **육:**u ㄱ..
육지 모형 陆地模型 루띠모씽

🇯 りくち ㄱj ㄱ.. 🇻 lục địa 룩 디아 육:uc 이:ia

육각
六角
liùjiǎo
리어우쟈오

六角 **육:**iu ㄱ.. ㄱj **악:**iao ㄱ..
육각형 六角形 리어우쟈오씽

🇯 ろっかく ◎k 외:ai 🇻 lục giác 룩 작 육:uc ㄱ:gi

윤 🌐 lun 🇯 lin 🇻 luân

윤회
轮回
lúnhuí
룬훼이

輪廻 **윤:**lun **외:**ui
윤회 신앙 轮回信仰 룬훼이신양

🇯 りんね ㄱ.. 🇻 luân hồi 루언 호이 윤:uân 외:ôi

은 🌐 en, yin 🇯 on, gin 🇻 ân, ngân

은덕
恩德
ēndé
언떠

恩德 **은:**en **억:**e ㄱ..
조상의 은덕 祖先的恩德 주셴 떠 언떠

🇯 おんとく 🇻 ân đức 언 득 은:ân 억:uc

은인
恩人
ēnrén
언런

恩人 은:en 인:ren
생명의 은인 救命恩人 찌어우밍언런

🗾 おんじん Ⓥ ân nhân 언 년 은:ân 인:nhân

은혜
恩惠
ēnhuì
언훼이

恩惠 은:en 예:ui
부모의 은혜 父母的恩惠 푸무 떠 언훼이

🗾 おんけい Ⓥ ân huệ 언 후에 은:ân 예:uê

은하
银河
yínhé
인허

銀河 은:yin 아:e
은하 세계 银河世界 인허스지에

🗾 ぎんが Ⓥ ngân hà 응언 하 은:ngân

은행
银行
yínháng
인항

銀行 은:yin 앵:ang
은행 보증 银行保证 인항바오정

🗾 ぎんこう ㉆.. Ⓥ ngân hàng 응언 항 은:ngân 앵:ang

⊕ yin Ⓙ on, in Ⓥ âm

음악
音乐
yīnyuè
인위에

音樂 음:yin 악:yue
대중 음악 大众音乐 따중인위에

🗾 おんがく ⓢx Ⓥ âm nhạc 엄 낙 음:âm 악:nhac

음향
音响
yīnxiǎng
인샹

音響 음:yin ⓗx 양:iang
음향 효과 音响效果 인샹샤오궈

🗾 おんきょう ⓢk 양:yo- Ⓥ âm hưởng 엄 흐엉 음:âm 양:ương

219

음력
阴历
yīnlì
인리

陰曆 음:yin 역:i ㉠..
음력 양력 阴历阳历 인리양리

㉕いんれき ㉠.. Ⓥ âm lịch 엄 릭 음:âm 역:ich

음모
阴谋
yīnmóu
인머우

陰謀 음:yin 오:ou
음모 참여 参与阴谋 찬위인머우

㉕いんぼう Ⓥ âm mưu 엄 므우 음:âm 오:ưu

음양
阴阳
yīnyáng
인양

陰陽 음:yin
음양오행 阴阳五行 인양우씽

㉕いんよう Ⓥ âm dương 엄 즈엉 음:âm 양:ương

응   Ⓒ ying ㉕ o- Ⓥ ưng

응시
应试
yìngshì
잉스

應試 응:ying
응시 준비 应试准备 잉스준베이

㉕おうし Ⓥ ứng thí 응 이

응용
应用
yìngyòng
잉용

應用 응:ying
응용 과학 应用科学 잉용커쉬에

㉕おうよう Ⓥ ứng dụng 응 중 용:dung

의   Ⓒ yi ㉕ i, gi Ⓥ y, nghi, nghĩa, ly, lợi, di

220

의견
意见
yìjiàn
이졘

意見 의:yi ㉠j 연:ian
다수의 의견 多数意见 둬수이졘

日 いけん V ý kiến 이 끼엔 의:y 연:iên

의도
意图
yìtú
이투

意圖 의:yi 오:u
정치적 의도 政治意图 정즈이투

日 いと V ý đồ 이 도 의:y

의식
意识
yìshí
이스

意識 의:yi 익:i ㉠..
민주 의식 民主意识 민주이스

日 いしき V ý thức 이 특 의:y 익:ức

의지
意志
yìzhì
이즈

意志 의:yi
의지 박약 意志薄弱 이즈보뤄

日 いし V ý chí 이 지 의:y

의술
医术
yīshù
이수

醫術 의:yi 울:u ㉣..
의술 전수 传授医术 추안서우이수

日 いじゅつ@ts V y thuật 이 투엇 의:y 울:uât

의약
医药
yīyào
이야오

醫藥 의:yi 약:yao ㉠..
의약 대학 医药大学 이야오따쉐에

日 いやく V y dược 이 즈억 의:y 약:ước

의학
医学
yīxué
이쉬에

醫學 의:yi ㅎx ㉠..
예방 의학 预防医学 위팡이쉐에

日 いがく ⓗg V y học 이 혁 의:y 약:oc

ㄱ
ㄴ
ㄷ
ㅁ
ㅂ
ㅅ
ㅇ
ㅈ
ㅊ
ㅋ
ㅌ
ㅍ
ㅎ

의례
礼仪
lǐyí
리이

儀禮 의:i 예:i
가정 의례 家庭礼仪 지아팅리이

🇯ぎれい Ⓥnghi lễ 응이 레 의:nghi 예:ê

의논
议论
yìlùn
이룬

議論 의:yi 온:un
상호 의논 相互议论 샹후 이룬

🇯ぎろん Ⓥnghị luận 응이 루언 의:nghi 온:uân

의무
义务
yìwù
이우

義務 의:yi Ⓜw
의무 교육 义务教育 이우쟈오위

🇯ぎむ Ⓥnghĩa vụ 응이아 부 의:nghia ㅁ:v

의문
疑问
yíwèn
이원

疑問 의:yi Ⓜw 운:en
의문 상황 疑问情况 이원칭쾅

🇯ぎもん Ⓥnghi vấn 응이 번 의:nghi ㅁ:v 운:ân

의원
议员
yìyuán
이위안

議員 의:yi 원:yuan
국회 의원 国会议员 궈훼이이위안

🇯ぎいん Ⓥnghị viên 응이 비엔 의:nghi 원:iên

이

⊕ li, lü, yi 🇯 li, i Ⓥ ly, lợi, di

이별
离别
líbié
리비에

離別 열:ie ㄹ..
이별주 离别酒 리비에지어우

🇯りべつ @ts Ⓥly biệt 리 비엣 열:iêt

이산
离散
lísàn
리산

離散
이산 가족 离散家族 리산지아쭈

日 りさん V ly tán 리 딴 ㅅ:t

이향
离乡
líxiāng
리샹

離鄕 ㅎx 양:iang
이향 인구 离乡人口 리샹런커우

日 りきょう ⓢk 양:yo- V ly hương 리 흐엉 양:ương

이혼
离婚
líhūn
리훈

離婚 온:un
이혼 소송 离婚诉讼 리훈쑤쑹

日 りこん ⓢk V ly hôn 리 혼

이론
理论
lǐlùn
리룬

理論 온:un
경제이론 经济理论 찡지리룬

日 りろん V lý luận 리 루언 온:uân

이상
理想
líxiǎng
리샹

理想 앙:iang
이상과 현실 理想和现实 리샹 허 셴스

日 りそう 앙:o- V lý tưởng 리 뜨엉 앙:ương

이유
理由
lǐyóu
리여우

理由 유:you
존재 이유 存在理由 춘자이 리여우

日 りゆう V lý do 리 저 유:o

이력
履历
lǚlì
뤼리

履歷 이:ü 역:i ㄱ..
이력서 履历表 뤼리뱌오

日 りれき V lý lịch 리 릭 역:ich

이익
利益
lìyì
리이

利益 **익**:yi ㉠..
이익 충돌 利益冲突 리이충투

🇯🇵 りえき 🇻 lợi ích 러이 익 이: ơi

이주
移居
yíjū
이쥐

移住
강제 이주 强制移居 챵즈 이쥐

🇯🇵 いじゅう 🇻 di trú 지 쭈

인 ⊕ ren, yin, (lin) 🇯🇵 jin, in, (rin) 🇻 nhân, ấn, (lân)

인격
人格
réngé
런꺼

人格 **인**:ren **역**:e ㉠..
이중 인격 双重人格 솽충런꺼

🇯🇵 じんかく 🇻 nhân cách 년 까익 인:nhân 역:ach

인공
人工
réngōng
런공

人工 **인**:ren
인공 호흡 人工呼吸 런공후시

🇯🇵 じんこう ◎- 🇻 nhân công 년 꽁 인:nhân

인권
人权
rénquán
런취안

人權 **인**:ren ㉠q **원**:üan
인권 주장 人权主张 런취안주장

🇯🇵 じんけん 🇻 nhân quyền 년 꾸엔 인:nhân 원:uyên

인도
人道
réndào
런다오

人道 **인**:ren **오**:ao
인도 주의 人道主义 런다오주이

🇯🇵 じんどう 🇻 nhân đạo 년 다오 인:nhân 오:ao

인력
人力
rénlì
런리

人力 **인**:ren **역**:i ㉠..

인력 자원 人力资源 런리쯔위안

日 じんりき、じんりょく Ⓥ nhân lực 년 륵 인:nhân 역:ực

인류
人类
rénlèi
런레이

人類 **인**:ren **유**:ei

현대 인류 现代人类 셴다이 런레이

日 じんるい Ⓥ nhân loại 년 로아이 인:nhân 유:oai

인문
人文
rénwén
런원

人文 **인**:ren Ⓜw **운**:en

인문 과학 人文科学 런원커쉬에

日 じんぶん @b Ⓥ nhân văn 년 반 인:nhân ㅁ:v 운:an

인물
人物
rénwù
런우

人物 **인**:ren Ⓜw **울**:u ㉡..

중심 인물 中心人物 중신런우

日 じんぶつ @b @ts Ⓥ nhân vật 년 벗 인:nhân ㅁ:v 울:ât

인민
人民
rénmín
런민

人民 **인**:ren

인민폐 人民币 런민삐

日 じんみん Ⓥ nhân dân 년 전 인:nhân 인:ân

인사
人事
rénshì
린스

人事 **인**:ren **사**:shì

인사 이동 人事调动 린스댜오동

日 じんじ 사:ji Ⓥ nhân sự 년 쓰 인:nhân 사:sự

인성
人性
rénxìng
런씽

人性 **인**:ren **엉**:ing

인성 문제 人性问题 런씽원티

日 じんせい 엉:sei Ⓥ nhân tính 년 띤 인:nhân 엉:inh

인심
人心
rénxīn
런신

人心 **인**:ren
세상 인심 世道人心 스다오런신

🔳 じんしん Ⓥ nhân tâm 년 떰 인:nhân 임:âm

인재
人才
réncái
런차이

人才 **인**:ren **애**:ai
인재 양성 培养人才 페이양런차이

🔳 じんざい 애:ai Ⓥ nhân tài 년 따이 인:nhân 애:ài

인조
人造
rénzào
런자오

人造 **인**:ren **오**:ao
인조 잔디 人造草坪 런자오차오핑

🔳 じんぞう Ⓥ nhân tạo 년 따오 인:nhân 오:ao

인종
人种
rénzhǒng
런중

人種 **인**:ren
인종 문제 人种问题 런중원티

🔳 じんしゅ 옹:yu- Ⓥ nhân chủng 년 중 인:nhân 옹:ung

인품
人品
rénpǐn
런핀

人品 **인**:ren **움**:in
고귀한 인품 高贵人品 고궤이런핀

🔳 じんぴん p(h)(연음) Ⓥ nhân phẩm 년 펌 인:nhân 움:âm

인애
仁爱
rén'ài
런아이

仁愛 **인**:ren **애**:ai
인애의 정신 仁爱的精神 런아이 떠 찡션

🔳 じんあい 애:ai Ⓥ nhân ái 년 아이 인:nhân 애:ái

인의
仁义
rényì
런이

仁義 **인**:ren **의**:yi
인의 예지 仁义礼智 런이리즈

🔳 じんぎ Ⓥ nhân nghĩa 년 응이아 인:nhân 의:nghia

인자
仁慈
réncí
런츠

仁慈 **인**:ren **자**:cí
인자한 민족 仁慈的民族 런츠 떠 민쭈

日 じんじ 자:ji Ⓥ nhân từ 년 뜨 인:nhân 자:từ

인과
因果
yīnguǒ
인궈

因果 **인**:yin **와**:uo
인과 관계 因果关系 인궈꽌시

日 いんが Ⓥ nhân quả 년 꽈 인:nhân

인연
因缘
yīnyuán
인위안

因緣 **인**:yin **연**:üan
인연 유지 维系因缘 웨이씨인위안

日 いんねん Ⓥ nhân duyên 년 주엔 인:nhân 연:uyên

인상
印象
yìnxiàng
인샹

印象 **인**:yin
인상파 印象派 인샹파이

日 いんしょう 양:yo- Ⓥ ấn tượng 언 뜨엉 인:an 양:ương

인식
认识
rènshi
런스

認識 **인**:ren **익**:i ㄱ..
이성적 인식 理性认识 리씽런스

日 にんしき Ⓥ nhận thức 년 특 인:nhân 익:ức

인근
邻近
línjìn
린진

隣近 **인**:lin ㄱj **은**:in
인근 학교 邻近学校 린진쉬에샤오

日 りんきん Ⓥ lân cận 런 껀 인:ân 은:ân

일

⊕ ri, yi ⊟ nith, iyh Ⓥ nhất

227

일기
日记
rìjì
르찌

日記 일:i ㄹ.. ㄱj
일기장 日记本 르찌번

日 にっき @ts Ⓥ nhật ký 녓 끼 일:nhât

일보
日报
rìbào
르바오

日報 일:i ㄹ..
인민 일보 人民日报 런민르바오

日 につぽう @ts p(h)(연음) Ⓥ nhật báo 녓 빠오 일:nhât 오:ao

일본
日本
Rìběn
르번

日本 일:i ㄹ.. 온:en
일본 문화 日本文化 르번원화

日 にほん、につぽん @ts Ⓑp(h)(연음) Ⓥ Nhật Bản 녓 빤 일:nhât 온:an

일식
日食
rìshí
르스

日蝕 일:i ㄹ.. 익:i ㄱ..
일식 현상 日食现象 르스셴샹

日 につしよく @ts Ⓥ nhật thực 녓 특 일:nhât 익:ức

일관
一贯
yíguàn
이관

一貫 일:i ㄹ..
일관된 태도 一贯的态度 이관 떠 타이뚜

日 いつかん @ts Ⓥ nhất quán 녓 꽌 일:nhât

일정
一定
yídìng
이띵

一定 일:i ㄹ.. 엉:ing
일정 기준 一定标准 이띵뱌오준

日 いつてい @ts Ⓥ nhất định 녓 딘 일:nhât 엉:inh

일체
一体
yìtǐ
이티

一體 일:i ㄹ.. 에:i
일체화 一体化 이티화

日 いつたい @ts 에:ai Ⓥ nhất thể 녓 테 일:nhât

⊕ ren, lin　⊕ nin, rin　Ⓥ nhiệm, lâm

임기
任期
rènqī
런치

任期 **임**:en ㉠q
임기 제한　任期限制　런치셴즈

Ⓙ にんき　Ⓥ nhiệm kỳ 니엠 끼 임:nhiem

임무
任务
rènwu
런우

任務 **임**:en Ⓜw
임무 완성　任务完成　런우완청

Ⓙ にんむ　Ⓥ nhiệm vụ 니엠 부 임:nhiêm ㅁ:v

임시
临时
línshí
린스

臨時 **임**:lin
임시 정부　临时政府　린스정푸

Ⓙ りんじ　Ⓥ lâm thời 럼 터이 임:âm ㅅ:th 이:ơi

⊕ li, ru　⊕ rith, niyu-　Ⓥ lập, nhập

입법
立法
lìfǎ
리파

立法 **입**:i Ⓗ.. Ⓗf **업**:a Ⓗ..
입법 기관　立法机关　리파찌관

Ⓙ りっぽう Ⓗts(예외) Ⓗp(h)(연음) 업:o-
Ⓥ lập pháp 럽 팝 입:âp ㅂ:ph 업:ap

입체
立体
lìtǐ
리티

立體 **입**:i Ⓗ.. 에:i
입체 모형　立体模型　리티모씽

Ⓙ りつたい 에:ai Ⓥ lập thể 럽 테 입:âp

입원
住院
zhùyuàn
주위안

入院 **입**:u Ⓗ.. **원**:üan
입원 수속 住院手续 주위안서우쉬

Ⓙ にゅ う いん 입:yu- Ⓥ nhập viện 녑 비엔 입:nhập 원:iên

입학
入学
rùxué
루쉐에

入學 **입**:u Ⓗ.. Ⓗx **악**:üe Ⓖ..
입학 시험 入学考试 루쉐에 카오스

Ⓙ にゅ う がく Ⓥ nhập học 녑 혹 입:nhập 악:oc

漢字 한자 변환법으로 배우는

중국어

한-중 중심의 한자권 4개국 언어학습

漢字 한자 변환법으로 배우는
중국어 ㅈ

자 ⊕ zi, (ci) ⊜ ji, si Ⓥ tự

자급
自给
zìjǐ
쯔찌

自給 **자**:zì ㉠j 읍:i
자급자족 自给自足 쯔찌쯔쭈

⊜じきゆう 자:ji ⓗ- Ⓥtự cấp 뜨 껍 자:tự 읍:âp

자동
自动
zìdòng
쯔동

自動 **자**:zì
자동제어 自动控制 쯔동 쿵즈

⊜じどう 자:ji ◎- Ⓥtự động 뜨 동 자:tự

자력
自力
zìlì
쯔리

自力 **자**:zì 역:i ㉠..
자력갱생 自力更生 쯔리껑성

⊜じりき 자:ji Ⓥtự lực 뜨 륵 자:tự 역:ực

자립
自立
zìlì
쯔리

自立 **자**:zì 입:i ⓗ..
경제적 자립 经济自立 찡지쯔리

⊜じりつ 자:ji ⓗts(예외) Ⓥtự lập 뜨럽 자:tự 입:âp

자만
自满
zìmǎn
쯔만

自慢 **자**:zì
자만심 自满心 쯔만신

⊜じまん 자:ji Ⓥtự mãn 뜨 만 자:tự

자문
自问
zìwèn
쯔원

自問 **자**:zì Ⓜw 운:en
자문 자답 自问自答 쯔원쯔따

Ⓙじもん 자:ji Ⓥtự vấn 뜨 번 자:tự ㅁ:v 운:ân

자백
自白
zìbái
쯔바이

自白 **자**:zì 액:ai Ⓖ..
범죄 자백 犯罪自白 판쮀이 쯔바이

Ⓙじはく 자:ji Ⓗh 액:aku Ⓥtự bạch 뜨 바익 자:tự 액:ach

자살
自杀
zìshā
쯔사

自殺 **자**:zì 알:a Ⓔ..
자살 예방 预防自杀 위팡 쯔사

Ⓙじさつ 자:ji Ⓔts Ⓥtự sát 뜨 삿 자:tự 알:at

자수
自首
zìshǒu
쯔서우

自首 **자**:zì 우:ou
자수 사건 自首事件 쯔서우스졘

Ⓙじしゅ 자:ji Ⓥtự thú 뜨 투 자:tự ㅅ:th

자연
自然
zìrán
쯔란

自然 **자**:zì 연:an
자연 현상 自然现象 쯔란 셴샹

Ⓙしぜん 자:si Ⓥtự nhiên 뜨 니엔 자:tự 연:ien

자유
自由
zìyóu
쯔여우

自由 **자**:zì 유:you
자유 언론 自由言论 쯔여우옌룬

Ⓙじゆう 자:ji Ⓥtự do 뜨 저 자:tự 유:o

자주
自主
zìzhǔ
쯔주

自主 **자**:zì
자주 의식 自主意识 쯔주이스

Ⓙじしゅ 자:ji Ⓥtự chủ 뜨 주 자:tự

233

자치
自治
zìzhì
쯔즈

自治 **자**:zì

지방 자치 地方自治 띠팡쯔즈

🇯 じち 자:ji 🇻 tự trị 뜨 찌 자:tự

자격
资格
zīgé
쯔꺼

資格 **자**:zī **역**:e

국민 자격 国民资格 궈민쯔꺼

🇯 しかく 자:si 🇻 tư cách 뜨 까익 자:tư 역:ách

자료
资料
zīliào
쯔랴오

資料 **자**:zī **요**:iao

자료 수집 收集资料 서우찌쯔랴오

🇯 しりょう 자:si 🇻 tư liệu 뜨 리에우 자:tư 요:iêu

자본
资本
zīběn
쯔번

資本 **자**:zī **온**:en

자본 주의 资本主义 쯔번주이

🇯 しほん 자:si 🇯h 🇻 tư bản 뜨 반 자:tư 온:an

자산
资产
zīchǎn
쯔찬

資産 **자**:zī

자산 관리 资产管理 쯔찬관리

🇯 しさん 자:si 🇻 tư sản 뜨 산 자:tư

자질
资质
zīzhì
쯔즈

資質 **자**:zī **일**:i 🇯..

총명한 자질 聪明的资质 충밍 떠 쯔즈

🇯 ししつ 자:ji 🇯ts 🇻 tư chất 뜨 젓 자:tư 일:ât

자세
姿势
zīshì
쯔스

姿勢 **자**:zī **에**:i

자세 유지 保持姿势 바오츠쯔스

🇯 しせい 자:si 🇻 tư thế 뜨 테 자:tư

자태
姿态
zītài
쯔타이

姿態 **자**:zī **애**:ai

위풍당당한 자태 威风凛凛的姿态 웨펑린린 떠 쯔타이

🇯 したい 자:si 애:ai 🇻 tư thái 뜨 타이 자:tư 애:ái

자궁
子宫
zǐgōng
쯔공

子宮 **자**:zǐ **웅**:ong

자궁 내막염 子宫内膜炎 쯔공네이모옌

🇯 しきゅう 자:si ◎- 🇻 tử cung 뜨 꿍 자:tử

자선
慈善
císhàn
츠산

慈善 **자**:cí **언**:an

자선 활동 慈善活动 츠산훠동

🇯 じぜん 자:ji 🇻 từ thiện 뜨 티엔 자:tư ㅅ:th 언:iên

 ⊕ zuo 🇯 saku, (sa) 🇻 tác

작가
作家
zuòjiā
쭤지아

作家 **악**:uo ㄱ.. ㄱj **아**:ia

작가 협회 作家协会 쭤지아시에훼이

🇯 さつか 🇻 tác giả 딱 쟈 작:tác ㄱ:g 아:ia

작업
作业
zuòyè
쭤이에

作業 **악**:uo ㄱ.. **업**:e ㅂ..

작업 범위 作业范围 쭤이에판웨이

🇯 さぎょう 작:sa(예외) 업:yo- 🇻 tác nghiệp 딱 응이엡 작:tác 업:nghiêp

작용
作用
zuòyòng
쭤용

作用 **악**:uo ㄱ..

화학 작용 化学作用 화쉬에쭤용

🇯 さよう 작:sa(예외) ◎- 🇻 tác dụng 딱 중 작:tác 용:dung

235

작전
作战
zuòzhàn
쭤잔

作戰 **악**:uo ㉠.. **언**:an
작전 계획 作战计划 쭤잔찌화

🇯 さくせん 🇻 tác chiến 딱 지엔 작:tác 언:iên

작품
作品
zuòpǐn
쭤핀

作品 **악**:uo ㉠.. **움**:in
문학 작품 文学作品 원쉬에쭤핀

🇯 さくひん ⓐh 🇻 tác phẩm 딱 펌 작:tác 움:âm

잔 ⊕ can 🇯 jan 🇻 tan

잔인
殘忍
cánrěn
찬런

殘忍 **인**:ren
잔인한 사람 殘忍的人 찬런 떠 런

🇯 ざんにん 🇻 tàn nhẫn 딴 년 ㅈ:t 인:nhân

잡 ⊕ za 🇯 jath, jo- 🇻 tạp

잡기
杂技
zájì
짜지

雜技 **압**:a 🇭.. ㉠j
잡기 공연 杂技表演 짜지뱌오옌

🇯 ざつぎ ⓗts(예외) 🇻 tạp kĩ 땁 끼 ㅈ:t

잡기
杂记
zájì
짜지

雜記 **압**:a 🇭.. ㉠j
잡기 형식 杂记形式 짜지씽스

🇯 ざつき ⓗts(예외) 🇻 tạp kí 땁 끼 ㅈ:t

236

잡념
杂念
zániàn
짜녠

雜念 압:a ㉿.. 염:ian
잡념 해소 消除杂念 샤오추짜녠

㊐ざつねん ㉿ts(예외) Ⓥ tạp niệm 땁 니엠 ㅈ:t 염:iêm

잡무
杂务
záwù
짜우

雜務 압:a ㉿.. ㊃w
잡무처리 处理杂务 추리짜우

㊐ざつむ ㉿ts(예외) Ⓥ tạp vụ 땁 부 ㅈ:t ㅁ:v

잡지
杂志
zázhì
짜즈

雜誌 압:a ㉿..
생활잡지 生活杂志 성훠짜즈

㊐ざつし ㉿ts Ⓥ tạp chí 땁 지 ㅈ:t

 ㊉ zhang, chang, jiang, zang, zhuang
㊐ chiyo-, siyo-, so- Ⓥ trường, tướng, (trang, tang)

장기
长期
chángqī
창치

長期 ㉠q
장기전략 长期战略 창치잔뤼에

㊐ちょうき 앙:yo- Ⓥ trường kỳ 쯔엉 끼 앙:ương

장로
长老
zhǎnglǎo
장라오

長老 오:ao
장로교회 长老教会 장라오쟈오훼이

㊐ちょうろう 앙:o- Ⓥ trường lão 쯔엉 라오 앙:ương 오:ao

장생
长生
chángshēng
창성

長生 앵:eng
불로장생 长生不老 장성뿌라오

㊐ちょうせい 앙:yo- Ⓥ trường sinh 쯔엉 신 앙:ương 앵:inh

237

장성
长城
chángchéng
창청

長城 엉:eng

만리장성 万里长城 완리창청

🇯 ちょうじょう 앙:ei 🇻 trường thành 쯔엉 타잉 앙:ương ㅅ:th 엉:anh

장수
长寿
chángshòu
창서우

長壽 우:ou

장수비결 长寿秘诀 창서우미줴에

🇯 ちょうじゅ 앙:yo- 🇻 trường thọ 쯔엉 토 앙:ương 우:o

장래
将来
jiānglái
지앙라이

將來 앙:iang 애:ai

장래희망 将来希望 지앙라이씨왕

🇯 しょうらい 앙:yo- 애:ai 🇻 tương lai 뜨엉 라이 앙:ương 애:ai

장군
将军
jiāngjūn
지앙쥔

將軍 앙:iang ㄱj 운:un

장군출신 将军出身 지앙쥔 추선

🇯 しょうぐん 앙:yo- 🇻 tướng quân 뜨엉 꾸언 앙:ương 운:uân

장례
葬礼
zànglǐ
짱리

葬禮 예:i

장례 의식 葬礼仪式 짱리이스

🇯 そうれい 앙:o- 🇻 tang lễ 땅 레 예:ê

장비
装备
zhuāngbèi
주앙베이

裝備 앙:uang 이:ei

등산 장비 登山装备 덩산 주앙베이

🇯 そうび 앙:o- 🇻 trang bị 짱 비

장애
障碍
zhàng'ài
장아이

障碍 애:ai

장애물 障碍物 장아이우

🇯 しょうがい 앙:yo- 애:ai 🇻 chướng ngại 즈엉 응아이 앙:ương 애:ngại

재 ⊕ zai,cai ⑤ sai, jai Ⓥ tái

재결합
再结合
zàijiéhé
짜이지에허

再結合 **애**:ai ㉠j **열**:ie ㉡.. **압**:e ㉢..
재결합 방법 再结合方法 짜이지에허 팡파

⑤ さいけつごう 애:ai ㉣ts ⑤g 압:o-
Ⓥ tái kết hợp 따이 껫 헙 애:ái 열:et 압:op

재발
复发
fùfā
푸파

再發 ㉢f **알**:a ㉡..
병의 재발 病情复发 빙칭푸파

⑤ さいはつ 애:ai ㉢h ㉣ts Ⓥ tái phát 따이 팟 애:ái ㅂ:ph ㄹ:t

재범
再犯
zàifàn
짜이판

再犯 **애**:ai ㉢f **엄**:an
재범 방지 防止再犯 팡즈짜이판

⑤ さいはん 애:ai ㉢h Ⓥ tái phạm 따이 팜 애:ái ㅂ:ph 엄:am

재생
再生
zàishēng
짜이성

再生 **애**:ai **앵**:eng
도시재생 城市再生 청스짜이성

⑤ さいせい 애:ai 앵:ei Ⓥ tái sinh 따이 신 애:ái 앵:inh

재혼
再婚
zàihūn
짜이훈

再婚 **애**:ai **온**:un
재혼 조건 再婚条件 짜이훈 탸오젠

⑤ さいこん 애:ai ⑤k Ⓥ tái hôn 따이 혼 애:ái

재벌
财阀
cáifá
차이파

財閥 **애**:ai ㉢f **얼**:a ㉡..
재벌자본 财阀资本 차이파쯔번

⑤ ざいばつ 애:ai ㉢b(연음) ㉣ts Ⓥ tài phiệt 따이 피엣 애:ài ㅂ:ph 얼:iêt

ㄱ
ㄴ
ㄷ
ㄹ
ㅁ
ㅂ
ㅅ
ㅇ
ㅈ
ㅊ
ㅋ
ㅌ
ㅍ
ㅎ

재산
财产
cáichǎn
차이찬

財産 **애**:ai
재산관리 财产管理 차이찬관리

㊐ ざいさん 애:ai Ⓥ tài sản 따이 산 애:ài

재정
财政
cáizhèng
차이정

財政 **애**:ai
재정위기 财政危机 차이정웨이찌

㊐ ざいせい 애:ai 엉:ei Ⓥ tài chính 따이 찐 애:ài 엉:inh

재난
灾难
zāinàn
자이난

災難 **애**:ai
재난 경보 灾难警报 자이난 찡바오

㊐ さいなん 애:ai Ⓥ tai nạn 따이 난 애:ai

재능
才能
cáinéng
차이넝

才能 **애**:ai **응**:eng
재능발휘 发挥才能 파훼이차이넝

㊐ さいのう 애:ai ◎- Ⓥ tài năng 따이 낭 애:ài 응:ang

적

㊥ shi, ji, chi ㊐ teku, seku Ⓥ thích, tích, xích

적당
适当
shìdàng
스땅

適當 **억**:i ㉠..
적당한 배상 适当赔偿 스땅페이창

㊐ てきとう 앙:o- Ⓥ thích đáng 틱 당 억:ich

적응
适应
shìyìng
스잉

適應 **억**:i ㉠.. **응**:ing
적응 기간 适应期 스잉치

㊐ てきおう ◎- Ⓥ thích ứng 틱 응 억:ich

적합
适合
shìhé
스허

適合 억:i ㉠.. 압:e ㉑..
적합한 판단 合适的判断 허스 떠 판뚜안

🇯 てきごう ⓖg 압:o- 🇻 thích hợp 틱 헙 억:ich 압:ơp

적극
积极
jījí
찌찌

積極 억:i ㉠.. ㉠j 윽:i
적극적 반응 积极的反应 찌찌 떠 판잉

🇯 せっきょく 🇻 tích cực 띡 끅 억:ich

적도
赤道
chìdào
츠따오

赤道 억:i ㉠.. 오:ao
적도 구역 赤道区域 츠따오취위

🇯 せきどう 🇻 xích đạo 씩 다오 억:ich 오:ao

전 | ⊕ guan, dian, chuan, zhan, qian, zhuan 🇯 jen, den, sen
🇻 toàn, điện, truyền, chiến, tiền, triển, chuyên

전경
全景
quánjǐng
취안징

全景 언:üan ㉠j 영:ing
도시전경 城市全景 청스취안징

🇯 ぜんけい 영:ei 🇻 toàn cảnh 또안 까잉 언:oan 영:anh

전국
全国
quánguó
취안궈

全國 언:üan 욱:uo ㉠..
전국대회 全国大赛 취안궈따사이

🇯 ぜんこく 🇻 toàn quốc 또안 꾸억 언:oan 욱:uôc

전권
全权
quánquán
취안취안

全權 언:üan ㉠j 원:üan
전권대사 全权大使 취안취안따스

🇯 ぜんけん 🇻 toàn quyền 또안 꾸옌 언:oan 원:uyên

241

전당
全党
quándǎng
취안땅

全黨 **언**:üan

전당대회 全党大会 취안땅따훼이

🇯 ぜんとう 앙:o- 🇻 toàn đảng 또안 당 언:oan

전력
全力
quánlì
취안리

全力 **언**:üan **역**:i ㉠..

전력 투쟁 全力斗争 취안리 떠우정

🇯 ぜんりょく 🇻 toàn lực 또안 륵 언:oan 역:ức

전면
全面
quánmiàn
취안몐

全面 **언**:üan **연**:ian

전면 전쟁 全面战争 취안몐잔정

🇯 ぜんめん 🇻 toàn diện 또안 지엔 언:oan 연:iên

전부
全部
quánbù
취안뿌

全部 **언**:üan

재산 전부 全部财产 취안뿌 차이찬

🇯 ぜんぶ 🇻 toàn bộ 또안 보 언:oan 우:ộ

전신
全身
quánshēn
취안선

全身 **언**:üan **인**:en

전신 운동 全身运动 취안선윈동

🇯 ぜんしん 🇻 toàn thân 또안 턴 언:oan 인:ân

전체
全体
quántǐ
취안티

全體 **언**:üan **에**:i

전체의식 整体意识 정티이스

🇯 ぜんたい 에:ai 🇻 toàn thể 또안 테 언:oan

전류
电流
diànliú
뗸리어우

電流 **언**:ian **유**:iu

고압전류 高压电流 까오야뗸리어우

🇯 でんりゅう 🇻 điện lưu 디엔 르우 언:iên 유:ưu

242

전보
电报
diànbào
뗸바오

電報 **언**:ian **오**:ao

전보 전달 转达电报 주안따 뗸바오

🇯 でんぽう ®p(h) 🇻 điện báo 디엔 바오 언:iên 오:ao

전산
电算
diànsuàn
뗸수안

電算 **언**:ian **안**:uan

전산 처리 电算处理 뗸수안추리

🇯 でんさん 🇻 điện toán 디엔 또안 언:iên 안:oan

전압
电压
diànyā
뗸야

電壓 **언**:ian **압**:a ⓗ..

전압계 电压计 뗸야찌

🇯 でんあつ 압:ats(예외) 🇻 điện áp 디엔 압 언:iên

전자
电子
diànzǐ
뗸쯔

電子 **언**:ian **자**:zǐ

전자 음악 电子音乐 뗸쯔 인위에

🇯 でんし 자:si 🇻 điện tử 디엔 뜨 언:iên 자:tử

전형
典型
diǎnxíng
뗸씽

典型 **언**:ian ⓗx **영**:ing

전형적 인물 典型人物 뗸씽 런우

🇯 てんけい 🇻 điển hình 디엔 힌 언:iên 영:inh

전단
传单
chuándān
추안단

傳單 **언**:uan

전단 내용 传单内容 추안단 네이롱

🇯 でんたん 🇻 truyền đơn 쭈옌 던 언:uyên 안:ơn

전달
传达
chuándá
추안따

傳達 **언**:uan **알**:a ⓔ..

의견전달 传达意见 추안따이젠

🇯 でんたつ ®ts 🇻 truyền đạt 쭈옌 닷 언:uyên 알:at

전설
传说
chuánshuō
추안쉬

傳說 **언**:uan **얼**:uo ㄹ..

민간 전설 民间传说 민졘추안쉬

🇯 でんせつ ⓐts ♥ truyền thuyết 쭈엔 투엣 언:uyên 얼:uyêt

전염
传染
chuánrǎn
추안란

傳染 **언**:uan **염**:an

전염성 传染性 추안란씽

🇯 でんせん ♥ truyền nhiễm 쭈엔 니엠 언:uyên 염:iêm

전통
传统
chuántǒng
추안통

傳統 **언**:uan

전통문화 传统文化 추안통원화

🇯 でんとう ◎- ♥ truyền thống 쭈엔 통 언:uyên

전략
战略
zhànlüè
잔뤼에

戰略 **언**:an **약**:üe ㄱ..

경제전략 经济战略 찡지잔뤼에

🇯 せんりゃく ♥ chiến lược 찌엔 르억 언:iên 약:ược

전사
战士
zhànshì
잔스

戰士 **언**:an **사**:shì

전사 상황 战士情况 잔스칭쾅

🇯 せんし 사:si ♥ chiến sỹ 찌엔 씨 언:iên 사:sỹ

전선
战线
zhànxiàn
잔셴

戰線 **언**:an **언**:ian

투쟁 전선 斗争战线 더우정잔셴

🇯 せんせん ♥ chiến tuyến 찌엔 뚜엔 언:iên 언:uyên

전술
战术
zhànshù
잔수

戰術 **언**:an **울**:u ㄹ..

군사전술 军事战术 쥔스잔수

🇯 せんじゆつ ⓐts ♥ chiến thuật 찌엔 투엇 언:iên 울:uât

244

전쟁
战争
zhànzhēng
잔정

戰爭 **언**:an **앵**:eng
전면전쟁 全面战争 취안몐잔정

> 日 せんそう 앵:o- V chiến tranh 찌엔 짜잉 언:iên 앵:anh

전도
前途
qiántú
첸투

前途 **언**:ian **오**:u
전도유망 前途光明 첸투 광밍

> 日 ぜんと V tiền đồ 띠엔 도 언:iên

전망
展望
zhǎnwàng
잔왕

展望 **언**:an **口**w
경제 전망 经济展望 찡지 잔왕

> 日 てんぼう 口b 앙:o- V triển vọng 찌엔 봉 언:iên 口:v 앙:ong

전람
展览
zhǎnlǎn
잔란

展覽 **언**:an
전람회 展览会 잔란훼이

> 日 てんらん V triển lãm 찌엔 람 언:iên

전문
专门
zhuānmén
주안먼

專門 **언**:uan **운**:en
전문화 专门化 주안먼화

> 日 せんもん V chuyên môn 쭈옌 몬 언:uyen 운:ôn

전용
专用
zhuānyòng
주안용

專用 **언**:uan
전용 도구 专用工具 주안용공쥐

> 日 せんよう ◎- V chuyên dụng 쭈옌 중 언:uyên 용:dung

 절 ⊕ jue, jie 日 jeth, seth V tuyệt, tiết

절경
绝景
juéjǐng
쥐에징

絶景 **얼**:üe ㉣.. ㉠j **영**:ing
천하 절경 天下绝景 톈샤쥐에징

🇯 ぜっけい ⓐts 영:ei 🇻 tuyệt cảnh 뚜엣 까잉 얼:uyêt 영:anh

절교
绝交
juéjiāo
쥐에쟈오

絶交 **얼**:üe ㉣.. ㉠j **요**:iao
절교 상태 绝交状态 쥐에쟈오주앙타이

🇯 ぜつこう ⓐts 영:o- 🇻 tuyệt giao 뚜엣 쟈오 얼:uyêt ㄱ:gi 요:ao

절구
绝句
juéjù
쥐에쥐

絶句 **얼**:üe ㉣.. ㉠j
칠언 절구 七言绝句 치옌 쥐에쥐

🇯 ぜっく ⓐts 🇻 tuyệt cú 뚜엣 꾸 얼:uyêt

절대
绝对
juéduì
쥐에뛔이

絶對 **얼**:üe ㉣.. **애**:ui
절대 반대 绝对反对 쥐에뛔이 판뛔이

🇯 ぜったい ⓐts 애:ai 🇻 tuyệt đối 뚜엣 도이 ㄹ:t 애:ôi

절망
绝望
juéwàng
쥐에왕

絶望 **얼**:üe ㉣.. ㉫w
절망 상태 绝望状态 쥐에왕 주앙타이

🇯 ぜつぼう ⓐts ⓑb 앙:o- 🇻 tuyệt vọng 뚜엣 봉 얼:uyêt ㅁ:v 앙:ong

절호
绝好
juéhǎo
쥐에하오

絶好 **얼**:üe ㉣.. **오**:ao
절호의 기회 绝好的机会 쥐에하오 떠 찌훼이

🇯 ぜっこう ⓐts ⓑk 🇻 tuyệt hảo 뚜엣 하오 얼:uyêt 오:ao

절제
节制
jiézhì
지에즈

節制 **얼**:ie ㉣.. **에**:i
절제 의식 节制意识 지에즈이스

🇯 せつせい ⓐts 🇻 tiết chế 띠엣 쩨 얼:uyêt

246

점 🀄 zhan, jian, dian 🇯🇵 sen, jen, den 🇻🇳 chiếm, chiếm, điểm

점거
占据
zhànjù
잔쥐

占據 **엄**:an ㉠j **어**:ü
점거 구역 占据区域 잔쥐 취위

🇯🇵 せんきょ 🇻🇳 chiếm cứ 찌엠 끄 엄:iêm 어:ư

점령
占领
zhànlǐng
잔링

占領 **엄**:an **영**:ing
점령 지역 占领区域 잔링취위

🇯🇵 せんりょう 영:yo- 🇻🇳 chiếm lĩnh 찌엠 린 엄:iêm 영:inh

점술
占术
zhānshù
잔수

占術 **엄**:an **울**:u ㉣..
전통 점술 传统占术 추안통잔수

🇯🇵 せんじゆつ @ts 🇻🇳 chiếm thuật 찌엠 투엇 엄:iêm 울:uât

점유
占有
zhànyǒu
잔여우

占有 **엄**:an **유**:ou
재산 점유 财产占有 차이찬잔여우

🇯🇵 せんゆう 🇻🇳 chiếm hữu 찌엠 흐우 엄:iêm 유:ưu

점근
渐近
jiānjìn
젠진

漸近 **엄**:ian ㉠j **은**:in
점근성 渐近性 젠진씽

🇯🇵 ぜんきん 🇻🇳 chiếm cận 띠엠 껀 엄:iêm 은:ân

점화
点火
diǎnhuǒ
뗸휘

點火 **엄**:ian **와**:uo
점화 방식 点火方式 뗸휘팡스

🇯🇵 てんか ⓢk 🇻🇳 điểm hỏa 디엠 화 엄:iêm

247

⊕ jie ⊜ seth Ⓥ tiếp

접견
接见
jiējiàn
지에졘

接見 **업**:ie Ⓗ.. ㉠j **연**:ian
외교 접견 外交接见 와이쟈오지에졘

Ⓙ せつけん ⓔts(예외) Ⓥ tiếp kiến 띠엡 끼엔 업:iêp 연:iên

접근
接近
jiējìn
지에진

接近 **업**:ie Ⓗ.. ㉠j **은**:in
접근 금지 禁止接近 진즈지에진

Ⓙ せつきん ⓔts(예외) Ⓥ tiếp cận 띠엡 껀 업:iêp 은:ân

접대
接待
jiēdài
지에따이

接待 **업**:ie Ⓗ.. **애**:ai
접대 과정 接待过程 지에따이궈청

Ⓙ せつたい ⓔts(예외) 애:ai Ⓥ tiếp đãi 띠엡 다이 업:iêp 애:ai

접수
接受
jiēshòu
지에서우

接受 **업**:ie Ⓗ.. **우**:ou
접수 방법 接受方法 지에서우 팡파

Ⓙ せつじゆ ⓔts(예외) Ⓥ tiếp thu 띠엡 투 업:iêp

접전
交战
jiāozhàn
쟈오잔

接戰 ㉠j **요**:iao **언**:an
접전 상태 交战状态 쟈오잔주앙타이

Ⓙ せつせん ⓔts Ⓥ tiếp chiến 띠엡 찌엔 업:iêp 연:iên

접종
接种
jiēzhǒng
지에종

接種 **업**:ie Ⓗ..
예방 접종 预防接种 위팡 지에종

Ⓙ せつしゆ ⓔts 옹:yo- Ⓥ tiêm chủng 띠엠 쭝 업:iêm 옹:ung

248

정 ⊕ zheng, ding, ting, qing, jing
🇯 sei, siyo-, tei, jiyo- Ⓥ chính, định, tình, chỉnh

정객
政客
zhèngkè
정커

政客 엉:eng 액:e ㉠..
정객 관계 政客关系 정커 꽌시

🇯 せいかく 엉:ei 액:aku Ⓥ chính khách 찐 카익 엉:inh 액:ach

정견
政见
zhèngjiàn
정졘

政見 엉:eng ㉠j 연:ian
정견 발표 发表政见 파뱌오정졘

🇯 せいけん 엉:ei Ⓥ chính kiến 찐 끼엔 엉:inh 연:iên

정계
政界
zhèngjiè
정지에

政界 엉:eng ㉠j 예:ie
정계 개편 政界改组 정지에 까이쭈

🇯 せいかい 엉:ei 예:ai Ⓥ chính giới 찐 저이 엉:inh ㄱ:gi 예:ởi

정권
政权
zhèngquán
정취안

政權 엉:eng ㉠q 원:üan
정권 유지 维持政权 웨이츠정취안

🇯 せいけん 엉:ei Ⓥ chính quyền 찐 꾸엔 엉:inh 원:uyên

정변
政变
zhèngbiàn
정볜

政變 엉:eng 연:ian
정변 발생 发生政变 파성정볜

🇯 せいへん 엉:ei Ⓑh Ⓥ chinh biến 찐 비엔 엉:inh 연:iên

정부
政府
zhèngfǔ
정푸

政府 엉:eng Ⓑf
중앙 정부 中央政府 중앙정푸

🇯 せいふ 엉:ei Ⓑh Ⓥ chính phủ 찐 푸 엉:inh ㅂ:ph

정사
政事
zhèngshì
정스

政事 엉:eng 사:shì
정사 토론 政事讨论 정스 타오룬

🔘 せいじ 엉:ei 사:ji ⓥ chính sự 찐 쓰 엉:inh 사:sự

정책
政策
zhèngcè
정처

政策 엉:eng 액:e ㄱ..
정책 발표 政策发表 정처파뱌오

🔘 せいさく 엉:ei ⓢs 액:aku ⓥ chính sách 찐 사익 엉:inh 액:ach

정치
政治
zhèngzhì
정즈

政治 엉:eng
민주 정치 民主政治 민주정즈

🔘 せいじ 엉:ei ⓥ chính trị 찐 찌 엉:inh

정규
正规
zhèngguī
정궤이

正規 엉:eng 유:ui
정규군 正规军 정궤이쥔

🔘 せいき 엉:ei ⓥ chính quy 찐 뀌 엉:inh 유:uy

정당
正当
zhèngdàng
정당

正當 엉:eng
정당한 표현 正当的表现 정당 떠 뱌오셴

🔘 せいとう 엉:ei 앙:o- ⓥ chính đáng 찐 당 엉:inh

정면
正面
zhèngmiàn
정몐

正面 엉:eng 연:ian
정면 충돌 正面冲突 정몐충투

🔘 しょうめん 엉:yo- ⓥ chính diện 찐 지엔 엉:inh 연:iên

정사
正史
zhèngshǐ
정스

正史 엉:eng 사:shǐ
정사 토론 正史讨论 정스 타오룬

🔘 せいし 엉:ei 사:si ⓥ chính sử 찐 쓰 엉:inh 사:sử

정상
正常
zhèngcháng
정창

正常 **엉:**eng

정상관계 正常关系 정창꽌시

ⓙ せいじょう 엉:ei 양:o- ⓥ bình thường 빈 트엉 엉:inh ㅅ:th 양:ương

정식
正式
zhèngshì
정스

正式 **엉:**eng **익:**i ㄱ..

정식적 요구 正式要求 정스야오치어우

ⓙ せいしき 엉:ei ⓥ chính thức 찐 특 엉:inh 익:ức

정의
正义
zhèngyì
정이

正義 **엉:**eng **의:**yi

정의 사회 正义社会 정이서훼이

ⓙ せいぎ 엉:ei ⓥ chính nghĩa 찐 응이아 엉:inh 의:nghia

정전
正殿
zhèngdiàn
정뗀

正殿 **엉:**eng **언:**ian

화려한 정전 华丽的正殿 화리 떠 정뗀

ⓙ せいでん 엉:ei ⓥ chính điện 찐 디엔 엉:inh 언:iên

정직
正直
zhèngzhí
정즈

正直 **엉:**eng **익:**i ㄱ..

정직한 성격 正直的性格 정즈 떠 씽꺼

ⓙ しょうじき 엉:yo- ⓥ chính trực 찐 쯕 엉:inh 익:ực

정통
正统
zhèngtǒng
정통

正統 **엉:**eng

정통주의 正统主义 정통주이

ⓙ せいとう 엉:ei ◎- ⓥ chính thống 찐 통 엉:inh

정기
定期
dìngqī
띵치

定期 **엉:**ing ㄱq

정기 회의 定期会议 띵치훼이이

ⓙ ていき 엉:ei ⓥ định kỳ 딘 끼 엉:inh

정량
定量
dìngliàng
띵량

定量 엉:ing 양:iang
정량 표시 定量表示 띵량뱌오스

🔵 ていりょう 엉:ei 양:yo- Ⓥ định lượng 딘 르엉 엉:inh 양:ương

정론
定论
dìnglùn
띵룬

定論 엉:ing 온:un
수학 정론 数学定论 수쉬에 띵룬

🔵 ていろん 엉:ei Ⓥ định luận 딘 루언 엉:inh 온:uân

정상화
正常化
zhèngchánghuà
정창화

正常化 엉:eng 와:ua
정상화 과정 正常化过程 정창화궈청

🔵 ていじょうか 엉:ei 양:yo-
Ⓥ bình thường hóa 빈 트엉 화 엉:inh 양:ương

정전
停战
tíngzhàn
팅잔

停戰 엉:ing 언:an
정전 협정 停战协定 팅잔시에띵

🔵 ていせん 엉:ei Ⓥ đình chiến 딘 찌엔 엉:inh 언:iên

정지
停止
tíngzhǐ
팅즈

停止 엉:ing
정지 신호 停止信号 팅즈 신하오

🔵 ていし 엉:ei Ⓥ đình chỉ 딘 찌 엉:inh

정체
停滞
tíngzhì
팅즈

停滯 엉:ing 에:i
정체 상태 停滞状态 팅즈주앙타이

🔵 ていたい 엉:ei 에:ai Ⓥ đình trệ 딘 쩨 엉:inh

정보
情报
qíngbào
칭바오

情報 엉:ing 오:ao
정보기관 情报机关 칭바오 찌관

🔵 じょうほう 엉:yo- ⓗh Ⓥ tình báo 띤 바오 엉:inh 오:ao

정신
精神
jīngshén
징선

精神 **엉**:ing **인**:en

정신 세계 精神世界 징선스지에

日 せいしん 엉:ei V tinh thần 띤 턴 엉:inh 인:ân

정통
精通
jīngtōng
징통

精通 **엉**:ing

고전에 정통 精通古典 징통 꾸뎬

日 せいつう 엉:ei ◎- V tinh thông 띤 통 엉:inh

정화
精华
jīnghuá
징화

精華 **엉**:ing **와**:ua

문화의 정화 文化的精華 원화 떠 징화

日 せいか 엉:ei ⑯k V tinh hoa 띤 화 엉:inh

정리
整理
zhěnglǐ
정리

整理 **엉**:eng

정리 정돈 整理整頓 정리정둔

日 せいり 엉:ei V chỉnh lý 찐 리 엉:inh

정형
整形
zhěngxíng
정씽

整形 **엉**:eng ⑯x **영**:ing

정형 외과 整形外科 정씽 와이커

日 せいけい 엉:ei ⑯k 영:ei V chỉnh hình 찐 힌 엉:inh 영:inh

정맥
静脉
jìngmài
징마이

靜脈 **엉**:ing **액**:ai ⑦..

정맥의 순환 静脉循环 징마이 쉰환

日 じょうみやく 엉:yo- 액:yaku V tĩnh mạch 띤 맥 엉:inh 액:ach

정양
静养
jìngyǎng
징양

靜養 **엉**:ing

정양 시기 静养时期 징양스치

日 せいよう 엉:ei 양:yo- V tĩnh dưỡng 띤 즈엉 엉:inh 양:ương

정복
征服
zhēngfú
정푸

征服 엉:eng Ⓗf 옥:u ㉠..

세계 정복 征服世界 정푸스지에

Ⓙ せいふく 엉:ei Ⓗh Ⓥ chinh phục 찐 푹 엉:inh ㅂ:ph 옥:uc

정정
订正
dìngzhèng
딩정

訂正 엉:ing 엉:eng

항목 정정 订正项目 딩정샹무

Ⓙ ていせい 엉:ei Ⓥ đính chính 딘 찐 엉:inh 엉:inh

정좌
静坐
jìngzuò
징줘

静坐 엉:ing 와:uo

정좌 자세 静坐姿势 징줘 쯔스

Ⓙ ていざ 엉:ei Ⓥ tĩnh tọa 띤 똬 엉:inh

정중
郑重
zhèngzhòng
정종

鄭重 엉:eng 웅:ong

정중한 태도 郑重的态度 정종 떠 타이두

Ⓙ ていちょう 엉:ei ◎- Ⓥ trịnh trọng 찐 쭝 엉:inh 웅:ong

제 Ⓒ zhi, ji, ti, di Ⓙ sei, sai, tei, (dai, de) Ⓥ chế, tế, đề

제도
制度
zhìdù
쯔두

制度 에:i 오:u

보험제도 保险制度 바오셴즈두

Ⓙ せいど Ⓥ chế độ 제도

제작
制作
zhìzuò
쯔줘

制作 에:i 악:uo ㉠..

영화 제작 电影制作 뎬잉즈줘

Ⓙ せいさく Ⓥ chế tác 제 딱

254

제재
制裁
zhìcái
즈차이

制裁 에:i 애:ai
경제적 제재 经济制裁 찡지즈차이

🗾 せいさい 애:ai Ⓥ chế tài 제 따이 애:ai

제정
制定
zhìdìng
즈띵

制定 에:i 엉:ing
법률 제정 制定法律 즈띵파뤼

🗾 せいてい Ⓥ chế định 제 딘 엉:inh

제한
限制
xiànzhì
셴즈

制限 ⓗx 안:ian 에:i
속도 제한 速度限制 쑤두셴즈

🗾 せいげん ⓢg Ⓥ chế hạn 제 한

제복
祭服
jìfú
찌푸

祭服 에:i Ⓑf 옥:u ㉠..
제복 준비 准备祭服 준베이찌푸

🗾 さいふく 에:ai Ⓗh Ⓥ tế phục 떼 푹 ㅂ:ph 옥:uc

제사
祭祀
jìsì
찌쓰

祭祀 에:i 사:sì
제사 의식 祭祀仪式 찌쓰이스

🗾 さいし 에:ai 사:si Ⓥ tế tự 떼 뜨 사:tự

제의
提议
tíyì
티이

提議 에:i 의:yi
타협 제의 妥协提议 퉈시에티이

🗾 ていぎ Ⓥ đề nghị 데 응이 의:nghi

제창
提倡
tíchàng
티창

提唱 에:i
사상교육을 제창 提倡思想教育 티창스샹쟈오위

🗾 ていしよう ⓢs 앙:yo- Ⓥ đề xướng 데 쓰엉 ㅊ:x 앙:ương

제출
提出
tíchū
티추

提出 에:i 울:u ㄹ..
의견 제출 提出意见 티추이젠

🇯🇵 ていしゆつ ⓢ 양:yo- 🇻 đề xuất 데 쑤엇 ㅊ:x 울:uât

제국
帝国
dìguó
띠궈

帝國 에:i 욱:uo ㄱ..
제국주의 帝国主义 띠궈주이

🇯🇵 ていこく 🇻 đế quốc 데 꾸억 욱:uôc

제왕
帝王
dìwáng
띠왕

帝王 에:i
고대 제왕 古代帝王 꾸다이띠왕

🇯🇵 ていおう 왕:o- 🇻 đế vương 제 브엉 왕:vương

제조
制造
zhìzào
즈자오

製造 에:i 오:ao
제조 능력 制造能力 즈자오넝리

🇯🇵 せいぞう 🇻 chế tạo 제 따오 오:ao

제품
制品
zhìpǐn
즈핀

製品 에:i 움:in
국내 제품 国内制品 궈네이즈핀

🇯🇵 せいひん ⓗh 🇻 chế phẩm 제 펌 움:âm

제목
题目
tímù
티무

題目 에:i 옥:u ㄱ..
논문의 제목 论文题目 룬원티무

🇯🇵 だいもく 에:ai 🇻 đề mục 데 묵 옥:uc

제자
弟子
dìzǐ
띠쯔

弟子 에:i 자:zǐ
총명한 제자 聪明的弟子 충밍 떠 띠쯔

🇯🇵 でし 자:si 🇻 đệ tử 데 뜨 자:tử

256

조

⊕ tiao, diao, zu, zhu, chao, zao
🇯 jiyo-, chiyo-, so, jo, so- Ⓥ điều, tổ, trợ, trợ, tạo

조건
条件
tiáojiàn
탸오젠

條件 오:iao ㉠j 언:ian
결혼 조건 结婚条件 지에훈 탸오젠

🇯 じょうけん Ⓥ điều kiện 디에우 끼엔 오:iêu 언:iên

조례
条例
tiáolì
탸오리

條例 오:iao 예:i
당의 조례 党的条例 땅 떠 탸오리

🇯 じょうれい Ⓥ điều lệ 디에우 레 오:iêu

조약
条约
tiáoyuē
탸오위에

條約 오:iao 약:yue ㉠..
조약의 규정 条约的规定 탸오위에 떠 궤이띵

🇯 じょうやく Ⓥ điều ước 디에우 으억 오:iêu 약:ước

조사
调查
diàochá
땨오차

調查 오:iao 사:cha
조사 대상 调查对象 탸오차 뒈이샹

🇯 ちょうさ Ⓥ điều tra 디에우 짜 오:iêu 사:tra

조절
调节
tiáojié
탸오지에

調節 오:iao 얼:ie ㉣..
감정 조절 感情调节 간칭 탸오지에

🇯 ちょうせつ @ts Ⓥ điều tiết 디에우 띠엣 오:iêu 얼:iêt

조정
调整
tiáozhěng
탸오정

調整 오:iao 엉:eng
조정 시간 调整时间 탸오정스졘

🇯 ちょうせい 엉:ei Ⓥ điều chỉnh 디에우 찐 오:iêu 엉:inh

조국
祖国
zǔguó
쭈꿔

祖國 오:u 욱:uo ㄱ..
조국 통일 祖国统一 쭈꿔통이

🗾 そこく Ⓥ tổ quốc 또 꾸역 욱:uôc

조세
租税
zūshuì
쭈쉐이

租稅 오:u 에:ui
조세 의무 租税义务 쭈쉐이 이우

🗾 そぜい Ⓥ tô thuế 또 투에

조력
助力
zhùlì
주리

助力 오:u 역:i ㄱ..
조력 범위 助力范围 주리 판웨이

🗾 じょりよく Ⓥ trợ lực 쩌 륵 역:ực

조류
潮流
cháoliú
차오리어우

潮流 오:ao 유:iu
시대조류 时代潮流 스다이차오리어우

🗾 ちょうりゅう Ⓥ trợ lưu 짜오 르우 오:ao 유:ưu

조문
祭文
jìwén
지원

弔文 오:i Ⓦw 운:en
조문 발표 祭文发表 지원파뱌오

🗾 ちょうぶん Ⓦb Ⓥ điếu văn 디에우 반 오:ieu ㅁ:v 운:ăn

조직
组织
zǔzhī
쭈즈

組織 오:u 익:i ㄱ..
조직 분포 组织分布 쭈즈펀부

🗾 そしき Ⓥ tổ chức 또 쯕 익:ức

조형
造形
zàoxíng
자오씽

造形 오:ao Ⓗx 영:ing
조형미술 造形美术 자오씽 메이수

🗾 ぞうけい Ⓗk 영:ei Ⓥ tạo hình 따오 힌 오:ao 영:inh

258

조혼
早婚
zǎohūn
자오훈

早婚 **오**:ao **온**:un

조혼 풍습 早婚风俗 자오훈 펑쑤

日 そうこん ⑤k **V** tảo hôn 따오 혼 오:ao

ⓒ zun, cun **日** son **V** tôn

존숭
尊崇
zūnchóng
준충

尊崇 **온**:un **웅**:ong

유가 사상 존숭 尊崇儒家思想 준충루쟈쓰샹

日 そんすう ◎- **V** tôn sùng 똔 쑹

존엄
尊严
zūnyán
준옌

尊嚴 **온**:un **엄**:yan

법률의 존엄 法律的尊严 파뤼 떠 준옌

日 そんげん **V** tôn nghiêm 똔 응이엠 엄:nghiêm

존중
尊重
zūnzhòng
준종

尊重 **온**:un **웅**:ong

결정 존중 尊重决定 준종 쥐에띵

日 そんちょう 웅:yo- **V** tôn trọng 똔 쫑 웅:ong

존재
存在
cúnzài
춘자이

存在 **온**:un **애**:ai

존재이유 存在理由 춘자이 리여우

日 そんざい 애:ai **V** tồn tại 똔 따이 애:ại

ⓒ zhong, zong **日** shu, shu-, so- **V** chủng, tổng

종류
种类
zhǒnglèi
종레이

種類 유:ei
사건의 종류 事件种类 스젠 종레이

日 しゅるい ◎..(예외) Ⓥ chủng loại 쭝 로아이 옹:ung 유:oai

종족
种族
zhǒngzú
종쭈

種族 옥:u ㉠..
종족 본능 种族本能 종쭈번녕

日 しゅぞく ◎..(예외) Ⓥ chủng tộc 쭝 똑 옹:ung

종신
终身
zhōngshēn
종선

終身 인:en
종신 보험 终身保险 종선바오셴

日 しゅうしん 옹:yu- Ⓥ chung thân 쭝 턴 옹:ung 인:ân

종합
综合
zōnghé
종허

綜合 압:e Ⓗ..
종합대학 综合大学 종허따쉬에

日 そうごう ◎- Ⓖg 압:o- Ⓥ tổng hợp 똥 협 압:ơp

 ⊕ zhu, jiu, zhou 日 shu, (shu-) Ⓥ chủ, tửu, chu

주관
主观
zhǔguān
주관

主觀
주관론 主观论 주관룬

日 しゅかん Ⓥ chủ quan 쭈 꽌

주권
主权
zhǔquán
주취안

主權 ㉠q 원:üan
국가주권 国家主权 궈지아 주취안

日 しゅけん Ⓥ chủ quyền 쭈 꾸엔 원:uyên

주도
主导
zhǔdǎo
주다오

主導 오:ao

주도권 主导权 주다오취안

日 しゅどう Ⓥ chủ đạo 쭈 다오 오:ao

주동
主动
zhǔdòng
주동

主動

주동과 피동 主动和被动 주동 허 베이동

日 しゅどう ◎- Ⓥ chủ động 쭈 동

주력
主力
zhǔlì
주리

主力 역:i ㉠..

주력 부대 主力部队 주리뿌뒈이

日 しゅりよく Ⓥ chủ lực 쭈 룩 역:ực

주모
主谋
zhǔmóu
주머우

主謀 오:ou

행동의 주모자 行动的主谋 씽동 떠 주머우

日 しゅぼう ◎b Ⓥ chủ mưu 쭈 므우 오:ưu

주석
主席
zhǔxí
주시

主席 억:i ㉠..

주석 접견 主席接见 주시지에젠

日 しゅせき 억:eki Ⓥ chủ tịch 쭈 띡 억:ich

주요
主要
zhǔyào
주야오

主要 요:yao

주요 원인 主要原因 주야오 위안인

日 しゅよう Ⓥ chủ yếu 쭈 이에우 요:yêu

주의
主义
zhǔyì
주이

主義 의:yi

공산 주의 共产主义 공찬주이

日 しゅぎ Ⓥ chú ý 쭈 이 의:y

주인
主人
zhǔrén
주런

主人 **인:**ren
주인 의식 主人意识 주런이스

🇯 しゅじん 🇻 chủ nhân 쭈 년 인:nhân

주제
主题
zhǔtí
주티

主題 **에:**i
논문 주제 论文主题 룬원 주티

🇯 しゅだい 에:ai 🇻 chủ đề 쭈 데

주체
主体
zhǔtǐ
주티

主體 **에:**i
경제활동의 주체 经济活动的主体 찡지 훠동 떠 주티

🇯 しゅたい 에:ai 🇻 chủ thể 쭈 테

주량
酒量
jiǔliàng
지어우량

酒量 **우:**iu
주량 측정 测定酒量 처띵 지어우량

🇯 しゅりょう 양:yo- 🇻 tửu lượng 뜨우 르엉 우:ưu 양:ương

주색
酒色
jiǔsè
지어우써

酒色 **우:**iu **액:**e ㉠..
주색 잡기 酒色玩乐 지어우써 완러

🇯 しゅしょく 액:yoku 🇻 tửu sắc 뜨우 싹 우:ưu 액:ắc

주위
周围
zhōuwéi
저우웨이

周圍 **우:**ou **위:**ei
주위 환경 周围环境 저우웨이 환징

🇯 しゅうい 🇻 chu vi 쭈 비 위:i

준 ⊕ zhun, zun 🇯 jiyun 🇻 chuẩn, tuân

262

준비
准备
zhǔnbèi
준베이

準備 **이**:ei

준비 과정 准备过程 준베이궈청

日 じゅんび **V** chuẩn bị 쭈언 비 운:uân

준칙
准则
zhǔnzé
준저

準則 **익**:e **ㄱ**..

준칙 준수 遵守准则 준서우준저

日 じゅんそく ⓢs **V** chuẩn tắc 쭈언 딱 운:uân 익:ăc

준수
遵守
zūnshǒu
준서우

遵守 **우**:ou

규정 준수 遵守规定 준서우 궤이띵

日 じゅんしゅ **V** tuân thủ 뚜언 투 운:uân ㅅ:th

⊕ zhong **日** chiyu-, jiyu-, siyu **V** trung, chúng

중간
中间
zhōngjiān
종젠

中間 **ㄱ**j **안**:ian

중간 노선 中间路线 종지옌루셴

日 ちゅうかん ◎- **V** trung gian 쭝 잔 ㄱ:g 안:an

중고
中古
zhōnggǔ
종구

中古 **웅**:ong

중고 시대 中古时代 종구스다이

日 ちゅうこ ◎- **V** trung cổ 쭝 꼬

중급
中级
zhōngjí
종지

中級 **웅**:ong **ㄱ**j **읍**:I **ㅂ**..

중급 수준 中级水平 종지쉐이핑

日 ちゅうきゅう ◎- 읍:yu- **V** trung cấp 쭝 껍 읍:âp

중년
中年
zhōngnián
종년

中年 웅:ong 연:ian

중년 시기 中年时期 종녠스치

日 ちゅうねん ◎- V trung niên 쭝 니엔 연:iên

중농
中农
zhōngnóng
종농

中農 웅:ong

중농 계급 中农阶级 종농지에지

日 ちゅうのう ◎- ◎- V trung nông 쭝 농

중독
中毒
zhòngdú
종뚜

中毒 웅:ong 옥:u ㄱ..

식품중독 食品中毒 스핀 종뚜

日 ちゅうどく ◎- V trúng độc 쭝 독

중류
中流
zhōngliú
종리어우

中流 웅:ong

중류계급 中流阶层 종리어우 지에청

日 ちゅうりゅう ◎- V trung lưu 쭝 르우 유:ưu

중립
中立
zhōnglì
종리

中立 웅:ong 입:i ㅂ..

중립 국가 中立国家 종리궈지아

日 ちゅうりつ ◎- ⓣts V trung lập 쭝 럽 입:âp

중심
中心
zhōngxīn
종신

中心 웅:ong

중심인물 中心人物 종신 런우

日 ちゅうしん ◎- V trung tâm 쭝 떰 임:âm

중앙
中央
zhōngyāng
종양

中央 웅:ong

중앙정부 中央政府 종양정푸

日 ちゅうおう ◎- 앙:o- V trung ương 쭝 으영 앙:ương

중화
中华
Zhōnghuá
종화

中華 웅:ong 와:ua
중화 사상 中华思想 종화쓰샹

🗾 ちゅうか ◎- ⑤k ♥ Trung Hoa 쭝 화

중대
重大
zhòngdà
종따

重大 웅:ong 애:a
중대사건 重大事件 종따스졘

🗾 じゅうだい ◎- 애:ai ♥ trọng đại 쭝 다이 웅:ong 애:ai

중량
重量
zhòngliàng
종량

重量 웅:ong
총중량 总重量 종종량

🗾 じゅうりょう ◎- 양:yo- ♥ trọng lượng 쭝 르엉 웅:ong 양:ương

중력
重力
zhònglì
종리

重力 웅:ong 역:i ㄱ..
중력 측량 重力测量 종리처량

🗾 じゅうりよく ◎- ♥ trọng lực 쭝 륵 웅:ong 역:ức

중병
重病
zhòngbìng
종빙

重病 웅:ong 영:ing
중병 환자 重病患者 종빙환저

🗾 じゅうびょう ◎- 영:yo ♥ trọng bệnh 쭝 벤 웅:ong 영:ênh

중상
重伤
zhòngshāng
종상

重傷 웅:ong
중상자 重伤者 종상저

🗾 じゅうしょう ◎- 양:yo ♥ trọng thương 쭝 트엉 웅:ong 양:ương

중요
重要
zhòngyào
종야오

重要 웅:ong 요:yao
중요지점 重要地点 종야오띠뎬

🗾 じゅうよう ◎- ♥ trọng yếu 쭝 이에우 웅:ong 요:yêu

중점
重点
zhòngdiǎn
종뗀

重點 웅:ong 엄:ian
중점 관리 重点管理 종뗀관리

🇯 じゅうてん ◎- 🇻 trọng điểm 쫑 디엠 웅:ong 엄:iêm

중죄
重罪
zhòngzuì
종줴이

重罪 웅:ong 외:uì
중죄 처벌 重罪处罚 종줴이추파

🇯 じゅうざい ◎- 외:ai 🇻 trọng tội 쫑 또이 웅:ong 외:ôi

중생
众生
zhòngshēng
종성

衆生 웅:ong 앵:eng
중생 제도 普度众生 푸뚜 종성

🇯 しゅじょう ◎- 앵:yo 🇻 chúng sinh 쫑 신 앵:inh

중재
仲裁
zhòngcái
종차이

仲裁 웅:ong 애:ai
국제중재 国际仲裁 궈찌 종차이

🇯 ちゅうさい ◎- 애:ai 🇻 trọng tài 쫑 따이 웅:ong

즉 ⊕ ji 🇯 sok 🇻 tức

즉각
即刻
jíkè
지커

即刻 윽:i 악:e ㉠..
즉각행동 即刻行动 지커 씽동

🇯 そつこく 🇻 tức khắc 뜩 칵

증 ⊕ zheng 🇯 siyo- 🇻 chứng

증거
证据
zhèngjù
정쮜

證據 응:eng ㉠j 어:u

증거 수집　收集证据　서우지정쮜

🈁 しょうこ 응:yo-　Ⓥ chứng cứ 쯩 끄 어:ư

증권
证券
zhèngquàn
정쮜안

證券 응:eng 원:üan

증권시장　证券市场　정쮜안스창

🈁 しょうけん 응:yo-　Ⓥ chứng khoán 쯩 콴 원:oan

증명
证明
zhèngmíng
정밍

證明 응:eng 영:ing

증명 서류　证明文件　정밍원졘

🈁 しょうめい 응:yo- 영:ei　Ⓥ chứng minh 쯩 민 영:inh

㊀ di, zhi, chi　🈁 ji, chi, si　Ⓥ địa, chi, tri

지

지구
地球
dìqiú
띠치어우

地球 ㉠q

지구 온도　地球温度　띠치어우 원뚜

🈁 ちきゅう　Ⓥ địa cầu 디아 꺼우 이:ia 우:au

지리
地理
dìlǐ
띠리

地理

인문 지리　人文地理　런원 띠리

🈁 ちり　Ⓥ địa lý 디아 리 이:ia

지명
地名
dìmíng
띠밍

地名 영:ing

지명 표시　地名表示　띠밍 뱌오스

🈁 ちめい 영:ei　Ⓥ địa danh 디아 자잉 이:ia 영:anh

267

지반
地盘
dìpán
띠판

地盤 Ⓑp
활동 지반 活动地盘 훠동 띠판

> Ⓙ じばん Ⓗh Ⓥ địa bàn 디아 반 이:ia

지방
地方
dìfang
띠팡

地方 Ⓑf
지방 도시 地方城市 띠팡 청스

> Ⓙ ちほう Ⓗh 양:o- Ⓥ địa phương 디아 프엉 이:ia 양:ương

지위
地位
dìwèi
띠웨이

地位 위:ei
지위 남용 滥用地位 란용 띠웨이

> Ⓙ ちい Ⓥ địa vị 디아 비 이:ia 위:i

지정학
地政学
dìzhèngxué
띠정쉬에

地政學 ⓗx 악:üe ⓖ..
지정학적 원리 地政学原理 띠정쉬에위안리

> Ⓙ ちせいがく ⓖg Ⓥ địa chính học 디아 찐 혁 이:ia 엉:inh 악:oc

지주
地主
dìzhǔ
띠주

地主
지주계급 地主阶级 띠주지에지

> Ⓙ じぬし 훈독 Ⓥ địa chủ 디아 쭈 이:ia

지중해
地中海
Dìzhōnghǎi
띠종하이

地中海 웅:ong 애:ai
지중해 기후 地中海气候 띠종하이치허우

> Ⓙ ちちゅうかい ◎- ⓚk 애:ai Ⓥ Địa Trung Hải 디아 쭝 하이 이:ia 애:ai

지진
地震
dìzhèn
띠전

地震 인:en
지진계 地震仪 띠전이

> Ⓙ じしん Ⓥ địa chấn 디아 쩐 이:ia 인:ân

268

지질
地质
dìzhì
띠즈

地質 **일:**i ㉡..
지질 조사　地质调查　띠즈댜오차

㉠ ちしつ ⓐts　Ⓥ địa chất 디아 쩟 이:ia 일:ât

지형
地形
dìxíng
띠씽

地形 ㉠x **영:**ing
지형학 연구　地形学研究　띠씽쉬에 옌지어우

㉠ ちけい ⓗk 영:ei　Ⓥ địa hình 디아 힌 이:ia 영:inh

지배
支配
zhīpèi
즈페이

支配 ㉿p **애:**ei
지배권　支配权　즈페이취안

㉠ しはい ⓗh 애:ai　Ⓥ chi phối 찌 포이 ㅂ:ph 애:ôi

지원
支援
zhīyuán
즈위안

支援 **원:**yuan
지원 군대　支援军队　즈위안 쥔뒈이

㉠ しえん　Ⓥ chi viện 찌 비엔 원:iên

지도
指导
zhǐdǎo
즈다오

指導 **오:**ao
지도 명령　指导命令　즈다오 밍링

㉠ しどう　Ⓥ chỉ đạo 찌 다오 오:ao

지시
指示
zhǐshì
즈스

指示
지시 내용　指示内容　즈스 네이롱

㉠ しじ　Ⓥ chỉ thị 찌 티

지정
指定
zhǐdìng
즈띵

指定 **엉:**ing
지정 좌석　指定坐席　즈띵 쥐시

㉠ してい 엉:ei　Ⓥ chỉ định 찌 딘 엉:inh

269

지식
知识
zhīshi
즈스

知識 익:i ㄱ..

지식층 知识阶层 즈스 지에청

🇯 ちしき 🇻 tri thức 찌 특 익:ức

직 ⊕ zhi 🇯 chiyoku, siyoku 🇻 trực

직감
直觉
zhíjué
즈쥐에

直感 익:i ㄱ.. ㄱj 악:üe

직감 연구 直觉研究 즈쥐에옌지어우

🇯 ちょっかん 🇻 trực cảm 쯱 깜 익:ức

직속
直属
zhíshǔ
즈수

直屬 익:i ㄱ.. 옥:u ㄱ..

직속 기관 直属机关 즈수찌관

🇯 ちょくぞく 🇻 trực thuộc 쯱 투억 익:ức 옥:uôc

직접
直接
zhíjiē
즈지에

直接 익:i ㄱ.. 업:ie ㅂ..

직접관찰 直接观察 즈지에관차

🇯 ちょくせつ 업:ets(예외) 🇻 trực tiếp 쯱 띠엡 익:ức 업:iêp

직권
职权
zhíquán
즈취안

職權 익:i ㄱ.. 원:üan

직권 남용 滥用职权 란용즈취안

🇯 しょっけん 🇻 trực quyền 쯱 꾸옌 익:ức 원:uyên

진 ⊕ jin, zhen, chen 🇯 sin, chin 🇻 tiến, chân, trấn

270

진도
进度
jìndù
진뚜

進度 **오:**u

학습 진도　学习进度　쉬에시 진뚜

日 しんど　V tiến độ 띠엔 도 인:iên

진보
进步
jìnbù
진뿌

進步 **오:**u

인류의 진보　人类的进步　런레이 떠 진뿌

日 しんぽ　V tiến bộ 띠엔 보 인:iên

진전
进展
jìnzhǎn
진잔

進展 **언:**an

진전 상황　进展情况　진잔칭쾅

日 しんてん　V tiến triển 띠엔 찌엔 인:iên 언:iên

진취
进取
jìnqǔ
진취

進取 **위:**ü

진취 사상　进取思想　진취 쓰샹

日 しんしゅ　V tiến thủ 띠엔 투 인:iên 위:u

진퇴
进退
jìntuì
진퉤이

進退 **외:**ui

진퇴양난　进退两难　진퉤이량난

日 しんたい 외:ai　V tiến thoái 띠엔 토아이 인:iên 외:oai

진행
进行
jìnxíng
진씽

進行 ㅎx **앵:**ing

진행 과정　进行过程　진씽 궈청

日 しんこう ⑥k 앵:o-　V tiến hành 띠엔 하잉 인:iên 앵:anh

진화
进化
jìnhuà
진화

進化 **와:**ua

진화 생물학　进化生物学　진화성우쉬에

日 しんか ⑥k　V tiến hóa 띠엔 화 인:iên

271

진공
真空
zhēnkōng
전콩

眞空 인:en
진공 상태 真空状态 전콩주앙타이

日 しんくう ◎- Ⅴ chân không 쩐 콩 인:ân

진실
真实
zhēnshí
전스

眞實 인:en 일:i ㄹ..
진실성 真实性 전스씽

日 しんじつ @ts Ⅴ chân thật 쩐 텃 인:ân 일:ât

진압
镇压
zhènyā
전야

鎭壓 인:en 압:ya 日..
무장 진압 武装镇压 우주앙전야

日 ちんあつ 압:ats(예외) Ⅴ trấn áp 쩐 압 인:ân

진정
镇静
zhènjìng
전찡

鎭靜 인:en 엉:ing
진정법 镇静法 전찡파

日 ちんせい 엉:ei Ⅴ trấn tĩnh 쩐 띤 인:ân 언:inh

진단
诊断
zhěnduàn
전뒤안

診斷 인:en 안:uan
진단 결과 诊断结果 전뒤안 지에궈

日 しんだん Ⅴ chẩn đoán 쩐 도안 인:ân 안:oan

진동
振动
zhèndòng
전동

振動 인:en
진동계 振动仪 전동이

日 しんどう ◎- Ⅴ chấn động 쩐 동 인:ân

진술
陈述
chénshù
천수

陳述 인:en 울:u ㄹ..
진술 과정 陈述过程 천수궈청

日 ちんじゆつ @ts Ⅴ trần thuật 쩐 투엇 인:ân 울:uât

272

질 ⊕ zhi 🇯 jith 🇻 trât

질서
秩序
zhìxù
즈쉬

秩序 일:i ㄹ.. 어:ü
질서 의식 秩序意识 즈쉬이스

🇯 ちつじょ ⓔts 🇻 trật tự 쩟 뜨 일:ât 어:ư

집 ⊕ ji, zhi 🇯 siyu-, sith 🇻 tập, chấp

집단
集团
jítuán
지투안

集團 입:i 🇧.. 안:uan
집단 의식 集团意识 지투안이스

🇯 しゅうだん ⓑ- 🇻 tập đoàn 떱 도안 입:âp 안:oan

집중
集中
jízhōng
지종

集中 입:i 🇧.. 웅:ong
집중 격리 集中隔离 지종꺼리

🇯 しゅうちゅう ⓑ-ⓞ- 🇻 tập trung 떱 쭝 입:âp

집체
集体
jítǐ
찌티

集體 입:i 🇧.. 에:i
집체 훈련 集体训练 찌티 쉰렌

🇯 사용 안함 ⓑ- 🇻 tập thể 떱 테 입:âp

집합
集合
jíhé
찌허

集合 입:i 🇧.. 압:e 🇧..
집합명사 集合名词 찌허밍츠

🇯 しゅうごう ⓑ-ⓖg 압:o- 🇻 tập hợp 떱 헙 입:âp 압:ơp

집행
执行
zhíxíng
즈씽

執行 입:i ⑪.. ⓗx 앵:ing
집행기관 执行机关 즈씽 찌관

⽇しっこう 입:its ⓚk 앵:o- ⓥ chấp hành 쩝 하잉 입:âp 앵:anh

 ⑪ cheng ⽇ chiyo- ⓥ chinh

징벌
惩罚
chéngfá
청파

懲罰 잉:eng ⑪f 얼:a ②..
엄격한 징벌 严格的惩罚 옌꺼 떠 청파

⽇ちょうばつ ◎- @ts ⓥ chinh phạt 찐 팟 잉:inh ㅂ:ph ㄹ:t

漢字 한자 변환법으로 배우는

중국어

한-중 중심의 한자권 4개국 언어학습

ㄱ
ㄴ
ㄷ
ㄹ
ㅁ
ㅂ
ㅅ
ㅇ
ㅈ
ㅊ
ㅋ
ㅌ
ㅍ
ㅎ

漢字 한자 변환법으로 배우는
중국어 大

차 ⊕ ci, cha ⊜ ji, chiya Ⓥ thứ, trà

차
茶
chá
차

茶
홍차 红茶 홍차

⊜ ちゃ Ⓥ trà 짜 ㅊ:t

찬 ⊕ zan ⊜ san Ⓥ tan

찬성
赞成
zànchéng
잔청

赞成 엉:eng
찬성표시 表示赞成 뱌오스잔청

⊜ さんせい ⓢs 엉:ei Ⓥ tán thành 딴 타잉 ㅊ:t 엉:anh

참 ⊕ can ⊜ san Ⓥ tham, thảm

참가
参加
cānjiā
찬지아

参加 ㄱj 아:ia
참가 범위 参加范围 찬지아 판웨이

⊜ さんか ⓢs Ⓥ tham gia 탐 자 ㅊ:th ㄱ:g 아:ia

276

참고
参考
cānkǎo
찬카오

參考 오:ao

참고 자료 参考资料 찬카오 쯔랴오

🗾 さんこう ㉔s Ⓥ tham khảo 탐 카오 ㅊ:th 오:ao

참관
参观
cānguān
찬관

參觀 완:uan

유적지 참관 参观遗址 찬관 이즈

🗾 さんかん ㉔s Ⓥ tham quan 탐 꽌 ㅊ:th

참모
参谋
cānmóu
찬머우

參謀 오:ou

참모총장 总参谋长 종찬머우장

🗾 さんぼう ㉔s Ⓑb Ⓥ tham mưu 탐 므우 ㅊ:th 오:ưu

참극
惨剧
cǎnjù
찬쥐

慘劇 Ⓙj 윽:ü Ⓙ..

참극 현장 惨剧现场 찬쥐 셴창

🗾 さんげき ㉔s Ⓥ thảm kịch 탐 끽 ㅊ:th 윽:ich

참살
惨杀
cǎnshā
찬사

慘殺 알:a Ⓡ..

참살 상황 残杀情况 찬사 칭쾅

🗾 ざんさつ ㉭ts Ⓥ thảm sát 탐 쌋 ㅊ:th 알:at

참상
惨状
cǎnzhuàng
찬주앙

慘狀

전쟁의 참상 战争惨状 잔정찬주앙

🗾 さんじょう ㉔s 앙:yo- Ⓥ thảm trạng 탐 짱 ㅊ:th

참패
惨败
cǎnbài
찬바이

慘敗 Ⓟb 애:ai

연일 참패 连日惨败 롄르찬바이

🗾 さんぱい ㉔s Ⓟp(h) 애:ai Ⓥ thảm bại 탐 바이 ㅊ:th 애:ai

참해
惨重
cǎnzhòng
찬종

惨害 웅:ong

참해 상황　惨重情况　찬종 칭쾅

🇯 さんがい ㉛s ⓖg 애:ai　🇻 thảm hại 탐 하이 ㅊ:th 애:ai

참여
参与
cānyù
찬위

参與 여:yu

회의에 참여　参与会议　찬위 훼이이

🇯 さんよ ㉛s　🇻 tham dự 탐 즈 ㅊ:th 여:ư

참전
参战
cānzhàn
찬잔

参戰 언:an

참전 용사　参战勇士　찬잔용스

🇯 さんせん ㉛s　🇻 tham chiến 탐 찌엔 ㅊ:th 언:ien

창　🇨 chuang　🇯 so-　🇻 sáng

창립
创立
chuànglì
추앙리

創立 앙:uang 입:i

창립 기념　创立纪念　추앙리찌녠

🇯 そうりつ ㉛s 앙:o- 입:its　🇻 sáng lập 쌍 럽 ㅊ:s 입:ập

창작
创作
chuàngzuò
추앙쭤

創作 앙:uang 악:uo

창작 능력　创作能力　추앙쭤 넝리

🇯 そうさく ㉛s 앙:o-　🇻 sáng tác 쌍 딱 ㅊ:s

창조
创造
chuàngzào
추앙자오

創造 앙:uang 오:ao

위대한 창조　伟大的创造　웨이따 떠 추앙자오

🇯 そうぞう ㉛s 앙:o-　🇻 sáng tạo 쌍 따오 ㅊ:s 오:ao

책
⊕ ce, ze 🇯 saku, seki Ⓥ sach

책임
责任
zérèn
저런

責任 **액**:e ㉠.. **임**:ren
책임의식 责任意识 저런이스

🇯 せきにん ⓢs Ⓥ trách nhiệm 짜익 니엠 ㅊ:s 액:ach 임:nhiêm

처
⊕ chu 🇯 siyo Ⓥ xu

처리
处理
chǔlǐ
추리

處理 **어**:u
처리 과정 处理过程 추리귀청

🇯 しより ⓢs Ⓥ xử lý 쓰 리 ㅊ:x 어:ư 이:y

처벌
处罚
chǔfá
추파

處罰 **어**:u ⒝f **얼**:a ㉣..
형사처벌 刑事处罚 씽스추파

🇯 しょばつ ⓢs ⓔts Ⓥ xử phạt 쓰 팟 ㅊ:x 어:ư ㅂ:ph 얼:at

천
⊕ tian, qian, jian 🇯 ten, sen Ⓥ thiên, tiến

천륜
天伦
tiānlún
톈룬

天倫 **언**:ian **윤**:un
천륜의 도리 天伦道理 톈룬 따오리

🇯 てんりん Ⓥ thiên luân 티에 루언 ㅊ:th 언:iên 윤:uân

279

천명
天命
tiānmìng
톈밍

天命 **언**:ian **영**:ing

천명 의식　天命意识　톈밍이스

🈥 てんめい 영:ei　Ⓥ thiên mệnh 티엔 멘 ㅊ:th 언:iên 영:ênh

천문
天文
tiānwén
톈원

天文 **언**:ian Ⓜw **운**:en

천문대　天文台　톈원타이

🈥 てんもん　Ⓥ thiên văn 티엔 반 ㅊ:th 언:iên ㅁ:v

천부
天赋
tiānfù
톈푸

天赋 **언**:ian Ⓑf

천부의 재능　天赋的才能　톈푸 떠 차이넝

🈥 てんぷ Ⓑp(h)　Ⓥ thiên phú 티엔 푸 ㅊ:th 언:iên

천사
天使
tiānshǐ
톈스

天使 **언**:ian **사**:shǐ

천사의 음성　天使的声音　톈스 떠 성인

🈥 てんし 사:si　Ⓥ thiên sứ 티엔 쓰 ㅊ:th 언:iên 사:sứ

천생
天生
tiānshēng
톈성

天生 **언**:ian **앵**:eng

천생 연분　天生缘份　톈성 위안펀

🈥 てんせい 앵:ei　Ⓥ thiên sinh 티엔 씬 ㅊ:th 언:iên 앵:inh

천성
天性
tiānxìng
톈씽

天性 **언**:ian **엉**:ing

천성 선량　天性善良　톈씽 산량

🈥 てんせい 엉:ei　Ⓥ thiên tính 티엔 띤 ㅊ:th 언:iên 엉:inh

천연
天然
tiānrán
톈란

天然 **언**:ian **연**:an

천연 자원　天然资源　톈란 쯔위안

🈥 てんねん　Ⓥ thiên nhiên 티엔 니엔 ㅊ:th 언:iên 연:nhiên

천재
天才
tiāncái
톈차이

天才 **언**:ian **애**:ai

음악 천재 音乐天才 인위에 톈차이

🌐 てんさい 애:ai Ⓥ thiên tài 티엔 따이 ㅊ:th 언:iên 애:ài

천주
天主
tiānzhǔ
톈주

天主 **언**:ian

천주교회 天主教会 톈주쟈오훼이

🌐 てんしゅ Ⓥ thiên chúa 티엔 쭈어 ㅊ:th 언:iên 우:ua

천지
天地
tiāndì
톈띠

天地 **언**:ian

천지 만물 天地万物 톈띠 완우

🌐 てんち Ⓥ thiên địa 티엔 디아 ㅊ:th 언:iên 이:ia

천직
天职
tiānzhí
톈즈

天職 **언**:ian **익**:i

천직 의식 天职意识 톈즈이스

🌐 てんしょく Ⓥ thiên chức 티엔 쯕 ㅊ:th 언:iên 익:ưc

천하
天下
tiānxià
톈샤

天下 **언**:ian **ㅎ**x **아**:ia

천하 무적 天下无敌 톈샤 우띠

🌐 てんか Ⓥ thiên hạ 티엔 하 ㅊ:th 언:iên

천자
千字
qiānzì
쳰쯔

千字 **언**:ian **자**:zì

천자문 千字文 쳰쯔원

🌐 せんじ ㊝s 자:ji Ⓥ thiên tự 티엔 뜨 ㅊ:th 언:iên 자:tự

천추
千秋
qiānqiū
쳰치어우

千秋 **언**:ian **우**:iu

천추의 한 千秋之恨 쳰치어우즈헌

🌐 せんしゅう ㊝k Ⓥ thiên thu 티엔 투 ㅊ:th 언:iên

천거
荐举
jiànjǔ
젠쥐

薦擧 **언**:ian ㉠j **어**:u

천거 제도 荐举制度 젠쥐즈뚜

🕒 せんきょ ⑤s **Ⓥ** tiến cử 띠엔 끄 ㅊ:t 언:iên 어:ư

㊉ qing, ting ⓔ sei, cho Ⓥ thanh, thính

청렴
清廉
qīnglián
칭롄

清廉 **엉**:ing **염**:ian

근검청렴 勤俭清廉 친젠칭롄

🕒 せいれん ⑤s 엉:ei **Ⓥ** thanh liêm 타잉 리엠 ㅊ:th 엉:anh 염:iêm

청명
清明
qīngmíng
칭밍

清明 **엉**:ing **영**:ing

청명한 기후 清明的气候 칭밍 떠 치허우

🕒 せいめい ⑤s 엉:ei **Ⓥ** thanh minh 타잉 민 ㅊ:th 엉:anh

청빈
清贫
qīngpín
칭핀

清貧 **엉**:ing ㉠p

청빈 생활 清贫生活 칭핀성훠

🕒 せいひん ⑤s 엉:ei **Ⓥ** thanh bần 타잉 번 ㅊ:th 엉:anh 엉:ần

청각
听觉
tīngjué
팅쥐에

聽覺 **엉**:ing ㉠j **악**:üe ㉠..

청각검사 听觉检查 팅쥐에젠차

🕒 ちょうかく 엉:yo- **Ⓥ** thính giác 틴 작 ㅊ:th 엉:inh ㄱ:gi 악:ac

청력
听力
tīnglì
팅리

聽力 **엉**:ing **역**:i ㉠..

청력장애 听力障碍 팅리장아이

🕒 ちょうりょく ⑤s 엉:yo- **Ⓥ** thính lực 틴 륵 ㅊ:th 엉:inh 역:ực

청년
青年
qīngnián
칭녠

靑年 **엉**:ing **연**:ian
한국청년 韩国青年 한궈 칭녠

🗾 せいねん ⓢs 엉:ei Ⓥ thanh niên 타잉 니엔 ㅊ:th 엉:anh 연:iên

청소년
青少年
qīngshàonián
칭사오녠

靑少年 **엉**:ing **오**:ao **연**:ian
청소년기 青少年时期 칭사오녠스치

🗾 せいしょうねん ⓢs 엉:ei
Ⓥ thanh thiếu niên 타잉 티에우 니엔 ㅅ:th 오:ieu 연:iên

청춘
青春
qīngchūn
칭춘

靑春 **엉**:ing
청춘 남녀 青春男女 칭춘난뉘

🗾 せいしゅん ⓢs 엉:ei ⓢs
Ⓥ thanh xuân 타잉 쑤언 ㅊ:th 엉:anh ㅊ:x 운:uân

청혼
求婚
qiúhūn
치어우훈

求婚 ㉠q **우**:iu **온**:un
청혼 의식 求婚仪式 치어우훈이스

🗾 きゅうこん ⓚk Ⓥ thỉnh hôn 틴 혼 ㅊ:th 엉:inh

체   ⊕ ti 🗾 tai Ⓥ thế

체력
体力
tǐlì
티리

體力 **에**:i **역**:i ㉠..
체력 회복 恢复体力 훼이푸티리

🗾 たいりょく 에:ai Ⓥ thể lực 테 륵 ㅊ:th 역:ực

체면
体面
tǐmiàn
티몐

體面 **에**:i **연**:ian
체면 유지 维持体面 웨이츠티몐

🗾 たいめん 에:ai Ⓥ thể diện 테 지엔 ㅊ:th 연:iên

283

체육
体育
tǐyù
티위

體育 에:i 육:yu ㉠..
체육과 体育系 티위시

🇯 たいいく 에:ai Ⓥ thể dục 테 죽 ㅊ:th 육:uc

체제
体制
tǐzhì
티즈

體制 에:i 에:i
정치 체제 政治体制 정즈티즈

🇯 たいせい 에:ai Ⓥ thể chế 테 쩨 ㅊ:th

체중
体重
tǐzhòng
티종

體重 에:i 웅:ong
체중 감량 体重减轻 티종졘칭

🇯 たいじゅう 에:ai ◎- Ⓥ thể trọng 테쭝 ㅊ:th 웅:ong

체질
体质
tǐzhì
티즈

體質 에:i 일:i ㉣..
체질 개선 体质改善 티즈까이산

🇯 たいしつ 에:ai ⓔts Ⓥ thể chất 테 쩟 ㅊ:th 일:ât

체험
体验
tǐyàn
티엔

體驗 에:i ⓗy(예외) 엄:an
문화 체험 文化体验 원화 티엔

🇯 たいけん 에:ai Ⓥ thể nghiệm 테 응이엠 ㅊ:th 엄:nghiêm

⊕ chao, chu, cao, zhao
🇯 chiyo-, siyo-, so-, siyo- Ⓥ siêu, sơ, thảo, chiêu

초능력
超能力
chāonénglì
차오넝리

超能力 오:ao 응:eng 역:i ㉠..
초능력 발휘 超能力发挥 차오넝리 파훼이

🇯 ちょうのうりょく ◎- Ⓥ siêu năng lực 씨에우 낭 륵 ㅊ:s 오:ieu 응:ăng 역:ực

284

초속
超速
chāosù
차오쑤

超速 **오:**ao **옥:**u ㄱ..
초속 측정 超速测定 차오쑤 처띵

🇯 ちょうそく ⓢs 🇻 siêu tốc 씨에우 똑 ㅊ:s 오:iêu

초인
超人
chāorén
차오런

超人 **오:**ao **인:**ren
초인주의 超人主义 차오런주이

🇯 ちょうじん 🇻 siêu nhân 씨에우 년 ㅊ:s 오:iêu 연:nhân

초급
初级
chūjí
추찌

初級 **오:**ao ㄱj **읍:**i ㅂ..
초급 과정 初级过程 추찌궈청

🇯 しょきゆう ⓢs 읍:yu- 🇻 sơ cấp 써 껍 ㅊ:s 입:âp

초원
草原
cǎoyuán
차오위안

草原 **오:**ao **원:**yuan
초원 지대 草原地带 차오위안 띠다이

🇯 そうげん ⓢs 🇻 thảo nguyên 타오 응우엔 ㅊ:th 오:ao 원:nguyên

총 ⊕ zong, cong 🇯 so- 🇻 tổng, thông

총공격
总攻击
zǒnggōngjī
종공찌

總攻擊 ㄱj **역:**i ㄱ..
총공격 명령 总攻击命令 종공찌밍링

🇯 そうこうげき ⓢs ◎- 🇻 tổng công kích 똥 꽁 끽 ㅊ:t 역:ich

총동원
总动员
zǒngdòngyuán
종동위안

總動員 **원:**yuan
총동원령 总动员令 종동위안링

🇯 そうどういん ⓢs ◎- 🇻 tổng động viên 똥 동 비엔 ㅊ:t 원:iên

285

총량
总量
zǒngliàng
종량

總量
총량 법칙 总量法则 종량파저

🗾 そうりょう ㊨s 양:yo- Ⓥ tổng lượng 똥 르엉 ㅊ:t 양:ương

총력
全力
quánlì
취안리

總力 언:üan 역:i ㉠..
총력 외교 全力外交 취안리 와이쟈오

🗾 そうりよく ㊨s Ⓥ tổng lực 똥 륵 ㅊ:t 역:ực

총무
总务
zǒngwù
종우

總務 Ⓜw
총무 부장 总务部长 종우뿌장

🗾 そうむ ㊨s ◎- Ⓥ tổng vụ 똥 부 ㅊ:t ㅁ:v

총선거
大选
dàxuǎn
따쉬안

總選擧 애:a(예외) 언:üan
총선거의 결과 大选结果 따쉬안 지에궈

🗾 そうせんきょ ㊨s Ⓥ tổng tuyển cử 똥 뚜엔 끄 ㅊ:t ㅅ:t 언:uyên 어:ư

총영사
总领事
zǒnglǐngshì
종링스

總領事 영:ing 사:shì
총영사과 总领事馆 종링스관

🗾 そうりょうじ ㊨s ◎- 영:yo- 사:ji
Ⓥ tổng lãnh sự 똥 라잉 쓰 ㅊ:t 영:anh 사:sự

총명
聪明
cōngming
총밍

聰明 영:ing
총명예지 聪明睿智 총밍뤼즈

🗾 そうめい ㊨s ◎- 영:ei Ⓥ thông minh 통 민 ㅊ:th 인:inh

최 ⊕ zui, cui 🈁 sai Ⓥ tối, thôi

최고
最高
zuìgāo
쩨이까오

最高 외:uì 오:ao
최고 수준 最高水平 쩨이까오 쉐이핑

🗾 さいこう ㉠s 외:ai Ⓥ tối cao 또이 까오 ㅊ:t 외:ôi 오:ao

최대
最大
zuìdà
쩨이따

最大 외:uì 애:a(예외)
최대 규모 最大规模 쩨이따 꿰이모

🗾 さいだい ㉠s 외:ai 애:ai Ⓥ tối đa 또이 다 ㅊ:t 외:ôi 애:a(예외)

최소
最少
zuìshǎo
쩨이사오

最少 외:uì 오:ao
최소량 最少量 쩨이사오량

🗾 さいしょう ㉠s 외:ai Ⓥ tối thiểu 또이 티에우 ㅊ:th 외:ôi 오:iêu

최신
最新
zuìxīn
쩨이신

最新 외:uì
최신 기술 最新技术 쩨이신 찌수

🗾 さいしん ㉠s 외:ai Ⓥ tối tân 또이 떤 ㅊ:t 외:ôi ㅅ:t 인:ân

최혜국
最惠国
zuìhuìguó
쩨이훼이꿔

最惠國 외:uì 예:ui 욱:uo ㉠..
최혜국 조약 最惠国条约 쩨이훼이꿔 탸오위에

🗾 さいけいこく ㉠s 외:ai ㉥k
Ⓥ tối huệ quốc 또이 후에 꾸억 ㅊ:t 외:ôi 예:uê 욱:uôc

최후
最后
zuìhòu
쩨이허우

最後 외:uì 우:ou
최후 진술 最后陈述 쩨이허우천수

🗾 さいご ㉠s 외:ai ㉥g Ⓥ tối hậu 또이 허우 ㅊ:t 외:ôi 우:âu

최면
催眠
cuīmián
쿼이몐

催眠 외:uì 연:ian
최면 상태 催眠状态 쿼이몐주앙타이

🗾 さいみん ㉠s 외:ai Ⓥ thôi miên 토이 미엔 ㅊ:th 외:ôi 연:ien

추 ⊕ chou, qu ⊜ chiyu-, su- Ⓥ trưu, xu

추상
抽象
chōuxiàng
처우샹

抽象 우ːou 앙ːiang

추상명사 抽象名词 처우샹 밍츠

⊜ ちゅうしょう 앙ːyo- Ⓥ trừu tượng 쯔우 뜨엉 우ːưu 앙ːương

추세
趨势
qūshì
취스

趨勢 에ːi

정치의 추세 政治趋势 정즈취스

⊜ すうせい ⊛s Ⓥ xu thế 쑤 테 ㅊːx

축 ⊕ zhu ⊜ shiyuku Ⓥ chuc

축복
祝福
zhùfú
주푸

祝福 욱ːu ㄱ.. ⊞f 욱ːu ㄱ..

축복 기도 祝福祈祷 주푸 치다오

⊜ しゅくふく ⊛s ⊞h Ⓥ chúc phúc 쭉 푹 ㅂːph 옥ːuc

출 ⊕ chu ⊜ shiyuth Ⓥ xuất

출고
出库
chūkù
추쿠

出庫 울ːu ㄹ.. 오ːu

출고 지시 出库指示 추쿠즈스

⊜ しゆつこ ⊛s ⊜ts Ⓥ xuất kho 쑤엇 코 ㅊːx 울ːuât

288

출발
出发
chūfā
추파

出發 울:u ㄹ.. ㅂf ㄹ..
출발 시간 出发时间 추파스졘

日 しゅっぱつ ㊝s ⓣts ⓟp(h) ⓣts
V xuất phát 쑤엇 팟 ㅊ:x 울:uât ㅂ:ph 알:at

출신
出身
chūshēn
추선

出身 울:u ㄹ..
귀족 출신 贵族出身 궤이주 추선

日 しゅっしん ㊝s ⓣts V xuất thân 쑤엇 턴 ㅊ:x 울:uât 인:ân

출입
出入
chūrù
추루

出入 울:u ㄹ.. ㅂ..
출입 제한 出入限制 추루셴즈

日 しゅつにゅう ㊝s ⓣts ⓑ- V xuất nhập 쑤엇 녑 ㅊ:x 울:uât 입:nhập

출중
出众
chūzhòng
추종

出衆 울:u ㄹ.. 웅:ong
지략 출중 谋略出众 머우뤼에추종

日 出色, 사용 안함 ㊝s ⓣts V xuất chúng 쑤엇 쭝 ㅊ:x 울:uât

출처
出处
chūchù
추추

出處 울:u ㄹ.. 어:u
출처 불명 出处不明 추추 뿌밍

日 しゅっしょ,でどころ ㊝s ⓣts ㊝s
V xuất xứ 쑤엇 쓰 ㅊ:x 울:uât ㅊ:x 어:ư

출판
出版
chūbǎn
추반

出版 울:u ㄹ.. ⓟb
출판 기념 出版纪念 추반찌녠

日 しゅっぱん ㊝s ⓣts ⓟp(h) V xuất bản 쑤엇 반 ㅊ:x 울:uât ㅍ:b

출현
出现
chūxiàn
추셴

出現 울:u ㄹ.. ㅎx 연:ian
인류의 출현 人类的出现 런레이 떠 추셴

日 しゅつげん ㊝s ⓣts ⓖg V xuất hiện 쑤엇 히엔 ㅊ:x 울:uât 연:iên

ㄱ
ㄴ
ㄷ
ㅁ
ㅂ
ㅅ
ㅇ
ㅈ
ㅊ
ㅋ
ㅌ
ㅍ
ㅎ

289

출혈
出血
chūxiě
추시에

出血 울:u ㄹ.. ⓗx 열:ie ㄹ..
뇌출혈 脑出血 나오추시에

ⓙ しゅっけつ ⓢs ㉎ts ⓚk ㉎ts
ⓥ xuất huyết 쑤엇 후이엣 ㅊ:x 울:uât 열:uyêt

ⓒ zhong, chong
ⓙ chiyu-, jiyu-, shiyo- ⓥ trung, xung, sung

충성
忠诚
zhōngchéng
종청

忠誠 웅:ong 엉:eng
충성도 忠诚度 종청뚜

ⓙ ちゅうせい ⓢs ◎- 엉:ei ⓥ trung thành 쭝 타잉 ㅊ:t ㅅ:th 엉:anh

충신
忠臣
zhōngchén
종천

忠臣 웅:ong 인:en
만고의 충신 万古忠臣 완구종천

ⓙ ちゅうしん ◎- ⓥ trung thần 쭝 턴 ㅊ:t ㅅ:th 인:ân

충효
忠孝
zhōngxiào
종샤오

忠孝 웅:ong ⓗx 요:iao
충효사상 忠孝思想 종샤오쓰샹

ⓙ ちゅうこう ⓚk ⓥ trung hiếu 쭝 히에우 ㅊ:t 요:iêu

충만
充滿
chōngmǎn
총만

充滿 웅:ong
성령 충만 充满灵性 총만 링씽

ⓙ じゅうまん ◎- ⓥ xung mãn 쑹 만 ㅊ:x

충족
充足
chōngzú
총쭈

充足 웅:ong 옥:u ㄱ..
시간 충족 时间充足 스젠총쭈

ⓙ じゅうそく ◎- ⓥ sung túc 쑹 뚝 ㅊ:s 옥:uc

충돌
冲突
chōngtū
총투

衝突 **웅:**ong **올:**u ②..
의견 충돌 意见冲突 이젠총투

🗾 しょうとつ ㊂s ◎- ②ts ⓥ xung đột 쑹 돗 ㅊ:x 올:ôt

⊕ ce 🗾 soku ⓥ trăc

측량
测量
cèliáng
처량

測量 **윽:**e ㄱ.. **양:**iang
측량기술 测量技术 처량찌수

🗾 そくりょう ㊂s 양:yo ⓥ trăc lượng 짝 르엉 ㅊ:t 윽:ăc 양:ương

측은
恻隐
cèyǐn
처인

惻隱 **윽:**e ㄱ.. **은:**yin
측은지심 恻隐之心 처인즈신

🗾 そくいん ㊂s ⓥ trăc ẩn 짝 언 ㅊ:t 윽:ăc 은:ân

치
⊕ zhi, chi 🗾 chi ⓥ tri, si

치안
治安
zhì'ān
즈안

治安
치안 유지 维持治安 웨이츠즈안

🗾 ちあん ⓥ trị an 찌 안 ㅊ:t

치욕
耻辱
chǐrǔ
츠루

恥辱 **욕:**u ㄱ..
국가의 치욕 国家耻辱 궈지아 츠루

🗾 ちじょく ⓥ sỉ nhục 씨 뉵 ㅊ:s 욕:nhục

친 🀄 qin 🇯 sin 🇻 thân

친근
亲近
qīnjìn
친진

親近 ㉠j 은:in
친근 관계 亲近关系 친진 꽌시

🇯 しんきん ㊖s 🇻 thân cận 턴 껀 ㅊ:th 인:ân 은:ân

친척
亲戚
qīnqī
친치

親戚 억:i
친척관계 亲戚关系 친치 꽌시

🇯 しんせき ㊖s ㊖s 🇻 thân thích 턴 틱 ㅊ:th 인:ân 억:ich

침 🀄 qin 🇯 sin 🇻 xâm

침략
侵略
qīnlüè
친뤼에

侵略 임:in 약:üe ㉠..
침략 세력 侵略势力 친뤼에 스리

🇯 しんりゃく ㊖s 🇻 xâm lược 썸 르억 ㅊ:x 임:âm 약:ược

침범
侵犯
qīnfàn
친판

侵犯 ㉲f 엄:an
영토의 침법 侵犯领土 친판 링투

🇯 しんぱん ㊖s ㉲p(h) 🇻 xâm phạm 썸 팜 ㅊ:x 임:âm ㅂ:ph 엄:am

침입
侵入
qīnrù
친루

侵入 입:u ㉲..
침입 과정 侵入过程 친루 궈청

🇯 しんにゅう ㊖s 입:yu- 🇻 xâm nhập 썸 녑 ㅊ:x 임:âm 입:nhập

침해
侵害
qīnhài
친하이

侵害 애:ai

인권침해 侵害人权 친하이 런취안

🔒 しんがい ⓢs ⓖg 애:ai Ⓥ xâm hại 썸 하이 ㅊ:x 임:âm 애:ai

漢字 한자 변환법으로 배우는
중국어 **ㅋ**

쾌
⊕ kuai ⽇ kai Ⓥ khoai

쾌락
快乐
kuàilè
콰이러

快樂 **왜:**uai **악:**e ㉠..
쾌락 주의자 快乐主义者 콰이러 주이저

⽇ かいらく 왜:ai Ⓥ khoái lạc 코아이 락 왜:oai

漢字 한자 변환법으로 배우는
중국어 **ㅌ**

타
⊕ ta, tuo ⽇ ta, da Ⓥ tha

타향
他乡
tāxiāng
타샹

他鄉 ⓗx **양:**iang
타향 생활 他乡生活 타샹성훠

⽇ たきょう ⓗk 양:yo- Ⓥ tha hương 타 흐엉 양:ương

타협
妥协
tuǒxié
퉈시에

妥協 **아**:uo ⓗx **엽**:ie ⓑ..

타협 방안 妥协方案 퉈시에 팡안

ⓙ だきょう ⓚk 엽:yo- ⓥ thỏa hiệp 토아 히엡 아:oa 엽:iêp

탄 ⊕ tan ⓙ tan, dan ⓥ thán, đàn

탄복
叹服
tànfú
탄푸

欺服 ⓑf **옥**:u ⓖ..

전체 탄복 全体叹服 취안티 탄푸

ⓙ たんぷく ⓑp(h) ⓥ thán phục 탄 푹 ㅂ:ph 옥:uc

탐 ⊕ tan ⓙ tan ⓥ tham

탐험
探险
tànxiǎn
탄셴

探險 ⓗx **엄**:ian

세계 탐험 世界探险 스지에탄셴

ⓙ たんけん ⓚk ⓥ thám hiểm 탐 히엠 엄:iêm

태 ⊕ tai ⓙ tai ⓥ thái

태양
太阳
tàiyáng
타이양

太陽 **애**:ai **양**:yang

태양과 지구 太阳和地球 타이양 허 띠치어우

ⓙ たいよう 애:ai 양:yo ⓥ thái dương 타이 즈엉 애:ai 양:ương

295

태음
太阴
tàiyīn
타이인

太陰 **애**:ai **음**:in

태음 체질 太阴体质 타이인티즈

🗾 たいいん 애:ai 🅥 thái âm 타이 염 애:ai 음:âm

태자
太子
tàizǐ
타이쯔

太子 **애**:ai **자**:zǐ

태자 자리 太子之位 타이쯔 즈웨이

🗾 たいし 애:ai 자:si 🅥 thái tử 타이 뜨 애:ai 자:tử

태조
太祖
tàizǔ
타이쭈

太祖 **애**:ai **오**:u

조선의 태조 朝鲜太祖 차오셴타이쭈

🗾 たいそ 애:ai 🅥 thái tổ 타이 또 애:ai

태평
太平
tàipíng
타이핑

太平 **애**:ai **영**:ing

태평 천하 太平天下 타이핑 톈샤

🗾 たいへい 애:ai ⓗh 영:ei 🅥 thái bình 타이 빈 애:ai ㅌ:b 영:inh

태평양
太平洋
Tàipíngyáng
타이핑양

太平洋 **애**:ai **영**:ing **양**:yang

태평양 전쟁 太平洋战争 티아핑양 잔정

🗾 たいへいよう 애:ai ⓗh 영:ei 양:yo-
🅥 Thái Bình Dương 타이 빈 즈엉 애:ai 영:inh 양:ương

태후
太后
tàihòu
타이허우

太后 **애**:ai **우**:ou

태후 왕비 太后王妃 타이허우 왕페이

🗾 たいこう 애:ai 🅥 thái độ 타이 도 애:ai

태도
态度
tàidu
타이뚜

態度 **애**:ai **오**:u

우호적인 태도 友好的态度 여우하오 떠 타이뚜

🗾 たいど 애:ai ⓚk 🅥 thái hậu 타이 허우 애:ai 우:âu

296

태산
泰山
tàishān
타이산

泰山 애:ai 안:an

태산 등정 泰山登顶 타이산 떵띵

🇯🇵 たいざん 애:ai 🇻🇳 thái sơn 타이 썬 애:ai 안:ơn

토 ⊕ tu, tao 🇯🇵 do, to-, to 🇻🇳 thổ, thảo

토양
土壤
tǔrǎng
투랑

土壤 오:u 양:rang

토양 오염 土壤污染 투랑 우란

🇯🇵 どじょう 양:yo- 🇻🇳 thổ nhưỡng 토 느엉 양:ương

토론
讨论
tǎolùn
타오룬

討論 오:ao 온:un

공개토론 公开讨论 공카이 타오룬

🇯🇵 とうろん 🇻🇳 thảo luận 타오 루언 오:ao 온:uân

통 ⊕ tong 🇯🇵 thu-, to- 🇻🇳 thông

통과
通过
tōngguò
통궈

通過 와:uo

통과 의례 通过仪式 통궈이스

🇯🇵 つうか ◎- 🇻🇳 thông qua 통 꽈

통보
通报
tōngbào
통바오

通報 오:ao

통보 형식 通报形式 통바오 씽스

🇯🇵 つうほう ◎- 🇯🇵h 🇻🇳 thông báo 통 바오 오:ao

통상
通商
tōngshāng
통상

通商
통상 요구 通商要求 통상야오치어우

🈁 つうしょう ◎- 양:yo- Ⓥ thông thương 통 트엉 앙:ương

통속
通俗
tōngsú
통쑤

通俗 옥:u ㉠..
통속 소설 通俗小说 통쑤 샤오쉬

🈁 つうぞく ◎- Ⓥ thông tục 통 뚝 옥:uc

통신
通信
tōngxìn
통신

通信
통신망 通信网 통신왕

🈁 つうしん ◎- Ⓥ thông tin 통 띤

통역
翻译
fānyì
판이

通譯 역:i ㉠..
통역원 翻译员 판이위안

🈁 つうやく ◎- Ⓥ thông dịch 통 직 역:ich

통용
通用
tōngyòng
통용

通用
통용(언)어 通用语言 통용 위옌

🈁 つうよう ◎- ◎- Ⓥ thông dụng 통 중 용:ung

통행
通行
tōngxíng
통씽

通行 ㉻x 앵:ing
통행금지 禁止通行 찐즈 통씽

🈁 つうこう ◎- ㉻k 앵:o- Ⓥ thông hành 통 하잉 앵:anh

통계
统计
tǒngjì
통찌

統計 ㉠j 예:i
통계표 统计表 통찌뱌오

🈁 とうけい ◎- Ⓥ thống kê 통 께 예:e

통솔
统率
tǒngshuài
통솨이

統率 올:uai ㄹ..(예외)

통솔 방법 统帅方法 통솨이 팡파

🇯 とうそつ ◎- @ts 🇻 thông suất 통 쑤엇 올:ât

통일
统一
tǒngyī
통이

統一 일:i ㄹ..

국가통일 国家统一 궈지아통이

🇯 とういつ ◎- @ts 🇻 thống nhất 통 녓 일:nhất

통치
统治
tǒngzhì
통즈

統治

군사통치 军事统治 쥔스통즈

🇯 とうち ◎- 🇻 thống trị 통 찌

퇴 ⊕ tui 🇯 tai 🇻 thoai

퇴위
退位
tuìwèi
퉤이웨이

退位 외:uì 위:ei

퇴위 근거 退位根据 퉤이웨이 껀쥐

🇯 たいい 외:ai 🇻 thoái vị 토아이 비 외:oai 위:i

투 ⊕ tou, dou 🇯 to- 🇻 đầu

투자
投资
tóuzī
터우쯔

投資 우:ou 자:zī

공공투자 公共投资 공공터우쯔

🇯 とうし 자:si 🇻 đầu tư 더우 뜨 우:âu 자:tư

투항
投降
tóuxiáng
터우샹

投降 **우:**ou ⓗx **양:**iang

무조건 투항 无条件投降 우탸오졘터우샹

ⓙ とうこう ⓗk 앙:o- Ⓥ đầu hàng 더우 항 우:âu

투쟁
斗争
dòuzhēng
떠우졍

鬪爭 **우:**ou **앵:**eng

계급투쟁 阶级斗争 지에지떠우졍

ⓙ とうそう 앵:o- Ⓥ đấu tranh 더우 짜잉 우:âu 앵:anh

 ⓒ te ⓙ toku Ⓥ đặc

특권
特权
tèquán
터취안

特權 **윽:**e ⓝ.. **원:**üan

영사특권 领事特权 링스 터취안

ⓙ とっけん Ⓥ đặc quyền 닥 꾸엔 윽:ăc 원:uyên

특급
特级
tèjí
터지

特級 **윽:**e ⓝ.. **읍:**i ⓗ..

특급 우대 特级优待 터지 여우다이

ⓙ とっきゆう 읍:yu- Ⓥ đặc cấp 닥 껍 윽:ăc 읍:âp

특별
特别
tèbié
터삐에

特別 **윽:**e ⓝ.. **열:**ie ⓔ..

특별 뉴스 特别报道 터삐에 바오다오

ⓙ とくべつ ⓔts Ⓥ đặc biệt 닥 비엣 윽:ăc 열:iêt

특산
特产
tèchǎn
터찬

特産 **윽:**e ⓝ..

특산물 特产 터찬

ⓙ とくさん Ⓥ đặc sản 닥 싼 윽:ăc

특색
特色
tèsè
터써

特色 윽:e ㄱ.. 액:e ㄱ..
지방 특색 地方特色 띠팡 터써

🇯 とくしょく 액:yoku 🇻 đặc sắc 닥 싹 윽:s8c 액:ǎc

특성
特性
tèxìng
터씽

特性 윽:e ㄱ.. 엉:ing
사회특성 社会特性 서훼이 터씽

🇯 とくせい 엉:ei 🇻 đặc tính 닥 띤 윽:ǎc 엉:inh

특징
特征
tèzhēng
터정

特徵 윽:e ㄱ.. 잉:eng
특징 조사 特征调查 터정댜오차

🇯 とくちょう 잉:yo- 🇻 đặc trưng 닥 쯩 윽:ǎc 잉:ưng

특파
特派
tèpài
터파이

特派 윽:e ㄱ.. 아:ai(예외)
해외 특파 海外特派 하이와이 터파이

🇯 とくは ㉪h 🇻 đặc phái 닥 파이 윽:ǎc 아:((ai))

특파원
特派员
tèpàiyuán
터파이위안

特派員 윽:e ㄱ.. 아:ai(예외) 원:yuan
특파원 관리 特派员管理 터파이위안 관리

🇯 とくはいん ㉪h 🇻 đặc phái viên 닥 파이 비엔 윽:ǎc 아:((ai)) 원:iên

특혜
特惠
tèhuì
터훼이

特惠 윽:e ㄱ.. 예:ui
특혜 삼품 特惠商品 터훼이 상핀

🇯 とつけい ㉰k 🇻 đặc huệ 닥 후에 윽:ǎc 예:uê

파

中 po, pai 日 ha V phá, phái

파괴
破坏
pòhuài
포화이

破壞 **아:o ㉠h(예외) 외:uai**
파괴 현상 破坏现象 포화이셴샹

日 はかい 中h 외:ai V phá hủy 파 휘 외:((uy))

파산
破产
pòchǎn
포찬

破産 **아:o**
파산 선고 宣告破产 쉬안가오 포찬

日 はさん 中h V phá sản 파 싼

파병
派兵
pàibīng
파이빙

派兵 **아:ai(예외) 영:ing**
해외 파병 海外派兵 하이와이 파이빙

日 はへい 中h 日h 영:ei V phái binh 파이 빈 아:((ai)) 영:inh

판

中 pan 日 han V phán

판결
判决
pànjué
판쥐에

判決 **㉠j 열:üe ㉣..**
판결이유 判决理由 판쥐에 리여우

日 はんけつ 中h 日ts V phán quyết 판 꾸옛 열:uyêt

판단
判断
pànduàn
판두안

判斷 **안**:uan

상황 판단 情况判断 칭쾅 판두안

🇯 はんだん ⓐh Ⓥ phán đoán 판 도안 안:oan

판정
判定
pàndìng
판띵

判定 **엉**:ing

공정한 판정 公正的判定 공정 떠 판띵

🇯 はんてい ⓐh 엉:ei Ⓥ phán định 판 딘 엉:inh

패

⊕ bai 🇯 hai Ⓥ bai

패전
战败
zhànbài
잔바이

敗戰 **언**:an ⓟb 애:ai

패전 국가 战败国家 잔바이 궈지아

🇯 はいせん ⓐh 애:ai Ⓥ bại trận 바이 쩐 ㅍ:b 애:ai

편

⊕ bian 🇯 ben, hen Ⓥ tiên

편의
便利
biànlì
벤리

便宜 ⓟb **연**:ian 의:i

편의점 便利店 벤리뗸

🇯 べんぎ Ⓥ tiện nghi 띠엔 응이 ㅍ:t 연:iên 의:nghi

편집
编辑
biānjí
벤지

編輯 ⓟb **연**:ian 입:i Ⓗ..

편집 위원 编辑委员 벤지웨이위안

🇯 へんしゅう ⓐh 입:yu- Ⓥ biên tập 삐엔 떱 ㅍ:b 연:iên 입:âp

303

평 ⊕ ping ⑤ hei, hiyo- Ⓥ bình

평균
平均
píngjūn
핑쥔

平均 **영**:ing ⑦j **윤**:ün
평균 온도 平均温度 핑쥔 원뚜

Ⓙ へいきん ⓐh Ⓥ bình quân 빈 꾸언 ㅍ:b 영:inh 윤:uân

평등
平等
píngděng
핑떵

平等 **영**:ing **응**:eng
평등정신 平等精神 핑떵 징선

Ⓙ びょうどう ⓐb(예외) 영:yo- ◎- Ⓥ bình đẳng 빈 당 ㅍ:b 영:inh 응:ăng

평면
平面
píngmiàn
핑몐

平面 **영**:ing **연**:ian
평면도 平面图 핑몐투

Ⓙ へいめん ⓐh 영:ei Ⓥ bình diện 빈 지엔 ㅍ:b 영:inh 연:iên

평안
平安
píng'ān
핑안

平安 **영**:ing
평안무사 平安无事 핑안우스

Ⓙ へいあん ⓐh 영:ei Ⓥ bình an 빈 안 ㅍ:b 영:inh

평지
平地
píngdì
핑띠

平地 **영**:ing
평지 면적 平地面积 핑띠 몐지

Ⓙ へいち ⓐh 영:ei Ⓥ bình địa 빈 디아 ㅍ:b 영:inh 이:((ia))

평론
评论
pínglùn
핑룬

評論 **영**:ing **온**:un
작품평론 作品评论 쥐핀 핑룬

Ⓙ ひょうろん ⓐh 영:yo- Ⓥ bình luận 빈 루언 ㅍ:b 영:inh 온:uân

폐

⊕ fei, bi   ⓙ hai, hei   Ⓥ phế, bế

폐품
废品
fèipǐn
페이핀

廢品 ㉠f 예:ei 움:in
폐품회수 废品回收 페이핀 훼이서우

ⓙ はいひん ⓐh 예:ai Ⓥ phế phẩm 페 펌 예:e 움:âm

폐막
闭幕
bìmù
삐무

閉幕 ㉠b 예:i 악:u ㉠..
폐막 공연 闭幕演出 삐무 옌추

ⓙ へいまく ⓐh 영:ei Ⓥ bế mạc 베 막 ㅍ:b 예:ê

포

⊕ pao, bao   ⓙ ho-   Ⓥ phao, bao

포병
炮兵
pàobīng
파오빙

砲兵 ㉠p 오:ao 영:ing
포병단 炮兵团 파오빙투안

ⓙ ほうへい ⓐh ⓑh 영:ei Ⓥ pháo binh 파오 빈 오:ao 영:inh

포위
包围
bāowéi
바오웨이

包圍 ㉠b 오:ao 위:ei
포위작전 包围作战 바오웨이 쭤잔

ⓙ ほうい ⓐh Ⓥ bao vây 바오 버이 ㅍ:b 오:ao 위:ây

폭

⊕ bao   ⓙ bo-   Ⓥ bạo

폭동
暴动
bàodòng
바오동

暴動 ㉠b 옥:ao ㉠..
무장폭동 武裝暴动 우주앙 바오동

㈰ぼうどう ⓐb ㉠(예외) ⓗo- ⓥ bạo động 바오 동 ㅍ:b 옥:((ao))

폭력
暴力
bàolì
바오리

暴力 ㉠b 옥:ao ㉠.. 역:i ㉠..
폭력행위 暴力行为 바오리 씽웨이

㈰ぼうりょく ⓐb ㉠(예외) ⓥ bạo lực 바오 륵 ㅍ:b 옥:((ao)) 역:ức

폭행
暴行
bàoxíng
바오씽

暴行 ㉠b 옥:ao ㉠.. ㉣x 앵:ing
폭행 사건 暴行事件 바오씽 스졘

㈰ぼうこう ⓐb ㉠(예외) ⓗk 앵:o-
ⓥ bạo hành 바오 하잉 ㅍ:b 옥:((ao)) 앵:anh

표 ⊕ biao, piao ㈰ hiyo- ⓥ biểu, phiêu, tiêu

표결
表决
biǎojué
뱌오쮀에

表決 ㉠b 요:iao ㉠j 열:üe ㉣..
표결 결과 表决结果 뱌오쮀에 지에궈

㈰ひょうけつ ⓐh ⓔts ⓥ biểu quyết 비에우 꾸옛 ㅍ:b 요:iêu 열:uyêt

표시
表示
biǎoshì
뱌오스

表示 ㉠b 요:iao
시간 표시 时间表示 스졘뱌오스

㈰ひょうじ ⓐh ⓥ biểu thị 비에우 티 ㅍ:b 요:iêu

표현
表现
biǎoxiàn
뱌오셴

表現 ㉠b 요:iao ㉣x 연:ian
성격표현 性格表现 씽꺼 뱌오셴

㈰ひょうげん ⓐh ⓗg ⓥ biểu hiện 비에우 히엔 ㅍ:b 요:iêu 연:iên

표류
漂流
piāoliú
퍄오리어우

漂流 요:iao 유:iu
표류기 漂流记 퍄오리어우찌

🇯 ひょうりゅう @h 🇻 phiêu lưu 피에우 르우 요:iêu 유:ưu

표어
标语
biāoyǔ
뱌오위

標語 ⓟb 요:iao 어:ü
교통안전의 표어 交通安全标语 쟈오통안취안뱌오위

🇯 ひょうご @h 🇻 biểu ngữ 비에우 응으 ㅍ:b 요:iêu 어:ngữ

표준
标准
biāozhǔn
뱌오준

標準 ⓟb 요:iao 운:un
표준 기압 标准气压 뱌오준 치야

🇯 ひょうじゅん @h 🇻 tiêu chuẩn 띠에우 쭌언 ㅍ:t 요:iêu 운:uân

품　　🇨 pin 🇯 hin 🇻 phẩm

품격
品格
pǐngé
핀꺼

品格 움:in 역:e ㄱ..
품격 관리 品格管理 핀꺼 관리

🇯 ひんかく @h 🇻 phẩm cách 펌 까익 움:âm 역:ach

품위
品位
pǐnwèi
핀웨이

品位 움:in 위:ei
품위 유지 保持品味 바오츠 핀웨이

🇯 ひんい @h 🇻 phẩm vị 펌 비 움:âm 위:i

품질
品质
pǐnzhì
핀즈

品質 움:in 일:i ㄹ..
품질 관리 品质管理 핀즈관리

🇯 ひんしつ @h @ts 🇻 phẩm chất 펌 쩟 움:âm 일:ât

307

품행
品行
pǐnxíng
핀씽

品行 움:in ⓗx 앵:ing
품행 단정 品行端正 핀씽 두안정

Ⓙひんこう ⓦh ⓗk 앵:o- Ⓥ phẩm hạnh 펌 하잉 움:âm 앵:anh

풍

⊕ feng Ⓙ hu-, ho- Ⓥ phong

풍경
风景
fēngjǐng
펑징

風景 ⓦf 웅:eng ⓖj 영:ing
풍경 감상 观赏风景 관상 펑징

Ⓙふうけい ⓦh ⓒ- 영:ei Ⓥ phong cảnh 퐁 까잉 웅:ong 영:anh

풍도
风度
fēngdù
펑뚜

風度 ⓦf 웅:eng 오:u
영도자의 풍도 领导者的风度 링다오저 떠 펑뚜

Ⓙふうど ⓦh ⓒ- Ⓥ phong độ 퐁도 웅:ong

풍류
风流
fēngliú
펑리어우

風流 ⓦf 웅:eng 유:iu
풍류객 风流人物 펑리어우 런우

Ⓙふうりゅう ⓦh ⓒ- Ⓥ phong lưu 퐁 르우 웅:ong 유:ưu

풍상
风霜
fēngshuāng
펑수앙

風霜 ⓦf 웅:eng 앙:uang
만고풍상 饱经风霜 바오징 펑수앙

Ⓙふうそう ⓦh ⓒ- 앙:o- Ⓥ phong sương 퐁 쓰엉 웅:ong 앙:ương

풍속
风俗
fēngsú
펑쑤

風俗 ⓦf 웅:eng 옥:u ⓖ..
풍속습관 风俗习惯 펑쑤 씨관

Ⓙふうぞく ⓦh ⓒ- Ⓙ-
Ⓥ phong tục tập quán 퐁 뚝 떱 꽌 웅:ong 옥:uc 읍:âp

풍월
风月
fēngyuè
펑위에

風月 ㉩f 웅:eng 월:yue ㉡..
풍월 시인 风月诗人 펑위에 스런

- 日 ふうげつ ㉺h ⊙- ㉣ts
- Ⓥ phong nguyệt 퐁 응우엣 웅:ong 월:nguyêt

풍토
风土
fēngtǔ
펑투

風土 ㉩f 웅:eng 오:u
풍토와 인심 风土人情 펑투 런칭

- 日 ふうど ㉺h ⊙- Ⓥ phong thổ 퐁 토 웅:ong

풍파
风波
fēngbō
펑보

風波 ㉩f 웅:eng ㉱b 아:o
평지 풍파 平地风波 핑띠 펑보

- 日 ふうは ㉺h ⊙- ㉺h Ⓥ phong ba 퐁 바 웅:ong ㅍ:b

풍부
丰富
fēngfù
펑푸

豊富 ㉩f 웅:eng ㉯f
풍부한 내용 丰富的内容 펑푸 떠 네이롱

- 日 ほうふ ㉺h ⊙- ㉺h Ⓥ phong phú 퐁 푸 웅:ong ㅂ:ph

漢字 한자 변환법으로 배우는
중국어 ㅎ

하

⊕xia, he ㊐ka, ge Ⓥhạ

하급
下级
xiàjí
샤지

下級 ㅎx 아:ia ㄱj 읍:i ㅂ..

하급 관리 下级管理 샤지 관리

㊐かきゅう ⑧k 읍:yu- Ⓥhạ cấp 하 껍 읍:âp

하등
低等
dīděng
띠덩

下等 아:i 응:eng

하등 동물 低等动物 띠덩 동우

㊐かとう ⑧k ◎- Ⓥhạ đẳng 하 당 응:ăng

하산
下山
xiàshān
샤산

下山 ㅎx 아:ia

하산 준비 下山准备 샤산준베이

㊐げざん ⑧g Ⓥhạ sơn 하 썬 안:ơn

하순
下旬
xiàxún
샤쉰

下旬 ㅎx 아:ia

매월 하순 每月下旬 메이위에 샤쉰

㊐げじゅん ⑧g Ⓥhạ tuần 하 뚜언 운:uân

하원
下院
xiàyuàn
샤위안

下院 ㅎx 아:ia 원:yuan

하원 의원 下院议员 샤위안 이위안

㊐かいん ⑧k Ⓥhạ viện 하 비엔 원:iên

하마
河马
hémǎ
허마

河馬 **아**:e
강변 하마 江边河马 쟝볜허마

🇯🇵 かば ⓖk ⓑb 🇻 hà mã 하 마

학
⊕ xue 🇯🇵 gaku 🇻 học

학기
学期
xuéqī
쉬에치

學期 ⓗx **악**:üe ⓖ.. ⓖq
학기중 学期中 쉬에치종

🇯🇵 がつき ⓖg 🇻 học kỳ 혁 끼 악:oc

학력
学历
xuélì
쉬에리

學歷 ⓗx **악**:üe ⓖ.. **역**:i ⓖ..
학력 증명 学历证明 쉬에리 정밍

🇯🇵 がくりよく ⓖk 🇻 học lực 혁 륵 악:oc 역:ực

학문
学问
xuéwen
쉬에원

學問 ⓗx **악**:üe ⓖ.. ⓜw **운**:en
학문 연구 学问研究 쉬에원 옌지어우

🇯🇵 がくもん ⓖg 🇻 học vấn 혁 번 악:oc ㅁ:v 운:ân

학비
学费
xuéfèi
쉬에페이

學費 ⓗx **악**:üe ⓖ.. ⓑf **이**:ei
학비 준비 学费准备 쉬에페이 준베이

🇯🇵 がくひ ⓖg ⓑh 🇻 học phí 혁 피 악:oc ㅂ:ph

학생
学生
xuésheng
쉬에성

學生 ⓗx **악**:üe ⓖ.. **앵**:eng
우수한 학생 优秀学生 여우시어우 쉬에성

🇯🇵 がくせい ⓖg 앵:ei 🇻 học sinh 혁 씬 악:oc 앵:inh

학설
学说
xuéshuō
쉬에숴

學說 ⓗx **악**:üe ㄱ.. **얼**:uo ㄹ..
유교의 학설 儒教学说 루쟈오 쉬에숴

ⓙ がくせつ ⓖg ⓔts ⓥ học thuyết 혁 투엣 악:oc 얼:uyêt

학술
学术
xuéshù
쉬에수

學術 ⓗx **악**:üe ㄱ.. **울**:u ㄹ..
학술연구 学术研究 쉬에수 옌지어우

ⓙ がくじゅつ ⓖg ⓔts ⓥ học thuật 혁 투엇 악:oc 울:uât

학습
学习
xuéxí
쉬에시

學習 ⓗx **악**:üe ㄱ.. **읍**:i ㅂ..
학습 효과 学习效果 쉬에시 샤오궈

ⓙ がくしゆう ⓖg 읍:yu- ⓥ học tập 혁 떱 악:oc 읍:âp

학식
学识
xuéshí
쉬에스

學識 ⓗx **악**:ue ㄱ.. **익**:i ㄱ..
학식 풍부 学识丰富 쉬에스 펑푸

ⓙ がくしき ⓖg ⓥ học thức 혁 특 악:oc 익:ức

학위
学位
xuéwèi
쉬에웨이

學位 ⓗx **악**:üe ㄱ.. **위**:ei
박사 학위 博士学位 보스 쉬에웨이

ⓙ がくい ⓖg ⓥ học vị 혁 비 악:oc ○:v

학자
学者
xuézhě
쉬에저

學者 ⓗx **악**:üe ㄱ.. **자**:e
유명한 학자 知名学者 즈밍쉬에저

ⓙ がくしや ⓖg 자:sya ⓥ học giả 혁 쟈 악:oc 자:gia

한 ⊕ xian, han ⓙ gen, kan ⓥ hạn, hán

한정
限定
xiàndìng
셴띵

限定 ⓗx 안:ian 엉:ing

한정 판매 限定销售 셴띵샤오서우

ⓙげんてい ⓗg 엉:ei ⓥ hạn định 한 딘 엉:inh

한문
汉文
hànwén
한원

漢文 ⓜw 운:en

한문 소설 汉文小说 한원 샤오쉬

ⓙかんぶん ⓗk ⓜb ⓥ Hán văn 한 반 ㅁ:v 운:ăn

한국
韩国
Hánguó
한귀

韓國 욱:uo ⓖ..

한국 문화 韩国文化 한귀 원화

ⓙかんこく ⓗk ⓥ Hàn Quốc 한 꾸억 욱:uôc

함 ⓒ jian, han ⓙ gan, kan ⓥ hạm, hám

함장
舰长
jiànzhǎng
졘장

艦長 ⓗj(예외) 암:ian

함장의 명령 舰长的命令 졘장 떠 밍링

ⓙかんちょう ⓗk 양:yo- ⓥ hạm trưởng 함 쯔엉 양:ương

함축
含蓄
hánxù
한쉬

含蓄 욱:u ⓖ..

함축성 含蓄性 한쉬씽

ⓙがんちく ⓗg ⓥ hàm súc 함 쑥 ㅊ:s

합 ⓒ he, (qia) ⓙ go-, gath ⓥ hợp

합금
合金
héjīn
허진

合金 **압**:e Ⓗ.. ⓒj **음**:in
합금 원소 合金元素 허진 위안쑤

Ⓙ ごうきん Ⓖg 압:o- Ⓥ hợp kim 헙 낌 압:ợp 음:im

합력
合力
hélì
허리

合力 **압**:e Ⓗ.. **역**:i ⓒ..
합력 조건 合力条件 허리 탸오졘

Ⓙ ごうりき Ⓖg 압:o- Ⓥ hợp lực 헙 륵 압:ợp 역:ực

합리
合理
hélǐ
허리

合理 **압**:e Ⓗ..
경영합리화 经营合理化 찡잉 허리화

Ⓙ ごうり Ⓖg 압:o- Ⓥ hợp lý 헙 리 압:ợp

합법
合法
héfǎ
허파

合法 **압**:e Ⓗ.. Ⓗf **업**:a Ⓗ..
합법정부 合法政府 허파 정푸

Ⓙ ごうほう Ⓖg 압:o- Ⓗh 업:o- Ⓥ hợp pháp 헙 팝 압:ợp ㅂ:ph

합성
合成
héchéng
허청

合成 **압**:e Ⓗ.. **엉**:eng
합성 물질 合成物质 허청우즈

Ⓙ ごうせい Ⓖg 압:o- 엉:ei Ⓥ hợp thành 헙 타잉 압:ợp 엉:anh

합세
合力
hélì
허리

合勢 **압**:e Ⓗ.. **역**:i
전군 합세 全军合势 취안쥔 허리

Ⓙ ごうりき Ⓖg 압:o- Ⓥ hợp thể 헙 테 압:ợp

합작
合作
hézuò
허줘

合作 **압**:e Ⓗ.. **악**:uo ⓒ..
기술합작 技术合作 찌수 허줘

Ⓙ がっさく Ⓖg 압:ats(예외) Ⓥ hợp tác 헙 딱 압:ợp

합창
合唱
héchàng
허창

合唱 **압**:e Ⓗ..
합창단 合唱团 허창투안

> Ⓙ がっしょう ⑥g 압:ats ⑧s 앙:yo-
> Ⓥ hợp xướng 헙 쓰엉 압:ợp 앙:ương

Ⓒ kang, hang, xiang Ⓙ ko- Ⓥ kháng, hàng, hạng

항생
抗生
kàngshēng
캉성

抗生 ⑥k(예외) **앵**:eng
항생 물질 抗生物质 캉성우즈

> Ⓙ こうせい ⑥k 앙:o- 앵:ei Ⓥ kháng sinh 캉 씬 ㅎ:((kh)) 앵:inh

항전
抗战
kàngzhàn
캉잔

抗戰 ⑥k(예외) **언**:an
장기항전 长期抗战 창치캉잔

> Ⓙ こうせん ⑥k 앙:o- Ⓥ kháng chiến 캉 찌엔 ㅎ:((kh)) 언:iên

항체
抗体
kàngtǐ
캉티

抗體 ⑥k(예외) **에**:i
항체검사 抗体检查 캉티 젠차

> Ⓙ こうたい ⑥k 앙:o- 에:ai Ⓥ kháng thể 캉 테 ㅎ:((kh))

항공
航空
hángkōng
항콩

航空
항공모함 航空母舰 항콩무젠

> Ⓙ こうくう ⑥k 앙:o- ◎- Ⓥ hàng không 항 콩

항해
航海
hánghǎi
항하이

航海 **애**:ai
항해일기 航海日记 항하이르지

> Ⓙ こうかい ⑥k 앙:o- ⑥k 애:ai Ⓥ hàng hải 항 하이 애:ai

ㄱ
ㄴ
ㄷ
ㅁ
ㅂ
ㅅ
ㅇ
ㅈ
ㅊ
ㅋ
ㅌ
ㅍ
ㅎ

항목
项目
xiàngmù
샹무

項目 ⓗx 앙:iang 옥:u ㄱ..
항목 검토　项目核对　샹무 허뒈이

⑪こうもく ⓚk 앙:o- Ⓥ hạng mục 항 묵 옥:uc

항복
投降
tóuxiáng
터우샹

降服 우:ou ⓗx 앙:iang
무조건 항복　无条件投降　우탸오젠 터우샹

⑪こうふく ⓚk 앙:o- ⓗh Ⓥ hàng phục 항 푹 ㅂ:ph 옥:uc

해 ⊕ jie, hai ⑪ kai Ⓥ giải, hải

해결
解决
jiějué
지에쥐에

解決 ⓗj 애:ie(예외) ㄱj 열:üe ㄹ..
해결방안　解决方案　지에쥐에 팡안

⑪かいけつ ⓚk 애:ai ⓗts Ⓥ giải quyết 자이 꾸엣 ㅎ:((g)) 애:ai 열:uyêt

해몽
解梦
jiěmèng
지에멍

解夢 ⓗj 애:ie(예외) 옹:eng
해몽 회상　解梦回忆　지에멍 훼이이

⑪사용 안함 ⓚk 애:ai Ⓥ giải mộng 자이 몽 ㅎ:((g)) 애:ai

해방
解放
jiěfàng
지에팡

解放 ⓗj 애:ie(예외) ⓑf
해방전쟁　解放战争　지에팡 잔정

⑪かいほう ⓚk 애:ai ⓗh 앙:o- Ⓥ giải phóng 자이 퐁 애:ai ㅂ:ph 앙:ong

해부
解剖
jiěpōu
지에퍼우

解剖 ⓗj 애:ie(예외) ⓑp 오:ou
해부 실습　解剖实习　지에퍼우 스시

⑪かいぼう ⓚk 애:ai Ⓥ giải phẫu 자이 퍼우 ㅎ:((g)) 애:ai 우:âu

해산
解散
jiěsàn
지에산

解散 ⓗj 애:ie(예외)

강제해산 强制解散 치앙즈 지에산

Ⓙ かいさん ⓗk 애:ai Ⓥ giải tán 자이 딴 ㅎ:((g)) 애:ai

해설
解说
jiěshuō
지에쉬

解說 ⓗj 애:ie(예외) 얼:uo ㄹ..

시사 해설 时事解说 스스지에쉬

Ⓙ かいせつ ⓗk 애:ai ⓔts Ⓥ giải thuyết 자이 투옛 ㅎ:((g)) 애:ai 얼:uyêt

해체
解体
jiětǐ
지에티

解體 ⓗj 애:ie(예외) 에:i

해체 작업 解体作业 지에티 쭤이에

Ⓙ かいたい ⓗk 애:ai 에:ai Ⓥ giải thể 자이 테 ㅎ:((gi)) 애:ai

해답
解答
jiědá
지에따

解答 ⓗj 애:ie(예외) 압:a Ⓑ..

문제 해답 问题解答 원티 지에따

Ⓙ かいとう ⓗk 애:ai 압:o- Ⓥ giải đáp 자이 답 ㅎ:((gi)) 애:ai

해독
解毒
jiědú
지에뚜

解毒 ⓗj 애:ie(예외) 옥:u ㄱ..

해독 작용 解毒作用 지에뚜 쭤용

Ⓙ げどく ⓗg Ⓥ giải độc 자이 독 ㅎ:((gi)) 애:ai

해군
海军
hǎijūn
하이쥔

海軍 애:ai ㄱj

해군사관 海军军官 하이쥔 쥔관

Ⓙ かいぐん ⓗk 애:ai Ⓥ hải quân 하이 꾸언 애:ai 운:uân

해류
海流
hǎiliú
하이리어우

海流 애:ai 유:iu

해류 발견 发现海流 파셴 하이리어우

Ⓙ かいりゅう ⓗk 애:ai Ⓥ hải lưu 하이 르우 애:ai 유:ưu

해병
海兵
hǎibīng
하이빙

海兵 애:ai 영:ing

해병 훈련 海兵训练 하이빙 쉰렌

🗾 かいへい ㉖k 애:ai ㉖h 영:ei Ⓥ hải binh 하이 빈 애:ai 영:inh

해양
海洋
hǎiyáng
하이양

海洋 애:ai

해양학 海洋学 하이양쉬에

🗾 かいよう ㉖k 애:ai 양:yo- Ⓥ hải dương 하이 즈엉 애:ai 양:ương

해외
海外
hǎiwài
하이와이

海外 애:ai 외:wai

해외 여행 海外旅行 하이와이 뤼씽

🗾 かいがい ㉖k 애:ai 외:ai Ⓥ hải ngoại 하이 응오아이 애:ai 외:ngoại

해적
海贼
hǎizéi
하이제이

海賊 애:ai 억:ei ㉠..

해적 선장 海贼船长 하이제이 추안장

🗾 かいぞく ㉖k 애:ai Ⓥ hải tặc 하이 딱 애:ai 억:ac

해전
海战
hǎizhàn
하이잔

海戰 애:ai 언:an

역사적 해전 历史性海战 리스씽하이잔

🗾 かいせん ㉖k 애:ai Ⓥ hải chiến 하이 찌엔 애:ai 언:iên

행

⊕ xing 🗾 giyo-, ko- Ⓥ hành, hạnh

행군
行军
xíngjūn
씽쥔

行軍 ㉖x 앵:ing ㉠j

행군계획 行军计划 씽쥔 찌화

🗾 こうぐん ㉖k 앵:o- Ⓥ hành quân 하잉 꾸언 앵:anh 운:uân

행동
行动
xíngdòng
씽동

行動 ⓗx 앵:ing
용감한 행동 勇敢的行动 용간 뗘 씽동

日 こうどう ⓚ앵:o- ⓞ- Ⓥ hành động 하잉 동 앵:anh

행성
行星
xíngxīng
씽싱

行星 ⓗx 앵:ing 엉:ing
행성과학 行星科学 씽싱 커쉬에

日 こうせい ⓚ앵:o- 엉:ei Ⓥ hành tinh 하잉 띤 앵:anh 엉:inh

행위
行为
xíngwéi
씽웨이

行爲 ⓗx 앵:ing 위:wei
법률행위 法律行为 파뤼 씽웨이

日 こうい ⓚ앵:o- Ⓥ hành vi 하잉 비 앵:anh ㅇv 위:i

행정
行政
xíngzhèng
씽정

行政 ⓗx 앵:ing 엉:eng
행정 구역 行政区域 씽정취위

日 ぎょうせい ⓖg 앵:yo 엉:ei Ⓥ hành chính 하잉 찐 앵:anh 엉:inh

행복
幸福
xìngfú
씽푸

幸福 ⓗx 앵:ing ⓑf 옥:u ㄱ..
행복 지수 幸福指数 씽푸 즈수

日 こうふく ⓚ앵:o- ⓑh Ⓥ hạnh phúc 하잉 푹 앵:anh ㅂ:ph 욱:uc

향
⊕ xiang 日 kiyo-, ko- Ⓥ hưởng

향락
享乐
xiǎnglè
샹러

享樂 ⓗx 악:e ㄱ..
향락주의 享乐主义 샹러주이

日 きょうらく ⓚ양:yo- Ⓥ hưởng lạc 흐엉 락 양:ương

319

향유
享有
xiǎngyǒu
샹여우

享有 ⓗx 유:you

향유권 享有权 샹여우취안

Ⓙ きょうゆう ⓙk 양:yo- Ⓥ hưởng thụ 흐엉 투 양:ương 유:u

향료
香料
xiāngliào
샹랴오

香料 ⓗx 요:iao

인공 향료 人工香料 런공 샹랴오

Ⓙ こうりょう ⓙk 양:o- Ⓥ hương liệu 흐엉 리에우 양:ương 요:iêu

향미
香味
xiāngwèi
샹웨이

香味 ⓗx ⓦw 이:ei

향미 원료 香味原料 샹웨이위안랴오

Ⓙ こうみ ⓙk 양:o- Ⓥ hương vị 흐엉 비 양:ương ㅁ:v

헌 ⊕ xian Ⓙ ken Ⓥ hiến

헌법
宪法
xiànfǎ
셴파

憲法 ⓗx 언:ian Ⓑf 업:a Ⓑ..

헌법 준수 遵守宪法 준서우셴파

Ⓙ けんぽう ⓙk Ⓑp(h) 업:o- Ⓥ hiến pháp 히엔 팝 언:iên ㅂ:ph 업:ap

헌병
宪兵
xiànbīng
셴빙

憲兵 ⓗx 언:ian 영:ing

헌병 사령관 宪兵司令 셴빙 쓰링

Ⓙ けんぺい ⓙk Ⓑp(h) 영:ei Ⓥ hiến binh 히엔 빈 언:iên 영:inh

헌신
献身
xiànshēn
셴선

獻身 ⓗx 언:ian 인:en

헌신적 정신 献身的精神 셴선 떠 찡선

Ⓙ けんしん ⓙk Ⓥ hiến thân 히엔 턴 언:iên 인:ân

험   ⊕ xian   🗾 ken   Ⓥ hiêm

험악
险恶
xiǎn'è
셴어

險惡 🗾x 언:ian 악:e ㄱ..
험악한 환경 险恶的环境 셴어 떠 환징

🗾けんあく ⑯k Ⓥ hiểm ác 히엠 악 엄:iêm

혁   ⊕ ge   🗾 kaku   Ⓥ cach

혁명
革命
gémìng
꺼밍

革命 🗾g 역:e ㄱ.. 영:ing
성공한 혁명 成功的革命 청공 떠 꺼밍

🗾かくめい ⑯k 영:ei Ⓥ cách mạng 까익 망 역:ach 영:ang

혁신
革新
géxīn
꺼신

革新 🗾g 역:e ㄱ..
혁신파 革新派 꺼신파이

🗾かくしん ⑯k Ⓥ cách tân 까익 떤 역:ach 인:ân

현   ⊕ xian   🗾 gen   Ⓥ hiện

현금
现金
xiànjīn
셴진

現金 🗾x 연:ian ㄱj 음:in
현금 관리 现金管理 셴진 관리

🗾げんきん ⑯g Ⓥ hiện kim 히엔 낌 연:iên 음:im

현대
现代
xiàndài
셴다이

現代 ⓗx 연:ian 애:ai
현대과학 现代科学 셴다이 커쉬에

ⓙげんだい ⓖg 애:ai ⓥhiện đại 히엔 다이 연:iên 애:ai

현상
现象
xiànxiàng
셴샹

現象 ⓗx 연:ian
사회현상 社会现象 서훼이셴샹

ⓙげんしょう ⓖg 앙:yo- ⓥhiện tượng 히엔 뜨엉 연:iên 앙:ương

현장
现场
xiànchǎng
셴창

現場 ⓗx 연:ian
건설현장 建设现场 젠서셴창

ⓙげんば ⓖg 장:ba(훈독) ⓥhiện trường 히엔 즈엉 연:iên 앙:ương

현행
现行
xiànxíng
셴씽

現行 ⓗx 연:ian ⓗx 앵:ing
현행법률 现行法律 셴씽파뤼

ⓙげんこう ⓖg ⓚk 앵:o- ⓥhiện hành 히엔 하잉 연:iên 앵:anh

혈

⊕ xue ⓙ geth ⓥ huyết

혈관
血管
xuèguǎn
쉬에관

血管 ⓗx 열:üe ㄹ..
혈관 구조 血管构造 쉬에관 꺼우자오

ⓙけつかん ⓚk ⓣts ⓥhuyết quản 후옛 꽌 열:uyêt

혈구
血球
xuèqiú
쉬에치어우

血球 ⓗx 열:üe ㄹ.. ㄱq 우:iu
혈구 형성 血球形成 쉬에치어우 씽청

ⓙけつきゅう ⓚk ⓣts ⓥhuyết cầu 후옛 꺼우 열:uyêt

혈압
血压
xuèyā
쉬에야

血壓 ⓗx 열:üe ⓔ.. 압:ya ⓑ..

고혈압 高血压 까오쉬에야

ⓙけつあつ ⓗk ⓔts 압:ats ⓥ huyết áp 후옛 압 열:uyêt

혈육
血肉
xuèròu
쉬에러우

血肉 ⓗx 열:üe ⓔ.. 육:ou ⓖ..

혈육 관계 血肉关系 쉬에러우 꽌시

ⓙけつにく ⓗk ⓔts ⓥ huyết nhục 후옛 늌 열:uyêt ㅇ:nh

혈족
血族
xuèzú
쉬에쭈

血族 ⓗx 열:üe ⓔ.. 옥:u ⓖ..

혈족 조사 血族调查 쉬에쭈댜오차

ⓙけつぞく ⓗk ⓔts ⓥ huyết tộc 후옛 똑 열:uyêt

혈통
血统
xuètǒng
쉬에통

血統 ⓗx 열:üe ⓔ..

혈통관계 血统关系 쉬에통 꽌시

ⓙけつとう ⓗk ⓔts ⓗ- ⓥ huyết thống 후옛 통 열:uyêt

협 ⓒ xie, xia ⓙ kiyo- ⓥ hiệp

협동
协同
xiétóng
시에통

協同 ⓗx 엽:ie ⓑ..

협동 조합 协同组合 시에통 주허

ⓙきょうどう ⓗk 엽:yo- ⓗ- ⓥ hiệp đồng 히엡 동 엽:iêp

협력
协力
xiélì
시에리

協力 ⓗx 엽:ie ⓑ.. 역:i ⓖ..

경제협력 经济协力 찡지 시에리

ⓙきょうりょく ⓗk 엽:yo- ⓥ hiệp lực 히엡 륵 엽:iêp 윽:ực

323

협정
协定
xiédìng
시에띵

協定 ⓗx 엽:ie ⓑ.. 엉:ing

쌍무 협정 双边协定 수앙볜 시에띵

ⓙ きょうてい ⓢk 엽:yo- 엉:ei ⓥ hiệp định 히엡 딘 엽:iêp 엉:inh

협회
协会
xiéhuì
시에훼이

協會 ⓗx 엽:ie ⓑ.. 외:uì

무역협회 贸易协会 마오이 시에훼이

ⓙ きょうかい ⓢk 엽:yo- ⓢk 외:ai ⓥ hiệp hội 히엡 호이 엽:iêp 외:ôi

협객
侠客
xiákè
샤커

俠客 ⓗx 엽:ia ⓑ.. 액:e ⓒ..

협객 기질 侠客气质 샤커치즈

ⓙ きょうかく ⓢk 엽:yo- 액:aku ⓥ hiệp khách 히엡 카익 엽:iêp 액:ach

형 ⓒ xing ⓔ kei ⓥ hình

형법
刑法
xíngfǎ
씽파

刑法 ⓗx 영:ing ⓑf 업:a ⓑ..

형법 학자 刑法学家 씽파쉬에지아

ⓙ けいほう ⓢk 영:ei ⓑh 업:o- ⓥ hình pháp 히잉 팝 영:inh ㅂ:ph 업:ap

형사
刑事
xíngshì
씽스

刑事 ⓗx 영:ing 사:shì

형사처벌 刑事处罚 씽스추파

ⓙ けいじ ⓢk 영:ei 사:ji ⓥ hình sự 히잉 쓰 영:inh 사:sự

형성
形成
xíngchéng
씽청

形成 ⓗx 영:ing 엉:eng

가치관형성 价值观形成 쟈즈관씽청

ⓙ けいせい ⓢk 영:ei 엉:ei ⓥ hình thành 히잉 타잉 영:inh 엉:anh

형식
形式
xíngshì
씽스

形式 ⓗx 영:ing 익:i ㄱ..
형식주의 形式主义 씽스주이

ⓙけいしき ⓚk 영:ei Ⓥhình thức 히잉 특 영:anh 익:ức

형태
形态
xíngtài
씽타이

形態 ⓗx 영:ing 애:ai
형태학 形态学 씽타이쉬에

ⓙけいたい ⓚk 영:ei 애:ai Ⓥhình thái 히잉 타이 영:hình 애:ai

호   ⊕ hao, hu   ⓙ go-, ko, ko-   Ⓥ hào, hộ, hô

호걸
豪杰
háojié
하오지에

豪傑 오:ao ㄱj 얼:ie ㄹ..
영웅호걸 英雄豪杰 잉송 하오지에

ⓙごうけつ ⓖg ⓔts Ⓥhào kiệt 하오 끼엣 오:ao 얼:iêt

호기
豪气
háoqì
하오치

豪氣 오:ao ㄱq
호기 영웅 豪气英雄 하오치 잉송

ⓙごうき ⓖg Ⓥhào khí 하오 키 오:ao

호화
豪华
háohuá
하오화

豪華 오:ao 와:ua
호화 생활 豪华生活 하오화 성훠

ⓙごうか ⓖg ⓚk Ⓥhào hoa 하오 화 오:ao

호구
户口
hùkǒu
후커우

戶口 오:u 우:ou
호구조사 户口调查 후커우댜오차

ⓙとぐち ⓚk Ⓥhộ khẩu 호 커우 우:âu

325

호적
戶籍
hùjí
후찌

戶籍 오ː u 억ː i ㄱ..
호적 관리　戶籍管理　후찌 관리

🔳 こせき ⓗk　Ⓥ hộ tịch 호 띡 억ːich

호흡
呼吸
hūxī
후시

呼吸 오ː u ⓗx 읍ː i ㅂ..
인공 호흡　人工呼吸　런공 후시

🔳 こきゅう ⓗk ⓗk　Ⓥ hô hấp 호 협 읍ːâp

혼

⊕ hun　🔳 kon　Ⓥ hỗn, hôn

혼돈
混沌
hùndùn
훈둔

混沌 온ː un
혼돈 시기　混沌时期　훈둔 스치

🔳 こんとん ⓗk　Ⓥ hỗn độn 혼 돈

혼란
混乱
hùnluàn
훈루안

混亂 온ː un 안ː uan
사회혼란　社会混乱　서훼이 훈루안

🔳 こんらん ⓗk　Ⓥ hỗn loạn 혼 로안 안ːoan

혼잡
混杂
hùnzá
훈자

混雜 온ː un 압ːa ㅂ..
교통혼잡　交通混杂　쟈오통 훈자

🔳 こんざつ ⓗk 압ːats　Ⓥ hỗn tạp 혼 땁

혼전
混战
hùnzhàn
훈잔

混戰 온ː un 언ː an
혼전 상태　混战状态　훈잔 쫭타이

🔳 こんせん ⓗk　Ⓥ hỗn chiến 혼 찌엔 언ːiên

혼례
婚礼
hūnlǐ
훈리

婚禮 온:un 예:i
혼례 거행 举行婚礼 쥐씽 훈리

🗾 こんれい ⓚ Ⓥ hôn lễ 혼 레 예:e

혼약
婚约
hūnyuē
훈위에

婚約 온:un 약:yue ㄱ..
혼약 일시 婚约日期 훈위에 르치

🗾 こんやく ⓚ Ⓥ hôn ước 혼 으억 약:ước

혼인
婚姻
hūnyīn
훈인

婚姻 온:un
혼인관계 婚姻关系 훈인 꽌시

🗾 こんいん ⓚ Ⓥ hôn nhân 혼 년 인:nhân

화 ⊕ hua, he, huo 🗾 ka, wa, (ga) Ⓥ hóa, hoa, hỏa, họa

화석
化石
huàshí
화스

化石 와:ua 억:i ㄱ..
고대 화석 古代化石 꾸다이 화스

🗾 かせき ⓚ Ⓥ hóa thạch 화 타익 억:ach

화장
化妆
huàzhuāng
화주앙

化粧 와:ua
화장품 化妆品 화주앙핀

🗾 けしょう ⓚ 앙:yo- Ⓥ hóa trang 화 짱

화학
化学
huàxué
화쉬에

化學 와:ua ⓗx 악:üe ㄱ..
화학성분 化学成分 화쉬에 청펀

🗾 かがく ⓚ ⓖg Ⓥ hóa học 화 혹 악:oc

화해
和解
héjiě
허지에

和解 **와:**e ⓗj 애:ie(예외)
화해 요구 和解要求 허지에 여우치어우

日 わかい 화:wa ⓚk 애:ai Ⓥ hòa giải 화 자이 ㅎ:(g) 애:ai

화교
华侨
huáqiáo
화챠오

華僑 **와:**ua ⓖq 요:iao
화교 조직 华侨组织 호챠오 주즈

日 かきょう ⓚk Ⓥ Hoa kiều 화 끼에우 요:iêu

화려
华丽
huálì
화리

華麗 **와:**ua 여:i
화려한 조명 华丽的照明 화리 떠 자오밍

日 かれい ⓚk Ⓥ hoa lệ 화 레 여:ê

화력
火力
huǒlì
훠리

火力 **와:**ua 역:i ⓖ..
화력지원 火力支持 훠리즈츠

日 かりよく ⓚk Ⓥ hỏa lực 화 륵 역:ực

화장
火葬
huǒzàng
훠장

火葬 **와:**ua
화장 문화 火葬文化 훠장 원화

日 かそう ⓚk 앙:o- Ⓥ hỏa táng 화 땅

화문
花纹
huāwén
화원

花紋 **와:**ua ⓦw
화문 분석 花纹分析 화원 펀시

日 かもん ⓚk Ⓥ hoa văn 화 반 ㅁ:v 운:ăn

화원
花园
huāyuán
화위안

花園 **와:**ua 원:yuan
중앙 화원 中央花园 종양 화위안

日 はなぞの 훈독 Ⓥ hoa viên 화 비엔 원:iên

화법
画法
huàfǎ
화파

畵法 **와**:ua Ⓑf **업**:a Ⓗ..
화법 기술 画法技术 화파 찌수

Ⓙがほう Ⓥhọa pháp 화 팝 ㅂ:ph 업:ap

화복
祸福
huòfú
훠푸

祸福 **와**:ua Ⓑf **옥**:u Ⓖ..
생사 화복 生死祸福 성쓰훠푸

Ⓙかふく ⓖk Ⓗh Ⓥhọa phúc 화 푹 ㅂ:ph 옥:uc

환 Ⓗ huan Ⓑ kan, gan Ⓥ hoan

환영
欢迎
huānyíng
환잉

歡迎 **완**:uan **영**:ing
환영사 欢迎词 환잉츠

Ⓙかんげい ⓖk 영:ei Ⓥhoan nghênh 환 응엔 영:nghênh

환호
欢呼
huānhū
환후

歡呼 **완**:uan **오**:u
환호성 欢呼声 환후성

Ⓙかんこ ⓖk ⓖk Ⓥhoan hô 환 호

활 Ⓗ huo Ⓑ kath Ⓥ hoạt

활력
活力
huólì
훠리

活力 **왈**:uo Ⓔ.. **역**:i Ⓖ..
활력 증진 活力增强 훠리 정치앙

Ⓙかつりよく ⓖk Ⓔts Ⓥhoạt lực 홧 륵 역:ực

활동
活动
huódòng
훠동

活動 **왈**:uo ㉣..
봉사 활동　服务活动　푸우 훠동

🈁 かつどう ⓢk ㉣ts ⓞ- 🆅 hoạt động 홧 동 왈:oat

활발
活泼
huópō
훠포

活潑 **왈**:uo ㉣.. **알**:o ㉣..
활발한 성격　活泼的性格　훠포 떠 씽꺼

🈁 かっぱつ ⓢk ㉣ts ⓑp(h) ㉣ts 🆅 hoạt bát 홧 밧 왈:oat 알:at

황　　　⊕ huang　🈁 o-, ko-　🆅 hoàng, hoang

황실
皇室
huángshì
황스

皇室 **왕**:uang **일**:i ㉣..
황실 예절　皇室礼节　황스 리지에

🈁 こうしつ ⓢk 왕:o- ㉣ts 🆅 hoàng thất 황 텃 일:ât

황후
皇后
huánghòu
황허우

皇后 **왕**:uang **우**:ou
황후마마　皇后娘娘　황허우냥냥

🈁 こうごう ⓢk 왕:o- ⓢg 🆅 hoàng hậu 황 허우 우:âu

황금
黄金
huángjīn
황진

黃金 **왕**:uang ㉠j **음**:in
황금시기　黄金时期　황진 스치

🈁 おうごん 황:o-(예외) ㉠g 🆅 hoàng kim 황 낌 음:im

황토
黄土
huángtǔ
황투

黃土 **왕**:uang **오**:u
황토 요법　黄土疗法　황투 랴오파

🈁 おうど、こうど 황:o-(예외) 🆅 hoàng thổ 황 토

황혼
黃昏
huánghūn
황훈

黃昏 **왕**:uang **온**:un

황혼시기 黃昏时期 황훈 스치

🈁 こうこん ⑤g 왕:o- ⑤k **Ⓥ** hoàng hôn 황 혼

황망
慌忙
huāngmáng
황망

慌忙 **왕**:uang

황망한 상태 慌忙状态 황망 주앙타이

🈁 こうぼう ⑤k 왕:o- ⓐb 앙:o- **Ⓥ** hoang mang 황 망

황폐
荒废
huāngfèi
황페이

荒廢 **왕**:uang **예**:ei

황페한 구역 荒废区域 황페이 취위

🈁 こうはい ⑤k 왕:o- ⓐh 예:ai **Ⓥ** hoang phế 황 폐 예:ê

회 ㊥ hui ㊐ kai Ⓥ hội, hồi

회견
会见
huìjiàn
훼이졘

會見 **외**:uì ㉠j **연**:ian

공식회견 正式会见 정스훼이졘

🈁 かいけん ⑤k 외:ai **Ⓥ** hội kiến 호이 끼엔 외:ôi 연:iên

회관
会馆
huìguǎn
훼이관

會館 **외**:uì **완**:uan

문화회관 文化会馆 원화 훼이관

🈁 かいかん ⑤k 외:ai **Ⓥ** hội quán 호이 꽌 외:ôi

회담
会谈
huìtán
훼이탄

會談 **외**:uì

정상회담 首脑会谈 서우나오 훼이탄

🈁 かいだん ⑤k 외:ai **Ⓥ** hội đàm 호이 담 외:ôi

회비
会费
huìfèi
훼이페이

會費 **외**:uì **ⓗ**f **이**:ei

회원회비 会员会费 훼이위안 훼이페이

ⓙ かいひ **ⓚ** 외:ai **ⓗ** h **ⓥ** hội phí 호이 피 외:ôi ㅂ:ph

회원
会员
huìyuán
훼이위안

會員 **외**:uì **원**:yuan

명예회원 名义会员 밍이 훼이위안

ⓙ かいいん **ⓚ** 외:ai **ⓥ** hội viên 호이 비엔 외:ôi ㅇ:v 원:iên

회의
会议
huìyì
훼이이

會議 **외**:uì **의**:yi

긴급회의 紧急会议 진지 훼이이

ⓙ かいぎ **ⓚ** 외:ai **ⓥ** hội nghị 호이 응이 외:ôi 의:nghi

회귀
回归
huíguī
훼이궤이

回歸 **외**:uí **위**:ui

회귀 현상 回归现象 훼이궤이 셴샹

ⓙ かいき **ⓚ** 외:ai **ⓥ** hồi quy 호이 뀌 외:ôi

회상
回想
huíxiǎng
훼이샹

回想 **외**:uí **앙**:iang

과거회상 回想过去 훼이샹 궈취

ⓙ かいそう **ⓚ** 외:ai 앙:o- **ⓥ** hồi tưởng 호이 뜨엉 외:ôi 앙:ương

효 **⊕** xiao **ⓙ** ko- **ⓥ** hiệu, hiếu

효과
效果
xiàoguǒ
샤오궈

效果 **ⓗ**x **요**:iao **와**:uo

현저한 효과 显著的效果 셴주 떠 샤오궈

ⓙ こうか **ⓚ** **ⓥ** hiệu quả 히에우 꽈 요:iêu

효력
效力
xiàolì
샤오리

效力 ⓗx 요:iao 역:i ㄱ..

시행효력 执行效力 즈씽샤오리

⬜ⓙこうりょく ⓚk 력 ⓥhiệu lực 히에우 륵 요:iêu 역:ưc

효율
效率
xiàolù
샤오뤼

效率 ⓗx 요:iao 율:ü ㄹ..

열의 효율 热效率 러샤오뤼

⬜ⓙこうりつ ⓚk ⓣts ⓥhiệu suất 히에우 쑤엇 요:iêu 율:uât

효녀
孝女
xiàonǚ
샤오뉘

孝女 ⓗx 요:iao 여:ǚ

부모의 효녀 父母的孝女 푸무 떠 샤오뉘

⬜ⓙこうじょ ⓚk ⓥhiếu nữ 히에우 느 요:iêu 여:ư

효도
孝道
xiàodào
샤오다오

孝道 ⓗx 요:iao 오:ao

효도 행동 孝道行动 샤오다오 씽동

⬜ⓙこうどう, 孝行(こうこう)ⓚk ⓥhiếu đạo 히에우 다오 요:iêu 오:ao

ⓒhou ⓙko- ⓥhào, hậu

후방
后方
hòufāng
허우팡

後方 우:ou ⓕf

후방 부대 后方部队 허우팡 뿌뒈이

⬜ⓙこうほう ⓖg ⓗh 앙:o- ⓥhậu phương 허우 프엉 우:âu ㅂ:ph 앙:ương

후배
后辈
hòubèi
허우베이

後輩 우:ou 애:ei

후배 양성 培养后辈 페이양 허우베이

⬜ⓙこうはい ⓚk 애:ai ⓥhậu bối 허우 보이 우:âu 애:ôi

333

후예
后裔
hòuyì
허우이

後裔 **우**:ou **예**:i
태양의 후예 太阳的后裔 타이양 떠 허우이

日 こうえい **®**k **V** hậu duệ 허우 주예 우:âu

후대
厚待
hòudài
허우따이

厚待 **우**:ou **애**:ai
후대 감사 感谢厚待 깐씨에 허우따이

日 厚待遇(こうたいぐう) **®**k **V** hậu đãi 허우 다이 우:âu 애:ai

⊕ xun **日** kun **V** huấn, huân

훈련
训练
xùnliàn
쉰롄

訓練 **⑤**x **운**:un **연**:ian
신병훈련 新兵训练 신빙 쉰롄

日 くんれん **®**k **V** huấn luyện 후언 루옌 운:uân 연:uyên

훈장
勋章
xūnzhāng
쉰장

勳章 **⑤**x **운**:un
노동훈장 劳动勋章 라오동 쉰장

日 くんしょう **®**k 앙:yo- **V** huân chương 후언 즈엉 운:uân 앙:ương

⊕ xi **日** kyu- **V** hâp

흡수
吸收
xīshōu
시서우

吸收 **⑤**x **읍**:i **⑪**.. **우**:ou
영양 흡수 吸收营养 시서우 잉양

日 きゅうしゅう **®**k 읍:yu- **V** hấp thụ 협 투 읍:âp

흥 　 ⊕ xing 　 ⓙ ko- 　 ⓥ hưng

흥망
兴亡
xīngwáng
씽왕

興亡 ⓗx 응:ing ⓜw

흥망 성쇠 興亡盛衰 씽왕 성솨이

ⓙ こうぼう ⓗk ◎- ⓜb ⓥ hưng vong 흥 봉 ㅁ:v

흥분
兴奋
xīngfèn
씽펀

興奮 ⓗx 응:ing ⓑf 운:en

흥분상태 兴奋状态 씽펀 주앙타이

ⓙ こうふん ⓗk ◎- ⓗh ⓥ hưng phấn 흥 펀 ㅂ:ph 운:ân

희 　 ⊕ xi 　 ⓙ ki, gi 　 ⓥ hi

희망
希望
xīwàng
시왕

希望 ⓗx 의:i ⓜw

장래희망 未来希望 웨이라이 시왕

ⓙ きぼう ⓗk ⓜb 앙:o- ⓥ hi vọng 히 봉 의:i ㅁ:v 앙:ong

희생
牺牲
xīshēng
시성

犧牲 ⓗx 의:i 앵:eng

희생정신 牺牲精神 시성찡선

ⓙ ぎせい ⓗg 엉:ei ⓥ hi sinh 히 씬 의:i 앵:inh

漢字 한자 변환법으로 배우는

중국어

한-중 중심의 한자권 4개국 언어학습

i

알파벳순
index

알파벳순 index

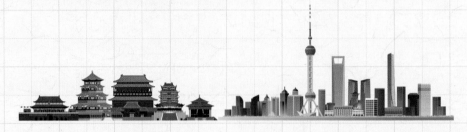

běijí 北极	북극 北極	bù'ān 不安	불안 不安
bèijǐng 背景	배경 背景	búbiàn 不变	불변 不變
bēijù 悲剧	비극 悲劇	bùbīng 步兵	보병 步兵
bèixìn 背信	배신 背信	bùdéyǐ 不得已	부득이 不得已
běnfèn 本分	본분 本分	búdòngchǎn 不动产	부동산 不動産
běnguó 本国	본국 本國	bùfǎ 不法	불법 不法
běnnéng 本能	본능 本能	bùfen 部分	부분 部分
běnxìng 本性	본성 本性	bùhé 不和	불화 不和
běnzhì 本质	본질 本質	bújìng 不净	부정 不淨
biàndòng 变动	변동 變動	bújìng 不敬	불경 不敬
biànhuà 变化	변화 變化	bùliáng 不良	불량 不良
biānjí 编辑	편집 編輯	bùluò 部落	부락 部落
biànlùn 辩论	변론 辯論	bùmǎn 不满	불만 不滿
biànyí 便宜	편의 便宜	bùpíng 不平	불평 不平
biǎojué 表决	표결 表決	bùpíngděng 不平等	불평등 不平等
biǎoshì 表示	표시 表示	búxiào 不孝	불효 不孝
biǎoxiàn 表现	표현 表現	búxìn 不信	불신 不信
biāoyǔ 标语	표어 標語	búxìng 不幸	불행 不幸
biāozhǔn 标准	표준 標準	búxìnrèn 不信任	불신임 不信任
biémíng 别名	별명 別名	bǔyào 补药	보약 補藥
bìmù 闭幕	폐막 閉幕	ⓒ -------------------------------	
bīngduān 兵端	병단 兵端	cáichǎn 财产	재산 財産
bīngfǎ 兵法	병법 兵法	cáifá 财阀	재벌 財閥
bīnglì 兵力	병력 兵力	cáinéng 才能	재능 才能
bīnglüè 兵略	병략 兵略	cáirén 才人	재인 才人
bìyè 毕业	졸업 卒業	cáizhèng 财政	재정 財政
bófú 薄福	박복 薄福	cǎnbài 惨败	참패 慘敗
bómìng 薄命	박명 薄命	cānguān 参观	참관 參觀
bóxué 博学	박학 博學	cǎnhuò 惨祸	참화 慘禍

cānjiā 参加	참가 參加	chénghūn 成婚	성혼 成婚
cānjiàn 参见	참견 參見	chéngjì 成绩	성적 成績
cǎnjù 惨剧	참극 慘劇	chénglì 成立	성립 成立
cānkǎo 参考	참고 參考	chéngnián 成年	성년 成年
cānmóu 参谋	참모 參謀	chéngshí 诚实	성실 誠實
cánrěn 残忍	잔인 殘忍	chéngshú 成熟	성숙 成熟
cǎnshā 惨杀	참살 慘殺	chéngxīn 诚心	성심 誠心
cānyù 参与	참여 參與	chéngyì 诚意	성의 誠意
cānzhàn 参战	참전 參戰	chéngyuán 成员	성원 成員
cǎnzhuàng 惨状	참상 慘狀	chénshù 陈述	진술 陳述
cǎoyuán 草原	초원 草原	chìdào 赤道	적도 赤道
cè 册	책 冊	chǐrǔ 耻辱	치욕 恥辱
cèliáng 测量	측량 測量	chízhì 迟滞	지체 遲滯
cèyǐn 恻隐	측은 惻隱	chóngbài 崇拜	숭배 崇拜
chá 茶	차 茶	chōngmǎn 充满	충만 充滿
chǎnchū 产出	산출 產出	chōngtū 冲突	충돌 衝突
chángqī 长期	장기 長期	chóngyǎn 重演	재연 再演
chángshēng 长生	장생 長生	chōngzú 充足	충족 充足
chángshòu 长寿	장수 長壽	chōuxiàng 抽象	추상 抽象
chángzhù 常驻	상주 常駐	chuándá 传达	전달 傳達
cháoliú 潮流	조류 潮流	chuándān 传单	전단 傳單
chāonénglì 超能力	초능력 超能力	chuándào 传道	전도 傳道
chāorén 超人	초인 超人	chuànglì 创立	창립 創立
chāosù 超速	초속 超速	chuàngzào 创造	창조 創造
chéngbài 成败	성패 成敗	chuàngzuò 创作	창작 創作
chéngfá 惩罚	징벌 懲罰	chuánjiào 传教	선교 宣敎
chéngfèn 成分	성분 成分	chuánrǎn 传染	전염 傳染
chénggōng 成功	성공 成功	chuánshuō 传说	전설 傳說
chéngguǒ 成果	성과 成果	chuántǒng 传统	전통 傳統

chuánzhǎng 船长	선장 船長	dàhuì 大会	대회 大會
chūbǎn 出版	출판 出版	dàibiǎo 代表	대표 代表
chūchù 出处	출처 出處	dàilǐ 代理	대리 代理
chǔfá 处罚	처벌 處罰	dàjiāzú 大家族	대가족 大家族
chūfā 出发	출발 出發	dàjú 大局	대국 大局
chūjí 初级	초급 初級	dàjūn 大军	대군 大軍
chūjiā 出家	출가 出家	dálǐ 答礼	답례 答禮
chūkù 出库	출고 出庫	dàliàng 大量	대량 大量
chǔlǐ 处理	처리 處理	dàlù 大陆	대륙 大陸
chúnjié 纯洁	순결 純潔	dàluàn 大乱	대란 大亂
chūrù 出入	출입 出入	dānchún 单纯	단순 單純
chūshēn 出身	출신 出身	dāndāng 担当	담당 擔當
chūshòu 出售	발매 發賣	dāndú 单独	단독 單獨
chūxiàn 出现	출현 出現	dǎngpài 党派	당파 黨派
chūxiě 出血	출혈 出血	dāngrán 当然	당연 當然
chūzhòng 出众	출중 出衆	dāngshí 当时	당시 當時
cíjiùyíngxīn 辞旧迎新 송구영신 送舊迎新		dǎngyuán 党员	당원 黨員
cídiǎn 辞典	사전 辭典	dānrèn 担任	담임 擔任
cìnán 次男	차남 次男	dānyī 单一	단일 單一
cìnǚ 次女	차녀 次女	dàodé 道德	도덕 道德
císhàn 慈善	자선 慈善	dàojù 道具	도구 道具
cōngming 聪明	총명 聰明	dàshǐ 大使	대사 大使
cuīmián 催眠	최면 催眠	dàshǐguǎn 大使馆	대사관 大使館
cúnzài 存在	존재 存在	dàwáng 大王	대왕 大王
Ⓓ----------------●		Dàxīyáng 大西洋	대서양 大西洋
dá'àn 答案	답안 答案	dàxuǎn 大选	총선거 總選擧
dàduōshù 大多数	대다수 大多數	dàxué 大学	대학 大學
dàgài 大概	대개 大概	dàyì 大义	대의 大義
dàguīmó 大规模	대규모 大規模	dàzhàn 大战	대전 大戰

dēngjì 登记	등기 登記	dìxíng 地形	지형 地形
déxíng 德行	덕행 德行	dìzhèn 地震	지진 地震
diànbào 电报	전보 電報	dìzhèngxué 地政学	지정학 地政學
diǎnhuǒ 点火	점화 點火	dìzhì 地质	지질 地質
diànlì 电力	전력 電力	Dìzhōnghǎi 地中海	지중해 地中海
diànliú 电流	전류 電流	dìzhǔ 地主	지주 地主
diànsuàn 电算	전산 電算	dìzǐ 弟子	제자 弟子
diǎnxíng 典型	전형 典刑	dōngfāng 东方	동방 東方
diànyā 电压	전압 電壓	dōnggōng 东宫	동궁 東宮
diànzǐ 电子	전자 電子	dòngjié 冻结	동결 凍結
diàochá 调查	조사 調査	dòngmài 动脉	동맥 動脈
dìfang 地方	지방 地方	dōngnányà 东南亚	동남아 東南亞
dǐgòng 底贡	공납 貢納	dòngtài 动态	동태 動態
dìguó 帝国	제국 帝國	dòngwù 动物	동물 動物
dìlǐ 地理	지리 地理	dōngyáng 东洋	동양 東洋
dìmíng 地名	지명 地名	dōngzhì 冬至	동지 冬至
dìnghūn 订婚	약혼 約婚	dòngzuò 动作	동작 動作
dìnghūn 定婚	정혼 定婚	dòuzhēng 斗争	투쟁 鬪爭
dìngjià 定价	정가 定價	duǎnjiàn 短剑	단검 短劍
dìnglì 定例	정례 定例	duànjiāo 断交	단교 斷交
dìngliàng 定量	정량 定量	duànjué 断绝	단절 斷折
dìnglùn 定论	정론 定論	duǎnmìng 短命	단명 短命
dìngqī 定期	정기 定期	dúcái 独裁	독재 獨裁
dìngxíng 定形	정형 定形	dúduàn 独断	독단 獨斷
dìngzhèng 订正	정정 訂正	duìcè 对策	대책 對策
dìpán 地盘	지반 地盤	duìlì 对立	대립 對立
dìqiú 地球	지구 地球	duìnèi 对内	대내 對內
dìwáng 帝王	제왕 帝王	dúlì 独立	독립 獨立
dìwèi 地位	지위 地位	duōcái 多才	다재 多才

duōshù 多数	다수 多數	fángdú 防毒	방독 防毒
duōyàng 多样	다양 多樣	fāngfǎ 方法	방법 方法
duōyì 多义	다의 多義	fánghài 妨害	방해 妨害
dúshēn 独身	독신 獨身	fánghuǒ 防火	방화 防火
dúxìng 毒性	독성 毒性	fànghuǒ 放火	방화 放火
(E)		fángkōng 防空	방공 防空
èdé 恶德	악덕 惡德	fāngmiàn 方面	방면 方面
ègǎn 恶感	악감 惡感	fǎngòng 反共	반공 反共
èmèng 恶梦	악몽 惡夢	fàngshè 放射	방사 放射
èmó 恶魔	악마 惡魔	fàngshēng 放生	방생 放生
ēndé 恩德	은덕 恩德	fángwèi 防卫	방위 防衛
ēnhuì 恩惠	은혜 恩惠	fāngxiàng 方向	방향 方向
ēnrén 恩人	은인 恩人	fāngyán 方言	방언 方言
(F)		fángyì 防疫	방역 防疫
fābìng 发病	발병 發病	fángyù 防御	방어 防禦
fāguāng 发光	발광 發光	fāngzhēn 方针	방침 方針
fǎguī 法规	법규 法規	fánhuá 繁华	번화 繁華
fāhuī 发挥	발휘 發揮	fǎnjī 反击	반격 反擊
fǎlǜ 法律	법률 法律	fánróng 繁荣	번영 繁榮
fāmíng 发明	발명 發明	fǎnshè 反射	반사 反射
fǎnbó 反驳	반박 反駁	fànwéi 范围	범위 範圍
fǎndòng 反动	반동 反動	fānyì 翻译	번역 飜譯
fǎnduì 反对	반대 反對	fǎnyìng 反映	반영 反映
fànfǎ 犯法	범법 犯法	fǎnyìng 反应	반응 反應
fāng'àn 方案	방안 方案	fǎnzhàn 反战	반전 反戰
fǎngǎn 反感	반감 反感	fànzuì 犯罪	범죄 犯罪
fángbèi 防备	방비 防備	fǎnzuòyòng 反作用	반작용 反作用
fāngcè 方策	방책 方策	fārè 发热	발열 發熱
fàngdiàn 放电	방전 放電		

fāsàn 发散	발산 發散	fēngyuè 风月	풍월 風月
fāshēng 发生	발생 發生	fēnhuà 分化	분화 分化
fǎtíng 法庭	법정 法廷	fēnjiě 分解	분해 分解
fāxiàn 发现	발견 發見	fēnlèi 分类	분류 分類
fāxíng 发行	발행 發行	fēnlí 分离	분리 分離
fāyán 发言	발언 發言	fēnpèi 分配	분배 分配
fāyīn 发音	발음 發音	fēnxi 分析	분석 分析
fāyù 发育	발달 發達	fǒujué 否决	부결 否決
fāzhǎn 发展	발전 發展	fúbīng 伏兵	복병 伏兵
fǎzhì 法制	법제 法制	fùchá 复查	재검사 再檢查
fǎzhì 法治	법치 法治	fùchóu 复仇	복수 復讐
fěibàng 诽谤	비방 誹謗	fúcóng 服从	복종 服從
fèipǐn 废品	폐품 廢品	fùfā 复发	재발 再發
fèirén 废人	폐인 廢人	fùguì 富贵	부귀 富貴
fēnbié 分别	분별 分別	fúhé 符合	부합 符合
fēnbù 分布	분포 分布	fùhé 复合	복합 複合
fēngbō 风波	풍파 風波	fùjìn 附近	부근 附近
fēngdù 风度	풍도 風度	fùmǔ 父母	부모 父母
fēngfù 丰富	풍부 豊富	fùrén 妇人	부인 婦人
fēngjiàn 封建	봉건 封建	fùzá 复杂	복잡 複雜
fēngjǐng 风景	풍경 風景	fùzhí 复职	복직 復職
fēngliú 风流	풍류 風流	fùzhì 复制	복제 複製
fēngshuāng 风霜	풍상 風霜	Ⓖ	
fēngsú 风俗	풍속 風俗	gàiguān 概观	개관 概觀
fēngsúxíguàn 风俗习惯		gàilüè 概略	개략 概略
	풍속습관 風俗習慣	gàiniàn 概念	개념 概念
fēngtǔ 风土	풍토 風土	gǎishàn 改善	개선 改善
fèngxiàn 奉献	봉사 奉仕	gàishù 概述	개설 概說
fèngyǎng 奉养	봉양 奉養	gànbù 干部	간부 幹部

344

gǎnchù 感触	감촉 感觸	gēwǔ 歌舞	가무 歌舞
gǎndòng 感动	감동 感動	géxīn 革新	혁신 革新
gānglǐng 纲领	강령 綱領	gèxìng 个性	개성 個性
gǎnjī 感激	감격 感激	géyán 格言	격언 格言
gǎnjué 感觉	감각 感覺	gēyáo 歌谣	가요 歌謠
gǎnqíng 感情	감정 感情	gēyuè 歌乐	가악 歌樂
gānshè 干涉	간섭 干涉	gōngbào 公报	공보 公報
gǎntàn 感叹	감탄 感歎	gōngbīng 工兵	공병 工兵
gǎnxiǎng 感想	감상 感想	gòngchǎn 共产	공산 共産
gǎnxiè 感谢	감사 感謝	gōngchǎng 工场	공장 工場
gǎnxìng 感性	감성 感性	gōngchén 功臣	공신 功臣
gǎnxìng 感兴	감흥 感興	gōngdé 公德	공덕 公德
gānyán 肝炎	간염 肝炎	gōngdiàn 宫殿	궁전 宮殿
gǎnyìng 感应	감응 感應	gònggǎn 共感	공감 共感
gāojí 高级	고급 高級	gōnggòng 公共	공공 公共
gāoxuèyā 高血压	고혈압 高血壓	gǒnggù 巩固	공고 鞏固
gāoyuán 高原	고원 高原	gònghé 共和	공화 共和
gējì 歌妓	가기 歌妓	gōngjǐ 供给	공급 供給
gējù 歌剧	가극 歌劇	gōngjī 攻击	공격 攻擊
gélí 隔离	격리 隔離	gōngjù 工具	공구 工具
gémìng 革命	혁명 革命	gōngkāi 公开	공개 公開
gēnběn 根本	근본 根本	gōngmín 公民	공민 公民
gēngxīn 更新	갱신 更新	gòngmíng 共鸣	공명 共鳴
gēngzuò 耕作	경작 耕作	gōngpíng 公平	공평 公平
gēnjù 根据	근거 根據	gōngrèn 公认	공인 公認
gēqǔ 歌曲	가곡 歌曲	gōngshāng 工商	공상 工商
gèrén 个人	개인 個人	gòngshēng 共生	공생 共生
gēshǒu 歌手	가수 歌手	gōngshì 公式	공식 公式
gēsòng 歌颂	가송 歌頌	gòngtóng 共同	공동 共同

gōngwén 公文	공문 公文	gùgōng 故宫	고궁 古宮
gōngwù 公务	공무 公務	gùguó 故国	고국 故國
gòngxiàn 贡献	공헌 貢獻	guīdìng 规定	규정 規定
gōngxiào 功效	공효 功效	guīlǜ 规律	규율 規律
gōngyè 工业	공업 工業	guīmó 规模	규모 規模
gōngyì 公益	공익 公益	guīnà 归纳	귀납 歸納
gōngyòng 公用	공용 公用	guìrén 贵人	귀인 貴人
gōngyuán 公园	공원 公園	guīzé 规则	규칙 規則
gōngzhòng 公众	공중 公衆	guīzhì 规制	규제 規制
gōngzhǔ 公主	공주 公主	guìzú 贵族	귀족 貴族
gōngzǐ 公子	공자 公子	gūlì 孤立	고립 孤立
guǎfù 寡妇	과부 寡婦	gǔmù 古木	고목 古木
guānchá 观察	관찰 觀察	guócè 国策	국책 國策
guāndiǎn 观点	관점 觀點	guòchéng 过程	과정 過程
guǎngchǎng 广场	광장 廣場	guófǎ 国法	국법 國法
guǎngdà 广大	광대 廣大	guófáng 国防	국방 國防
guǎnggào 广告	광고 廣告	guǒgǎn 果敢	과감 果敢
guāngmíng 光明	광명 光明	guógē 国歌	국가 國歌
guānjūn 官军	관군 官軍	guóhuā 国花	국화 國花
guǎnlǐ 管理	관리 管理	guóhuì 国会	국회 國會
guānniàn 观念	관념 觀念	guójí 国籍	국적 國籍
guānxi 关系	관계 關係	guójì 国际	국제 國際
guānxīn 关心	관심 關心	guómín 国民	국민 國民
guānzhí 官职	관직 官職	guónàn 国难	국난 國難
guānzhòng 观众	관중 觀衆	guónèi 国内	국내 國內
gǔdài 古代	고대 古代	guóqí 国旗	국기 國旗
gǔdiǎn 古典	고전 古典	guòqù 过去	과거 過去
gùdìng 固定	고정 固定	guǒrán 果然	과연 果然
gǔdū 古都	고도 古都	guóshì 国事	국사 國事

guóshǐ 国史	국사 國史	hànyīn 汉音	한음 漢音
guótǔ 国土	국토 國土	háohuá 豪华	호화 豪華
guówēi 国威	국위 國威	háojié 豪杰	호걸 豪傑
guówén 国文	국문 國文	háoqì 豪气	호기 豪氣
guówù 国务	국무 國務	háoxiá 豪侠	호협 豪俠
guóyíng 国营	국영 國營	hǎoyì 好意	호의 好意
guóyǔ 国语	국어 國語	héchàng 合唱	합창 合唱
guózhèng 国政	국정 國政	héchéng 合成	합성 合成
gùrén 故人	고인 故人	héfǎ 合法	합법 合法
gǔwù 古物	고물 古物	héhé 和合	화합 和合
gǔwǔ 鼓舞	고무 鼓舞	héjiě 和解	화해 和解
gùyì 故意	고의 故意	héjīn 合金	합금 合金
gǔyǔ 古语	고어 古語	hélì 合力	합력 合力
		hélǐ 合理	합리 合理

Ⓗ - ●

hǎichǎnpǐn 海产品	해산 海産	héliú 合流	합류 合流
hǎiguān 海关	세관 稅關	hémǎ 河马	하마 河馬
hǎijūn 海军	해군 海軍	héxīn 合心	합심 合心
hǎilǐ 海里	해리 海里	héyīn 和音	화음 和音
hǎiliú 海流	해류 海流	hézuò 合作	합작 合作
hǎimǎ 海马	해마 海馬	hòubèi 后辈	후배 後輩
hǎiwài 海外	해외 海外	hòudài 厚待	후대 厚待
hǎiyáng 海洋	해양 海洋	hòufāng 后方	후방 後方
hǎizéi 海贼	해적 海賊	hòuguāng 后光	후광 後光
hǎizhàn 海战	해전 海戰	hòushì 后世	후세 後世
hánghǎi 航海	항해 航海	hòuyì 后裔	후예 後裔
hángkōng 航空	항공 航空	huàfǎ 画法	화법 畵法
Hánguó 韩国	한국 韓國	huàjù 话剧	연극 演劇
hànwén 汉文	한문 漢文	huálì 华丽	화려 華麗
hánxù 含蓄	함축 含蓄	huángchéng 皇城	황성 皇城

huāngfèi 荒废	황폐 荒廢	hùkǒu 户口	호구 戶口
huánghòu 皇后	황후 皇后	hùndùn 混沌	혼돈 混沌
huánghūn 黄昏	황혼 黃昏	hūnlǐ 婚礼	혼례 婚禮
huángjīn 黄金	황금 黃金	hùnluàn 混乱	혼란 混亂
huāngmáng 慌忙	황망 慌忙	hūnyīn 婚姻	혼인 婚姻
huángshì 皇室	황실 皇室	hūnyuē 婚约	혼약 婚約
huángtǔ 黄土	황토 黃土	hùnzá 混杂	혼잡 混雜
huángzú 皇族	황족 皇族	hùnzhàn 混战	혼전 混戰
huānhū 欢呼	환호 歡呼	huódòng 活动	활동 活動
huānxǐ 欢喜	환희 歡喜	huòfú 祸福	화복 禍福
huānyíng 欢迎	환영 歡迎	huólì 活力	활력 活力
huáqiáo 华侨	화교 華僑	huǒlì 火力	화력 火力
huàshí 化石	화석 化石	huópō 活泼	활발 活潑
huāwén 花纹	화문 花紋	huóxìng 活性	활성 活性
huàxué 化学	화학 化學	huǒzàng 火葬	화장 火葬
huāyuán 花园	화원 花園	hūxī 呼吸	호흡 呼吸
huàzhuāng 化妆	화장 化粧	Ⓙ - - - - - - - - - - - - - - - - - ●	
huíchūn 回春	회춘 回春	jiābǎo 家宝	가보 家寶
huìfèi 会费	회비 會費	jiābiàn 家变	가변 家變
huífù 回复	회복 回復	jiāchǎn 家产	가산 家産
huìguǎn 会馆	회관 會館	jiāchù 家畜	가축 家畜
huíguī 回归	회귀 回歸	jiāchuán 家传	가전 家傳
huìjiàn 会见	회견 會見	jiāfǎ 家法	가법 家法
huíshēng 回生	회생 回生	jiāfēng 家风	가풍 家風
huìtán 会谈	회담 會談	jiàgé 价格	가격 價格
huíxiǎng 回想	회상 回想	jiāgōng 加工	가공 加工
huìyì 会议	회의 會議	jiājiào 家教	가교 家教
huìyuán 会员	회원 會員	jiājǐng 家景	가경 家景
hùjí 户籍	호적 戶籍	jiājū 家居	가거 家居

jiālǐ 家礼	가례 家禮	jiànzhuàng 健壮	건장 健壯
jiāmiào 家庙	가묘 家廟	jiàojù 教具	교구 教具
jiǎnbiàn 简便	간편 簡便	jiāoliú 交流	교류 交流
jiǎnchá 检察	검찰 檢察	jiàoshòu 教授	교수 教授
jiānchá 监察	감찰 監察	jiàotáng 教堂	교당 教堂
jiǎndān 简单	간단 簡單	jiāotōng 交通	교통 交通
jiàndào 剑道	검도 劍道	jiàoyù 教育	교육 教育
jiàndié 间谍	간첩 間諜	jiàoyuán 教员	교원 教員
jiāndū 监督	감독 監督	jiāozhàn 交战	교전 交戰
jiāngjūn 将军	장군 將軍	jiāpǔ 家谱	가보 家譜
jiānglái 将来	장래 將來	jiāqín 家禽	가금 家禽
jiāngù 坚固	견고 堅固	jiārén 家人	가인 家人
jiānjìn 监禁	감금 監禁	jiāshì 家世	가세 家世
jiànjìn 渐近	점근 漸近	jiātáng 家堂	가당 家堂
jiànjǔ 荐举	천거 薦擧	jiātíng 家庭	가정 家庭
jiānkǎo 监考	감고 監考	jiāxì 家系	가계 家系
jiǎnlüè 简略	간략 簡略	jiāxùn 家训	가훈 家訓
jiānrèn 兼任	겸임 兼任	jiāyè 家业	가업 家業
jiànshè 建设	건설 建設	jiāyòng 家用	가용 家用
jiānshì 监视	감시 監視	jiāzhǎng 家长	가장 家長
jiànshù 剑术	검술 劍術	jiāzhèng 家政	가정 家政
jiǎntǎo 检讨	검토 檢討	jiàzhí 价值	가치 價值
jiànyì 建议	건의 建議	jiāzú 家族	가족 家族
jiǎnyì 检疫	검역 檢疫	jíbào 急报	급보 急報
jiānyù 监狱	감옥 監獄	jìcè 计策	계책 計策
jiǎnyuè 检阅	검열 檢閱	jídù 极度	극도 極度
jiànzhǎng 舰长	함장 艦長	jíduān 极端	극단 極端
jiānzhí 兼职	겸직 兼織	jiědá 解答	해답 解答
jiànzhù 建筑	건축 建築	jiēdài 接待	접대 接待

jiēdiǎn 接点	접점 接點	jīlì 激励	격려 激勵
jiědú 解毒	해독 解毒	jìlù 纪录	기록 記錄
jiěfàng 解放	해방 解放	jìmǔ 继母	계모 繼母
jiéguǒ 结果	결과 結果	jìnbù 进步	진보 進步
jiéhé 结合	결합 結合	jìnchén 近臣	근신 近臣
jiēhé 接合	접합 接合	jìndài 近代	근대 近代
jiéhūn 结婚	결혼 結婚	jìndiǎn 近点	근점 近點
jiējiàn 接见	접견 接見	jìndù 进度	진도 進度
jiējìn 接近	접근 接近	jìnéng 技能	기능 技能
jiéjú 结局	결국 結局	jǐngchá 警察	경찰 警察
jiějué 解决	해결 解決	jīngdù 经度	경도 經度
jiélùn 结论	결론 結論	jīngfèi 经费	경비 經費
jiěmèng 解梦	해몽 解夢	jìngfú 敬服	경복 敬服
jiěpōu 解剖	해부 解剖	jǐnggào 警告	경고 警告
jiěsàn 解散	해산 解散	jīnghuá 精华	정화 精華
jiēshòu 接受	접수 接受	jīngjì 经济	경제 經濟
jiěshuō 解说	해설 解說	jìngmài 静脉	정맥 靜脈
jiětǐ 解体	해체 解體	jīngshén 精神	정신 情神
jiēxiàn 接线	접선 接線	jīngtōng 精通	정통 精通
jiéyì 结义	결의 結義	jìngyǎng 静养	정양 靜養
jiézhì 节制	절제 節制	jīngyíng 经营	경영 經營
jiēzhǒng 接踵	접종 接踵	jìngzhēng 竞争	경쟁 競爭
jìfú 祭服	제복 祭服	jīngzhì 精制	정제 精製
jíhé 集合	집합 集合	jìngzuò 静坐	정좌 靜坐
jìhuà 计划	계획 計劃	jìnhuà 进化	진화 進化
jījí 积极	적극 積極	jìniàn 纪念	기념 記念
jíkè 即刻	즉각 卽刻	jǐnjí 紧急	긴급 緊急
jílè 极乐	극락 極樂	jìnqǔ 进取	진취 進取
jílì 极力	극력 極力	jìnshēng 晋升	승진 昇進

jìnshì 近视	근시 近視	juéwàng 绝望	절망 絶望
jìntuì 进退	진퇴 進退	juéxīn 决心	결심 決心
jìnxíng 进行	진행 進行	jùjué 拒绝	거절 拒絶
jìnzhǎn 进展	진전 進展	jūnbèi 军备	군비 軍備
jìpǐn 祭品	제물 祭物	jūnduì 军队	군대 軍隊
jìshù 技术	기술 技術	jūnfǎ 军法	군법 軍法
jìsì 祭祀	제사 祭祀	jūnfú 军服	군복 軍服
jísù 急速	급속 急速	jūnshì 军事	군사 軍事
jítǐ 集体	집체 集體	jūnwù 军务	군무 軍務
jítuán 集团	집단 集團	jūnzhǔ 君主	군주 君主
jiùhù 救护	구호 救護	jǔxíng 举行	거행 擧行
jiùjì 救济	구제 救濟	jūzhù 居住	거주 居住
jiǔliàng 酒量	주량 酒量	Ⓚ - ●	
jiǔsè 酒色	주색 酒色	kāichǎng 开场	개장 開場
jiùyuán 救援	구원 救援	kāidiàn 开店	개점 開店
jiùzhù 救助	구조 救助	kāifā 开发	개발 開發
jìwén 祭文	조문 弔文	kāifàng 开放	개방 開放
jíxìng 急性	급성 急性	kāiguó 开国	개국 開國
jíyòu 极右	극우 極右	kāihuà 开化	개화 開化
jìzhě 记者	기자 記者	kāijiǎng 开讲	개강 開講
jízhōng 集中	집중 集中	kāikěn 开垦	개간 開墾
jùdiǎn 据点	거점 據點	kāimù 开幕	개막 開幕
juédìng 决定	결정 決定	kāitōng 开通	개통 開通
juéduàn 决断	결단 決斷	kāiyè 开业	개업 開業
juéduì 绝对	절대 絶對	kāizhàn 开战	개전 開戰
juéhǎo 绝好	절호 絶好	kàngjù 抗拒	항거 抗拒
juéjiāo 绝交	절교 絶交	kàngshēn 抗生	항생 抗生
juéjǐng 绝景	절경 絶景	kàngsù 抗诉	항고 抗告
juéjù 绝句	절구 絶句	kàngtǐ 抗体	항체 抗體

kàngzhàn 抗战	항전 抗戰	liángxīn 良心	양심 良心
kǎogǔxué 考古学	고고학 考古學	liánhé 联合	연합 聯合
kèfú 克服	극복 克服	liánlěi 连累	연루 連累
kèguān 客观	객관 客觀	liánluò 连络	연락 連絡
kējǔ 科举	과거 科擧	liánméng 联盟	연맹 聯盟
kěnéng 可能	가능 可能	liànxí 练习	연습 練習
kètǐ 客体	객체 客體	liánxù 连续	연속 連續
kēxué 科学	과학 科學	líbié 离别	이별 離別
kōng 空	공 空	lìfǎ 立法	입법 立法
kǒnghuāng 恐慌	공황 恐慌	líhūn 离婚	이혼 離婚
kōngjiān 空间	공간 空間	lǐjié 礼节	예절 禮節
kōngjūn 空军	공군 空軍	lǐlùn 理论	이론 理論
kōngqì 空气	공기 空氣	lǐnghǎi 领海	영해 領海
kōngzhōng 空中	공중 空中	línghún 灵魂	영혼 靈魂
Kǒngzǐ 孔子	공자 孔子	lǐngshì 领事	영사 領事
kuàilè 快乐	쾌락 快樂	lǐngtǔ 领土	영토 領土
kǔnàn 苦难	고난 苦難	línjìn 邻近	인근 隣近
kūnchóng 昆虫	곤충 昆蟲	línshí 临时	임시 臨時
(L) -------------------		lísàn 离散	이산 離散
làngfèi 浪费	낭비 浪費	lìshǐ 历史	역사 歷史
làngmàn 浪漫	낭만 浪漫	lìtǐ 立体	입체 立體
lànyòng 滥用	남용 濫用	liùjiǎo 六角	육각 六角
láodong 劳动	노동 勞動	liútōng 流通	유통 流通
lǎohuà 老化	노화 老化	liúxué 留学	유학 留學
láoyì 劳役	노역 勞役	liúyì 留意	유의 留意
lèguān 乐观	낙관 樂觀	liúyù 流域	유역 流域
liánbāng 联邦	연방 聯邦	lǐwù 礼物	예물 禮物
liánchǐ 廉耻	염치 廉恥	lǐxiǎng 理想	이상 理想
liángmín 良民	양민 良民	lìyì 利益	이익 利益

lǐyí 礼仪	의례 儀禮	mièshì 蔑视	멸시 蔑視
lǐyóu 理由	이유 理由	mìmì 秘密	비밀 秘密
lóngwáng 龙王	용왕 龍王	mínbīng 民兵	민병 民兵
lùdì 陆地	육지 陸地	míngfèn 名分	명분 名分
lǚguǎn 旅馆	여관 旅館	mìnglìng 命令	명령 命令
lùjūn 陆军	육군 陸軍	míngrén 名人	명인 名人
lǚkè 旅客	여객 旅客	míngshēng 名声	명성 名聲
lǚlì 履历	이력 履歷	míngwàng 名望	명망 名望
lúnhuí 轮回	윤회 輪廻	míngyán 名言	명언 名言
lùnwén 论文	논문 論文	míngyì 名义	명의 名義
lúnyǔ 论语	논어 論語	míngyī 名医	명의 名醫
luòhòu 落后	낙후 落後	míngzuò 名作	명작 名作
Ⓜ------------------------●		mínshēng 民生	민생 民生
máifu 埋伏	매복 埋伏	mínshì 民事	민사 民事
mǎlì 马力	마력 馬力	mínzhǔ 民主	민주 民主
màoxiǎn 冒险	모험 冒險	mínzú 民族	민족 民族
màoyì 贸易	무역 貿易	míxìn 迷信	미신 迷信
měiguān 美观	미관 美觀	mófàn 模范	모범 模範
měijūn 美军	미군 米軍	mófǎng 模仿	모방 模倣
měinǚ 美女	미녀 美女	móguǐ 魔鬼	마귀 魔鬼
měishù 美术	미술 美術	móshù 魔术	마술 魔術
méiyǒuzérèn 没有责任	무책임 無責任	móxíng 模型	모형 模型
ménglóng 朦胧	몽롱 朦朧	mùbiāo 目标	목표 目標
mèngxiǎng 梦想	몽상 夢想	mùdì 目的	목적 目的
miǎnchú 免除	면제 免除	mùlù 目录	목록 目錄
miànjī 面积	면적 面積	mùqín 木琴	목금 木琴
miǎnshuì 免税	면세 免稅	mùshī 牧师	목사 牧師
miǎnzhí 免职	면직 免職	mùtóng 牧童	목동 牧童
miǎnzuì 免罪	면죄 免罪		

nánběi 南北	남북 南北		
nánjí 南极	남극 南極		
nànmín 难民	난민 難民		
nánnǚ 男女	남녀 男女		
nèibù 内部	내부 內部		
nèigé 内阁	내각 內閣		
nèiguī 内规	내규 內規		
nèikē 内科	내과 內科		
nèiluàn 内乱	내란 內亂		
nèiróng 内容	내용 內容		
nénglì 能力	능력 能力		
niánbiǎo 年表	연표 年表		
niándài 年代	연대 年代		
nièpán 涅槃	열반 涅槃		
nièyuán 孽缘	악연 惡緣		
nóngchǎng 农场	농장 農場		
nóngcūn 农村	농촌 農村		
nóngfū 农夫	농부 農夫		
nónglè 农乐	농악 農樂		
nónglín 农林	농림 農林		
nóngmín 农民	농민 農民		
nóngxué 农学	농학 農學		
nóngyào 农药	농약 農藥		
nóngyè 农业	농업 農業		
nǚgōng 女工	여공 女工		
nǔlì 努力	노력 努力		
nǚquán 女权	여권 女權		
nǚxuésheng 女学生	여학생 女學生		

pàibīng 派兵	파병 派兵
páiwài 排外	배외 排外
pàndìng 判定	판정 判定
pànduàn 判断	판단 判斷
pángguān 旁观	방관 傍觀
pángguāng 膀胱	방광 膀胱
pànjué 判决	판결 判決
pàobīng 炮兵	포병 砲兵
péicháng 赔偿	배상 賠償
pèihé 配合	배합 配合
pèijǐ 配给	배급 配給
péishěn 陪审	배심 陪審
péishěnyuán 陪审员	배심원 陪審員
piāoliú 漂流	표류 漂流
píng'ān 平安	평안 平安
píngděng 平等	평등 平等
píngdì 平地	평지 平地
píngdìng 平定	평정 平定
pǐngé 品格	품격 品格
píngjūn 平均	평균 平均
pínglùn 评论	평론 評論
píngmiàn 平面	평면 平面
píngshēng 平生	평생 平生
píngtǎn 平坦	평탄 平坦
pǐnwèi 品位	품위 品位
pǐnxíng 品行	품행 品行
pǐnzhì 品质	품질 品質
pīpàn 批判	비판 批判

pīpíng 批评	비평 批評	qìhòu 气候	기후 氣候
pòchǎn 破产	파산 破産	qīn'ài 亲爱	친애 親愛
pòhuài 破坏	파괴 破壞	qīnfàn 侵犯	침범 侵犯
pǔjí 普及	보급 普及	qíngbào 情报	정보 情報
pǔtōng 普通	보통 普通	qīngchūn 青春	청춘 靑春
Q		qīnglián 清廉	청렴 淸廉
qiàdàng 恰当	합당 合黨	qīngbái 清白	청백 淸白
qiáng yín 强淫	강음 强淫	qīngmíng 清明	청명 淸明
qiángbīng 强兵	강병 强兵	qīngnián 青年	청년 靑年
qiángdào 强盗	강도 强盜	qīngpín 清贫	청빈 淸貧
qiángduó 强夺	강탈 强奪	qīngqiú 请求	청구 請求
qiángguó 强国	강국 强國	qīngshàonián 青少年	청소년 靑少年
qiánglì 强力	강력 强力	qíngshì 情势	정세 情勢
qiǎngpò 强迫	강박 强迫	qīngsuàn 清算	청산 淸算
qiángquán 强权	강권 强權	qīnhài 侵害	침해 侵害
qiángshèng 强盛	강성 强盛	qīnjìn 亲近	친근 親近
qiángzhàn 强占	강점 强占	qīnlüè 侵略	침략 侵略
qiángzhì 强制	강제 强制	qínmiǎn 勤勉	근면 勤勉
qiǎnjiàn 浅见	천견 淺見	qīnqī 亲戚	친척 親戚
qiánlì 前例	전례 前例	qīnrù 侵入	침입 侵入
qiānqiū 千秋	천추 千秋	qìquān 气圈	기권 氣圈
qiānràng 谦让	겸양 謙讓	qiúhūn 求婚	청혼 請婚
qiánrèn 前任	전임 前任	qìyā 气压	기압 氣壓
qiántú 前途	전도 前途	quándǎng 全党	전당 全黨
qiánxiàn 前线	전선 前線	quánbù 全部	전부 全部
qiānxùn 谦逊	겸손 謙遜	quánguó 全国	전국 全國
qiānzì 千字	천자 千字	quánjǐng 全景	전경 全景
qíbīng 骑兵	기병 騎兵	quánlì 权力	권력 權力
qíguān 奇观	기관 奇觀	quánlì 权利	권리 權利

quánlì 全力	전력 全力	rènshi 认识	인식 認識
quánmiàn 全面	전면 全面	rénwén 人文	인문 人文
quánquán 全权	전권 全權	rénwù 人物	인물 人物
quánshēn 全身	전신 全身	rènwu 任务	임무 任務
quántǐ 全体	전체 全體	rénxīn 人心	인심 人心
quánwēi 权威	권위 權威	rénxìng 人性	인성 人性
qūshì 趋势	추세 趨勢	rényì 仁义	인의 仁義
qūyù 区域	구역 區域	rényuán 人员	인원 人員
Ⓡ - - - - - - - - - - - - - - - - - - - ●		rénzào 人造	인조 人造
ràngbù 让步	양보 讓步	rénzhǒng 人种	인종 人種
ránliào 燃料	연료 燃料	rèqì 热气	열기 熱氣
rèchéng 热诚	열성 熱誠	rìbào 日报	일보 日報
rèdài 热带	열대 熱帶	Rìběn 日本	일본 日本
rèliàng 热量	열량 熱量	rìjì 日记	일기 日記
rén'ài 仁爱	인애 仁愛	rìshí 日蚀	일식 日蝕
réncái 人才	인재 人才	róngjī 容积	용적 容積
réncí 仁慈	인자 仁慈	róngmào 容貌	용모 容貌
réndào 人道	인도 人道	róngnà 容纳	용납 容納
réndé 仁德	인덕 仁德	ròutǐ 肉体	육체 肉體
réngé 人格	인격 人格	rùxué 入学	입학 入學
réngōng 人工	인공 人工	rùyuàn 入院	입원 入院
rénlèi 人类	인류 人類	Ⓢ - - - - - - - - - - - - - - - - - - - ●	
rénlì 人力	인력 人力	Sān Guó Zhì 三国志	삼국지 三國志
rénmǎ 人马	인마 人馬	sānjiǎo 三角	삼각 三角
rénmín 人民	인민 人民	sǎnmàn 散漫	산만 散漫
rénpǐn 人品	인품 人品	shāchóng 杀虫	살충 殺蟲
rènqī 任期	임기 任期	shāhài 杀害	살해 殺害
rénquán 人权	인권 人權	shājūn 杀菌	살균 殺菌
rénshì 人事	인사 人事	shāmò 沙漠	사막 砂漠

shàn'è 善恶	선악 善惡	shēnghuó 生活	생활 生活
shàngcè 上策	상책 上策	shèngjīng 圣经	성경 聖經
shànggǔ 上古	상고 上古	shènglì 胜利	승리 勝利
shàngkè 上客	상객 上客	shēnglǐ 生理	생리 生理
shàngliú 上流	상류 上流	shēngmìng 生命	생명 生命
shāngrén 商人	상인 商人	shèngmǔ 圣母	성모 聖母
shāngyè 商业	상업 商業	shèngrén 圣人	성인 聖人
shàngyuàn 上院	상원 上院	shēngrì 生日	생일 生日
shānhé 山河	산하 山河	shèngshì 胜势	승세 勝勢
shānshén 山神	산신 山神	shēngsǐ 生死	생사 生死
shānshuǐ 山水	산수 山水	shèngtáng 圣堂	성당 聖堂
shànyì 善意	선의 善意	shēngwù 生物	생물 生物
shàonián 少年	소년 少年	shēngyuè 声乐	성악 聲樂
shàonǚ 少女	소녀 少女	shénjīng 神经	신경 神經
shǎoshù 少数	소수 少數	shénmì 神秘	신비 神秘
shārén 杀人	살인 殺人	shěnpàn 审判	심판 審判
shāshēng 杀生	살생 殺生	shénqí 神奇	신기 神奇
shèbèi 设备	설비 設備	shēntǐ 身体	신체 身體
shēchǐ 奢侈	사치 奢侈	shénxué 神学	신학 神學
shèhuì 社会	사회 社會	shényào 神药	신약 神藥
shèjì 设计	설계 設計	shìbīng 士兵	병사 兵士
shèjiāo 社交	사교 社交	shìchá 视察	시찰 視察
shèlì 设立	설립 設立	shìchǎng 市场	시장 市場
shěnchá 审查	심사 審查	shídài 时代	시대 時代
shènzhòng 慎重	신중 慎重	shìdàng 适当	적당 適當
shēnfen 身分	신분 身分	shídiǎn 时点	시점 時點
shēngyīn 声音	음성 音聲	shìfēi 是非	시비 是非
shèngbài 胜败	승패 勝敗	shīfu 师父	사부 師父
shènggē 圣歌	성가 聖歌	shígāo 石膏	석고 石膏

shìgù 事故	사고 事故	shíxí 实习	실습 實習
shìguān 士官	사관 士官	shíxiàn 实现	실현 實現
shìhé 适合	적합 適合	shíxíng 实行	실행 實行
shíjì 实际	실제 實際	shīxíng 施行	시행 施行
shìjì 世纪	세기 世紀	shīyè 失业	실업 失業
shǐjì 史记	사기 史記	shìyìng 适应	적응 適應
shíjià 实价	실가 實價	shìzhǎng 市长	시장 市長
shíjiàn 实践	실천 實踐	shǒudòng 手动	수동 手動
shíjiān 时间	시간 時間	shǒudū 首都	수도 首都
shìjiàn 事件	사건 事件	shǒufǎ 手法	수법 手法
shìjiè 世界	세계 世界	shōuhuò 收获	수확 收穫
shíjú 时局	시국 時局	shōují 收集	수집 收集
shílì 实力	실력 實力	shòujīng 受精	수정 受精
shìlì 势力	세력 勢力	shōuliǎn 收敛	수렴 收斂
shìlì 视力	시력 視力	shōurù 收入	수입 收入
shīlǐ 失礼	실례 失禮	shǒuxiàng 首相	수상 首相
shīliàn 失恋	실연 失戀	shōuzhī 收支	수지 收支
shìmín 市民	시민 市民	shuǎngkuai 爽快	상쾌 爽快
shǐmìng 使命	사명 使命	shūfu 舒服	편안 便安
shípǐn 食品	식품 食品	shuǐchǎn 水产	수산 水産
shíqī 时期	시기 時期	shuǐjīng 水晶	수정 水晶
shìqì 士气	사기 士氣	shuǐlì 水力	수력 水力
shíquán 实权	실권 實權	shuìwù 税务	세무 稅務
shíshì 时事	시사 時事	shuǐyā 水压	수압 水壓
shíshī 实施	실시 實施	shuǐyín 水银	수은 水銀
shītǐ 尸体	시체 屍體	shùliàng 数量	수량 數量
shītuán 师团	사단 師團	shùnxù 顺序	순서 順序
shīwàng 失望	실망 失望	shuōjiào 说教	설교 說教
shìwēi 示威	시위 示威	shuòshì 硕士	석사 碩士

sīfǎ 私法	사법 私法	tànxiǎn 探险	탐험 探險
sìjiǎo 四角	사각 四角	tányā 弹压	탄압 彈壓
sīlì 私立	사립 私立	tǎolùn 讨论	토론 討論
sīxiǎng 思想	사상 思想	tāxiāng 他乡	타향 他鄉
sǐxíng 死刑	사형 死刑	tèbié 特别	특별 特別
sìzhī 四肢	사지 四肢	tèchǎn 特产	특산 特産
sòng jiù yíng xīn 送旧迎新		tèhuì 特惠	특혜 特惠
	송구영신 送舊迎新	tèjí 特级	특급 特級
sùdù 速度	속도 速度	tèpài 特派	특파 特派
sùjì 速记	속기 速記	tèpàiyuán 特派员	특파원 特派員
sùlì 速力	속력 速力	tèquán 特权	특권 特權
sǔnhài 损害	손해 損害	tèsè 特色	특색 特色
sǔnshī 损失	손실 損失	tèxìng 特性	특성 特性
suǒyǒu 所有	소유 所有	tèzhēng 特征	특징 特徵
sùsòng 诉讼	소송 訴訟	tiāncái 天才	천재 天才
súyǔ 俗语	속어 俗語	tiāndì 天地	천지 天地
Ⓣ----------------•		tiānēn 天恩	천은 天恩
tàidu 态度	태도 態度	tiānfù 天赋	천부 天賦
tàihòu 太后	태후 太后	tiānlún 天伦	천륜 天倫
tàipíng 太平	태평 太平	tiānmìng 天命	천명 天命
Tàipíngyáng 太平洋	태평양 太平洋	tiānrán 天然	천연 天然
tàishān 泰山	태산 泰山	tiānshēng 天生	천생 天生
tàiyáng 太阳	태양 太陽	tiānshǐ 天使	천사 天使
tàiyīn 太阴	태음 太陰	tiānwén 天文	천문 天文
tàizǐ 太子	태자 太子	tiānxià 天下	천하 天下
tàizǔ 太祖	태조 太祖	tiānxīn 天心	천심 天心
tànfú 叹服	탄복 歎服	tiānxìng 天性	천성 天性
tánlùn 谈论	담론 談論	tiānyì 天意	천의 天意
tánpàn 谈判	담판 談判	tiānyùn 天运	천운 天運

tiānzāi 天灾	재변 災變	tóngbāo 同胞	동포 同胞
tiānzhí 天职	천직 天職	tōngbào 通报	통보 通報
tiānzhǔ 天主	천주 天主	tónggǎn 同感	동감 同感
tiáohé 调和	조화 調和	tōngguò 通过	통과 通過
tiáojiàn 条件	조건 條件	tǒngjì 统计	통계 統計
tiáojié 调节	조절 調節	tōnglì 通例	통례 通例
tiáolì 条例	조례 條例	tóngméng 同盟	동맹 同盟
tiáomù 条目	조목 條目	tōngshāng 通商	통상 通商
tiáoyuē 条约	조약 條約	tǒngshuài 统率	통솔 統率
tiáozhěng 调整	조정 調整	tōngsú 通俗	통속 通俗
tiáozhì 调制	조제 調製	tōngxìn 通信	통신 通信
tǐzhì 体制	체제 體制	tōngxíng 通行	통행 通行
tíchàng 提倡	제창 提唱	tóngyì 同意	동의 同意
tíchū 提出	제출 提出	tóngyī 同一	동일 同一
tǐlì 体力	체력 體力	tǒngyī 统一	통일 統一
tǐmiàn 体面	체면 體面	tōngyòng 通用	통용 通用
tí·mù 题目	제목 題目	tǒngzhì 统治	통치 統治
tīngjiǎng 听讲	청강 聽講	tóngzú 同族	동족 同族
tīngjué 听觉	청각 聽覺	tóuxiáng 投降	투항 投降
tīnglì 听力	청력 聽力	tóuzī 投资	투자 投資
tíngzhàn 停战	정전 停戰	tuánjié 团结	단결 團結
tíngzhì 停滞	정체 停滯	tuántǐ 团体	단체 團體
tíngzhǐ 停止	정지 停止	tuìwèi 退位	퇴위 退位
tǐtǒng 体统	체통 體統	tuǒxié 妥协	타협 妥協
tǐyàn 体验	체험 體驗	tūpò 突破	돌파 突破
tíyì 提议	제의 提議	tūrán 突然	돌연 突然
tǐyù 体育	체육 體育	tǔrǎng 土壤	토양 土壤
tǐzhì 体质	체질 體質	tǔrén 土人	토인 土人
tǐzhòng 体重	체중 體重	tūrù 突入	돌입 突入

tùxiè 吐泻	토사 吐瀉	wěirèn 委任	위임 委任
W		wèishēng 卫生	위생 衛生
wàiguān 外观	외관 外觀	wēishēngwù 微生物	미생물 微生物
wàihuò 外货	외화 外貨	wēishì 威势	위세 威勢
wàijiāo 外交	외교 外交	wěituō 委托	위탁 委託
wàikē 外科	외과 外科	wēixiǎn 危险	위험 危險
wàilái 外来	외래 外來	wēixié 威胁	위협 威脅
wàiwù 外务	외무 外務	wēixìn 威信	위신 威信
wàn 万	만 萬	wèixīng 卫星	위성 衛星
wánchéng 完成	완성 完成	wēiyán 威严	위엄 威嚴
wángcháo 王朝	왕조 王朝	wěiyuán 委员	위원 委員
wángfēi 王妃	왕비 王妃	wèizhì 位置	위치 位置
wángguó 王国	왕국 王國	wěizhuāng 伪装	위장 僞裝
wángōng 完工	완공 完工	wēndài 温带	온대 溫帶
wángzǐ 王子	왕자 王子	wēnhé 温和	온화 溫和
wànlǐ 万里	만리 萬里	wénhuà 文化	문화 文化
wánquán 完全	완전 完全	wénmíng 文明	문명 文明
wànshì 万事	만사 萬事	wēnróu 温柔	온유 溫柔
wànsuì 万岁	만세 萬歲	wèntí 问题	문제 問題
wànwù 万物	만물 萬物	wénxué 文学	문학 文學
wèichéngnián 未成年	미성년 未成年	wēnyǎ 温雅	온아 溫雅
wěidà 伟大	위대 偉大	wényì 文艺	문예 文藝
wěidù 纬度	위도 緯度	wúchǎn 无产	무산 無産
wéifǎ 违法	위법 違法	wùchǎn 物产	산물 産物
wéifǎn 违反	위반 違反	wǔdǎo 舞蹈	무도 舞蹈
wēijí 危急	위급 危急	wúdí 无敌	무적 無敵
wēijī 危机	위기 危機	wūgào 诬告	무고 誣告
wēilì 威力	위력 威力	wúhányì 无含义	무의미 無意味
wěirén 伟人	위인 偉人	wùjià 物价	물가 物價

wúlì 无力	무력 無力	wúzīgé 无资格	무자격 無資格
wúlǐ 无礼	무례 無禮	wúzuì 无罪	무죄 無罪
wúlǐ 无理	무리 無理	Ⓧ----------------●	
wùlǐ 物理	물리 物理	xiàděng 下等	하등 下等
wǔlì 武力	무력 武力	xiàguān 下官	하관 下官
wúmíng 无名	무명 無名	xiàjí 下级	하급 下級
wǔqì 武器	무기 武器	xiákè 侠客	협객 俠客
wúqíng 无情	무정 無情	xiàliú 下流	하류 下流
wǔqǔ 舞曲	무곡 舞曲	xiǎn'è 险恶	험악 險惡
wūrǎn 污染	오염 污染	xiānbèi 先辈	선배 先輩
wùrèn 误认	오인 誤認	xiànbīng 宪兵	헌병 憲兵
wúshì 无事	무사 無事	xiànchǎng 现场	현장 現場
wǔshù 武术	무술 武術	xiàndài 现代	현대 現代
wǔtái 舞台	무대 舞臺	xiàndìng 限定	한정 限定
wútiáojiàn 无条件	무조건 無條件	xiàndù 限度	한도 限度
wúwǒ 无我	무아 無我	xiànfǎ 宪法	헌법 憲法
wúxiàn 无线	무선 無線	xiānfēng 先锋	선봉 先鋒
wúxiàn 无限	무한 無限	xiángfú 降伏	항복 降伏
wúxiào 无效	무효 無效	xiāngguān 相关	상관 相關
wúxīn 无心	무심 無心	xiānghù 相互	상호 相互
wúyán 无言	무언 無言	xiǎnglè 享乐	향락 享樂
wúyì 无益	무익 無益	xiāngliào 香料	향료 香料
wúyìshí 无意识	무의식 無意識	xiàngmù 项目	항목 項目
wúyòng 无用	무용 無用	xiāngwèi 香味	향미 香味
wúzhèngfǔ 无政府	무정부 無政府	xiǎngxiàng 想象	상상 想像
wúzhī 无知	무식 無識	xiǎngyǒu 享有	향유 享有
wúzhìxù 无秩序	무질서 無秩序	xiānjiàn 先见	선견 先見
wǔzhuāng 武装	무장 武裝	xiànjīn 现金	현금 現金
wǔzhǔjiàn 无主见	무정견 無定見	xiānjìn 先进	선진 先進

xiānlì 先例	선례 先例	xíngdòng 行动	행동 行動
xiānnǚ 仙女	선녀 仙女	xíngfa 刑法	형법 刑法
xiànshēn 献身	헌신 獻身	xīngfèn 兴奋	흥분 興奮
xiànshí 现时	현시 現時	xìngfú 幸福	행복 幸福
xiànxiàng 现象	현상 現象	xìnggé 性格	성격 性格
xiànxíng 现行	현행 現行	xíngjūn 行军	행군 行軍
xiānzǔ 先祖	선조 先祖	xíngshì 刑事	형사 刑事
xiàodào 孝道	효도 孝道	xíngshì 形式	형식 形式
xiàoguǒ 效果	효과 效果	xíngtài 形态	형태 形態
xiāohuà 消化	소화 消化	xīngwáng 兴亡	흥망 興亡
xiāojí 消极	소극 消極	xíngwéi 行为	행위 行爲
xiàolì 效力	효력 效力	xíngxīng 行星	행성 行星
xiàolǜ 效率	효율 效率	xíngzhèng 行政	행정 行政
xiàonǚ 孝女	효녀 孝女	xíngzhuāng 行装	행장 行裝
xiǎorén 小人	소인 小人	xìnhào 信号	신호 信號
xiǎoshuō 小说	소설 小說	xīnhūn 新婚	신혼 新婚
xiáqì 侠气	협기 俠氣	xīnlǐ 心理	심리 心理
xiàshān 下山	하산 下山	xìnniàn 信念	신념 信念
xiàxún 下旬	하순 下旬	xīnshìjiè 新世界	신세계 新世界
xiàyuàn 下院	하원 下院	xìntú 信徒	신도 信徒
xiédìng 协定	협정 協定	xīnxìng 心性	심성 心性
xiéhuì 协会	협회 協會	xīnxuè 心血	심혈 心血
xiélì 协力	협력 協力	xìnyǎng 信仰	신앙 信仰
xièlǐ 谢礼	사례 謝禮	xìnyòng 信用	신용 信用
xiétóng 协同	협동 協同	xióngbiàn 雄辩	웅변 雄辯
xíguàn 习惯	습관 習慣	xióngzhuàng 雄壮	웅장 雄壯
xīnbīng 新兵	신병 新兵	xīshēng 牺牲	희생 犧牲
xīnfáng 新房	신방 新房	xīshuǐ 吸水	흡수 吸水
xíngchéng 形成	형성 形成	xiūshēn 修身	수신 修身

xiūyǎng 修养	수양 修養	xúnwèn 询问	자문 諮問
xīwàng 希望	희망 希望	xūnzhāng 勋章	훈장 勳章
xuānbù 宣布	선포 宣布	**Ⓨ**	
xuānchuán 宣传	선전 宣傳	yādǎo 压倒	압도 壓倒
xuāngào 宣告	선고 宣告	yālì 压力	압력 壓力
xuǎnjǔ 选举	선거 選舉	yǎnchū 演出	공연 公演
xuānshì 宣誓	선서 宣誓	yángé 严格	엄격 嚴格
xuǎnshǒu 选手	선수 選手	yǎnglǎo 养老	양로 養老
xuānyáng 宣扬	선양 宣揚	yánglì 阳历	양력 陽曆
xuéfèi 学费	학비 學費	yángxìng 阳性	양성 陽性
xuèguǎn 血管	혈관 血管	yǎngyù 养育	양육 養育
xuélì 学力	학력 學力	yǎnhù 掩护	엄호 掩護
xuéqī 学期	학기 學期	yánjìn 严禁	엄금 嚴禁
xuèqiú 血球	혈구 血球	yánjiū 研究	연구 研究
xuèròu 血肉	혈육 血肉	yánlùn 言论	언론 言論
xuésheng 学生	학생 學生	yánmì 严密	엄밀 嚴密
xuéshí 学识	학식 學識	yǎnshuō 演说	연설 演說
xuéshù 学术	학술 學術	yányǔ 言语	언어 言語
xuéshuō 学说	학설 學說	yànzhèng 验证	검증 檢證
xuètǒng 血统	혈통 血統	yánzhòng 严重	엄중 嚴重
xuéwèi 学位	학위 學位	yàocǎo 药草	약초 藥草
xuéwen 学问	학문 學問	yáodòng 摇动	요동 搖動
xuéxí 学习	학습 學習	yàopǐn 药品	약품 藥品
xuèyā 血压	혈압 血壓	yāoqiú 要求	요구 要求
xuézhě 学者	학자 學者	yàoshī 药师	약사 藥師
xuèzú 血族	혈족 血族	yāoshù 妖术	요술 妖術
xúnhuán 循环	순환 循環	yàosù 要素	요소 要素
xúnjǐng 巡警	순경 巡警	yāpiàn 鸦片	아편 阿片
xùnliàn 训练	훈련 訓練	yāpò 压迫	압박 壓迫

yàrèdài 亚热带	아열대 亞熱帶	yìshù 艺术	예술 藝術
yǎyuè 雅乐	아악 雅樂	yīshù 医术	의술 醫術
yěmán 野蛮	야만 野蠻	yìtǐ 一体	일체 一體
yěrén 野人	야인 野人	yìtú 意图	의도 意圖
yèwù 业务	업무 業務	yíwèn 疑问	의문 疑問
yěxīn 野心	야심 野心	yìwù 义务	의무 義務
yěxìng 野性	야성 野性	yīxué 医学	의학 醫學
yězhàn 野战	야전 野戰	yīyào 医药	의약 醫藥
yíchǎn 遗产	유산 遺産	yìyuán 议员	의원 議員
yíchuán 遗传	유전 遺傳	yīyuàn 医院	병원 病院
yídìng 一定	일정 一定	yìzhì 意志	의지 意志
yíguàn 一贯	일관 一貫	yízú 遗族	유족 遺族
yíjì 遗迹	유적 遺蹟	yǒnggǎn 勇敢	용감 勇敢
yìjiàn 意见	의견 意見	yǒngjiǔ 永久	영구 永久
yìlùn 议论	의논 議論	yòngjù 用具	용구 用具
yìngshì 应试	응시 應試	yòngliàng 用量	용량 用量
yīnguǒ 因果	인과 因果	yǒngměng 勇猛	용맹 勇猛
yìngyòng 应用	응용 應用	yǒngqì 勇气	용기 勇氣
yínháng 银行	은행 銀行	yòngyì 用意	용의 用意
yínhé 银河	은하 銀河	yǒngyuǎn 永远	영원 永遠
yīnlì 阴历	음력 陰曆	yōudài 优待	우대 優待
yīnmóu 阴谋	음모 陰謀	yóulǎn 游览	유람 遊覽
yìnxiàng 印象	인상 印象	yōushì 优势	우세 優勢
yīnxiǎng 音响	음향 音響	yǒuxiàn 有线	유선 有線
yīnyáng 阴阳	음양 陰陽	yǒuxiàn 有限	유한 有限
yīnyuán 因缘	인연 因緣	yōuxiān 优先	우선 優先
yīnyuè 音乐	음악 音樂	yǒuxiào 有效	유효 有效
yíshì 仪式	의식 儀式	yǒuxíng 有形	유형 有形
yìshí 意识	의식 意識	yōuxiù 优秀	우수 優秀

yǒuyì 有益	유익 有益	yùnxíng 运行	운행 運行
yǒuyòng 有用	유용 有用	yùnyòng 运用	운용 運用
yōuyuè 优越	우월 優越	yùsuàn 预算	예산 豫算
yuǎn zhēng 远征	원정 遠征	yúyè 渔业	어업 漁業
yuánbīng 援兵	원병 援兵	yǔzhòu 宇宙	우주 宇宙
yuándiǎn 原点	원점 原點	ⓩ - - - - - - - - - - - - - - - - - ●	
yuánjiàn 原件	원본 原本	zágē 杂歌	잡가 雜歌
yuánlǐ 原理	원리 原理	zài jiéhé 再结合	재결합 再結合
yuánliào 原料	원료 原料	zàifàn 再犯	재범 再犯
yuánshēng 原生	원생 原生	zàihūn 再婚	재혼 再婚
yuánshǐ 原始	원시 原始	zāinàn 灾难	재난 災難
yuánsù 元素	원소 元素	zàishēng 再生	재생 再生
yuánwén 原文	원문 原文	zájì 杂技	잡기 雜技
yuǎnyáng 远洋	원양 遠洋	zájì 杂记	잡기 雜記
yuányīn 原因	원인 原因	zájū 杂居	잡거 雜居
yuánzé 原则	원칙 原則	zálù 杂录	잡록 雜錄
yuánzhù 援助	원조 援助	zànchéng 赞成	찬성 贊成
yuánzǐ 原子	원자 原子	zànglǐ 葬礼	장례 葬禮
yuánzuò 原作	원작 原作	zániàn 杂念	잡념 雜念
yùbào 预报	예보 豫報	zànyáng 赞扬	찬양 讚揚
yùbèi 预备	예비 豫備	zǎohūn 早婚	조혼 早婚
yuèbīng 阅兵	열병 閱兵	zàoxíng 造形	조형 造形
yuèshí 月蚀	월식 月蝕	záwù 杂务	잡무 雜務
yùfáng 预防	예방 豫防	záyīn 杂音	잡음 雜音
yúfū 渔夫	어부 漁夫	zázhì 杂志	잡지 雜誌
yùgǎn 预感	예감 豫感	zázhǒng 杂种	잡종 雜種
yúlùn 舆论	여론 輿論	zérèn 责任	책임 責任
yúmín 渔民	어민 漁民	zhànbài 战败	패전 敗戰
yùndòng 运动	운동 運動	zhàng'ài 障碍	장애 障碍

zhǎnglǎo 长老	장로 長老	zhèngjù 证据	증거 證據
zhǎngnán 长男	장남 長男	zhèngkè 政客	정객 政客
zhànjù 占据	점거 占據	zhěnglǐ 整理	정리 整理
zhǎnlǎn 展览	전람 展覽	zhènglùn 正论	정론 正論
zhànlǐng 占领	점령 占領	zhèngmiàn 正面	정면 正面
zhànlüè 战略	전략 戰略	zhèngmíng 证明	증명 證明
zhànshì 战士	전사 戰士	zhěngqí 整齐	정제 整齊
zhànshù 战术	전술 戰術	zhèngquán 政权	정권 政權
zhānshù 占术	점술 占術	zhèngquàn 证券	증권 證券
zhǎnwàng 展望	전망 展望	zhèngshì 政事	정사 政事
zhànxiàn 战线	전선 戰線	zhèngshì 正式	정식 正式
zhànyǒu 占有	점유 占有	zhèngshǐ 正史	정사 正史
zhànzhēng 战争	전쟁 戰爭	zhèngtǐ 正体	정체 正體
zhāohún 招魂	초혼 招魂	zhèngtǒng 正统	정통 正統
zhèndòng 振动	진동 振動	zhěngxíng 整形	정형 整形
zhěnduàn 诊断	진단 診斷	zhèngyì 正义	정의 正義
zhèngbiàn 政变	정변 政變	zhèngzhí 正直	정직 正直
zhèngcè 政策	정책 政策	zhèngzhì 政治	정치 政治
zhèngcháng 正常	정상 正常	zhèngzhòng 郑重	정중 鄭重
zhèngchánghuà 正常化	정상화 定常化	zhènjìng 镇静	진정 鎭靜
zhèngchǎo 争吵	언쟁 言爭	zhēnkōng 真空	진공 眞空
zhèngdàng 正当	정당 正當	zhēnshí 真实	진실 眞實
zhèngdào 正道	정도 正道	zhènyā 镇压	진압 鎭壓
zhèngdiàn 正殿	정전 正殿	zhēnzhèng 真正	진정 眞正
zhèngfǔ 政府	정부 政府	zhì'ān 治安	치안 治安
zhēngfú 征服	정복 征服	zhìcái 制裁	제재 制裁
zhèngguī 正规	정규 正規	zhǐdǎo 指导	지도 指導
zhèngjiàn 政见	정견 政見	zhìdìng 制定	제정 制定
zhèngjiè 政界	정계 政界	zhǐdìng 指定	지정 指定

zhìdù 制度	제도 制度	zhōngjiān 中间	중간 中間
zhíjiē 直接	직접 直接	zhǒnglèi 种类	종류 種類
zhíjué 直觉	직감 直感	zhònglì 重力	중력 重力
zhīpèi 支配	지배 支配	zhōnglì 中立	중립 中立
zhìpǐn 制品	제품 製品	zhòngliàng 重量	중량 重量
zhíquán 职权	직권 職權	zhōngliú 中流	중류 中流
zhíquán 执权	집권 執權	zhōngnián 中年	중년 中年
zhǐshì 指示	지시 指示	zhōngnóng 中农	중농 中農
zhīshi 知识	지식 知識	zhòngshāng 重伤	중상 重傷
zhíshǔ 直属	직속 直屬	zhōngshēn 终身	종신 終身
zhíwù 植物	식물 植物	zhòngshēng 众生	중생 衆生
zhíxì 直系	직계 直系	zhōngshí 忠实	충실 忠實
zhìxiàn 制限	제한 制限	zhōngshì 中士	중사 中士
zhíxíng 执行	집행 執行	zhōngxiào 忠孝	충효 忠孝
zhìxù 秩序	질서 秩序	zhōngxīn 中心	중심 中心
zhīyuán 支援	지원 支援	zhōngyāng 中央	중앙 中央
zhìzào 制造	제조 製造	zhòngyào 重要	중요 重要
zhìzuò 制作	제작 制作	zhǒngzú 种族	종족 種族
zhòngbìng 重病	중병 重病	zhòngzuì 重罪	중죄 重罪
zhòngcái 仲裁	중재 仲裁	zhōuwéi 周围	주위 周圍
zhōngchén 忠臣	충신 忠臣	zhuǎnbiàn 转变	전변 轉變
zhōngchéng 忠诚	충성 忠誠	zhuāngbèi 装备	장비 裝備
zhòngdà 重大	중대 重大	zhuānmén 专门	전문 專門
zhòngdiǎn 重点	중점 重點	zhuānyòng 专用	전용 專用
zhōngdiǎn 中点	중점 中點	zhǔdǎo 主导	주도 主導
zhòngdú 中毒	중독 中毒	zhǔdòng 主动	주동 主動
zhōnggǔ 中古	중고 中古	zhùfú 祝福	축복 祝福
Zhōnghuá 中华	중화 中華	zhǔguān 主观	주관 主觀
zhōngjí 中级	중급 中級	zhùlì 助力	조력 助力

zhǔlì 主力	주력 主力	zīshì 姿势	자세 姿勢
zhǔmóu 主谋	주모 主謀	zìshǒu 自首	자수 自首
zhǔnbèi 准备	준비 準備	zītài 姿态	자태 姿態
zhǔnzé 准则	준칙 準則	zìwèn 自问	자문 自問
zhǔquán 主权	주권 主權	zìyóu 自由	자유 自由
zhǔ·rén 主人	주인 主人	zìzhì 自治	자치 自治
zhǔrèn 主任	주임 主任	zīzhì 资质	자질 資質
zhǔtí 主题	주제 主題	zìzhǔ 自主	자주 自主
zhǔtǐ 主体	주체 主體	zǒngdòngyuán 总动员	총동원 總動員
zhǔxí 主席	주석 主席	zǒnggōngjī 总攻击	총공격 總攻擊
zhǔyào 主要	주요 主要	zōnghé 综合	종합 綜合
zhǔyì 主义	주의 主義	zǒngkuò 总括	총괄 總括
zì cún 自存	자존 自存	zǒngliàng 总量	총량 總量
zìbái 自白	자백 自白	zǒnglǐngshì 总领事	총영사 總領事
zīběn 资本	자본 資本	zǒngwù 总务	총무 總務
zīchǎn 资产	자산 資産	zǔguó 祖国	조국 祖國
zìdòng 自动	자동 自動	zuìdà 最大	최대 最大
zìfù 自负	자부 自負	zuìgāo 最高	최고 最高
zīgé 资格	자격 資格	zuìhòu 最后	최후 最後
zǐgōng 子宫	자궁 子宮	zuìhuìguó 最惠国	최혜국 最惠國
zìjǐ 自给	자급 自給	zuìshǎo 最少	최소 最少
zìjué 自觉	자각 自覺	zuìxīn 最新	최신 最新
zìlì 自力	자력 自力	zūnchóng 尊崇	존숭 尊崇
zìlì 自立	자립 自立	zūnshǒu 遵守	준수 遵守
zīliào 资料	자료 資料	zūnyán 尊严	존엄 尊嚴
zìmǎn 自满	자만 自滿	zūnzhòng 尊重	존중 尊重
zìrán 自然	자연 自然	zuòjiā 作家	작가 作家
zìshā 自杀	자살 自殺	zuòpǐn 作品	작품 作品
zìshēn 自身	자신 自身	zuòyè 作业	작업 作業

zuòyòng 作用   작용 作用

zuòzhàn 作战   작전 作戰

zūshuì 租税   조세 租稅

zǔzhī 组织   조직 組織